DEL PUNTO A AL PUNTO G

KARINA VELASCO

DEL PUNTO A
AL PUNTO G

TU GUÍA DE NUTRICIÓN
PARA LAS RELACIONES Y EL SEXO

Grijalbo

Del punto A al punto G
Tu guía de nutrición para las relaciones y el sexo

Primera edición: mayo, 2012
Primera reimpresión: agosto, 2012

D. R. © 2012, Karina Velasco

Ilustraciones: Jenny Silva
Chris Griscom por el prólogo

D. R. © 2012, derechos de edición mundiales en lengua castellana:
Random House Mondadori, S. A. de C. V.
Av. Homero núm. 544, colonia Chapultepec Morales,
Delegación Miguel Hidalgo, C.P. 11570, México, D.F.

www.megustaleer.com.mx

Comentarios sobre la edición y el contenido de este libro a:
megustaleer@rhmx.com.mx

ISBN 978-607-310-879-9

Impreso en México / *Printed in Mexico*

A mis sobrinos
Rodrigo, María, Pablo, Daniel, Ivanna,
Franco, Santiago, Emma y Máximo

Son el futuro,
vívanlo con libertad y llenos de luz.
¡Disfruten la vida!

¡Los amo!

ÍNDICE

AGRADECIMIENTOS

Mami, gracias por tu paciencia y entendimiento, por tu apoyo, sonrisas y amor incondicional. ¡Te amo y tenías razón!

Papá, te siento muy presente y agradezco que me hayas guiado en mi vida para ser la mujer que ahora soy. Te extraño y te abrazo a través del tiempo y el espacio.

Men, tus debates me llevaron a ver otros puntos de vista y a darle más contenido a este libro. Gracias. Te adoro, lo mismo que a Clau y a mis hermosos sobrinos: Emma y Máximo.

A mis maestros y guías, por inspirarme a compartir con la gente una vida más llena de luz, libertad y verdad.

A Joshua Rosenthal, gracias por tu apoyo y por inspirarme siempre a dar un paso más y romper mis límites.

A Margot Anand, tus libros me abrieron la mente y me ayudaron a conformar la manera en que me desenvuelvo en el mundo, pero el haber estado en tu presencia y compartir contigo esos diez días cambiaron mi vida.

A mi escuela, Integrative Nutrition, por su apoyo y por llevar el mundo de la nutrición integral a Latinoamérica.

Mi linda Tinker Mariana, sin duda los mejores oídos para este libro y para mis historias; eres un ángel en mi vida; gracias por ser mi hermanita del alma y darle vida a mi nueva sobrina Maya.

¡Jessica hermosa!, mi alma gemela en cuerpo y alma, eres una bendición, así como Tam, Gala y mi ahijado Milan. Mi segunda familia Iskander. ¡Amor!

Cristian Bettler de mi alma, eres la mejor definición del mejor amigo; me la paso demasiado bien contigo en la vida. *Ich liebe dich.*

Pablo González Vargas, gracias por compartir este camino conmigo y aprender juntos de la vida, disfrutándola y sorprendiéndonos cada vez que nos vemos. ¡Te quiero!

Mario Domm, *Bro* adorado, tu música y tu hermoso espacio creativo me inspiraron. Gracias por tu apoyo y amistad.

Querido Michael Hallock, amor lleno de magia e inspiración. Te admiro y respeto; me encanta poder compartir tantas facetas contigo. Te abrazo como el agua.

A mis amigas, que son mi apoyo y sostén, que me abrazan siempre con su sonrisa y amor. Gracias por escuchar mis historias. ¡Las amo!: Norma Bejarano, Carina de los Santos, Ana Paula Domínguez, Regina Cinta, Linda Cruz, Nuria Domenech, Michele Nelson y Alma Flores.

A mis amigos, que disfruto tanto en esta vida. Gracias por compartir este proceso: Fernando Noriega, Mauricio Nasta, Chui Navarro, Miguel Ángel Cordera, Sergio Vallín, Daryn Phillis, Oliver Ifergan, Alex Betancourt y Billy Rovzar.

A todas las personas que han estado en mi vida, regalándome historias de amor y desamor. Gracias por enseñarme a amar y crecer espiritualmente.

A Cristóbal Pera y Orfa Alarcón, de Random House Mondadori, por su apoyo total y por creer en mí.

A todo el equipo de JerryML, en especial a Lizzy Cancino y a Triana Casados por su apoyo, amistad y por volar alto conmigo.

Gracias a mi doctor, Karim Silhy, por acceder a escribir acerca del sexo seguro. ¡Gracias por cuidarme tanto!

A mi querida y talentosa chef, Linda Cherem, qué placer contar con tu apoyo en la creación de los pecadillos.

Francisco Daza, eres un guía increíble. Gracias a ti estoy escribiendo hoy.

A Javier Bautista y a *la Brujis*, por esas sesiones sanadoras y por los maravillosos temazcales que fueron inspiración para este libro.

A mi querida Chris Griscom, que me acompaña con su radiante luz desde el comienzo de este camino. Mucho amor y ¡qué honor que hayas escrito mi prólogo!

A todo el gran equipo de Televisa: Juan Carlos López, Rafa Bustillos, Lalo Duque, El Gallo, Ale Catalá, no hay mayor placer que hacer televisión con ustedes a la vez que escuchan mis locuras *shanti shanti*. ¡Los quiero!

Y a todos ustedes, por abrir su mente y su corazón al leer este libro. Espero que los apoye en su búsqueda y los llene de luz a través de la alimentación sana, el amor propio y el amor universal.

Siento el fluir de tu cuerpo eléctrico que va invadiendo cada célula de mi ser. Tu mirada, del intenso azul del cielo, va llenando mi espacio de la certeza y el confort que mi alma deseaba.

Me siento vibrante en tu presencia, que va levantando sensaciones y emociones que poco a poco me reviven.

Tu boca me hace suspirar, tu respiración toca mi corazón y prende la flama de mi deseo por ti, que recorre mi cuerpo con el sutil calor que desprendes al susurrar mi nombre.

Tus manos, recorriendo mis piernas, calman el fuego, convirtiéndolo en ese dulce aire olor a menta que me lleva a viajar al universo donde cada estrella me cuenta algo de ti.

Cada reflejo de la luna en el agua me habla de tu ser; te respiro y veo tus ojos, y lo único que sé es que hoy soy feliz.

Agradezco tu presencia, tu manifestación entregándome tu corazón y tu ser en cada minuto sin tiempo y sin espacio.

PRÓLOGO

A Karina Velasco la conozco desde la ternura de su juventud, desde esa búsqueda de la verdad espiritual, desde su maestría de yoga, sus estudios de alimentación y, ahora, en el campo de la sexualidad y el tantra.

Karina ha escrito un libro que muestra su verdadero ser con claridad y con una profunda apertura del corazón, lo cual debe inspirarnos y a la vez envolvernos en estas conversaciones tan íntimas sobre los quereres, las ilusiones y los secretos escondidos. Su intención ha sido abrir un nuevo camino en el que logremos expresarnos en todas las formas que correspondan, sin miedos, liberándonos de creencias y actitudes que limitan nuestras experiencias de vida.

Estás a punto de comenzar una gran aventura, la cual parte de lo que son las relaciones y termina enseñándonos, explícitamente, técnicas para hacer el amor que quizá nunca imaginaste.

Karina nos instruye, además, sobre cuánto influye la nutrición en la vitalidad sexual. Como experta, ha apuntado valiosas informaciones sobre dietas, así como *asanas* de yoga. *Del punto A al punto G* nos llevará a la siguiente etapa de experiencia sobre sexualidad: del nivel crudo, lleno de ansiedad, impotencia y vergüenza, a posibilidades de éxtasis, unión, conexión y espiritualidad.

El presente texto está escrito de una forma holística; es decir, explora los temas del amor, las relaciones, la sexualidad, la nutrición y la espiritualidad desde una perspectiva integrada, lo cual es un gran acierto —el ser humano es una tapicería compleja que funciona por medio de fuerzas poderosas de energía y niveles de conciencia—. Sin embargo, su enfoque principal es el de la sexualidad y la manera como influye en nuestras emociones, salud y bienestar, hasta llegar a un fin en el que se transforma de un acto de sexo en una realidad espiritual, donde se pueda incluir el placer, la unión y la libertad, sin los tabúes, las culpas ni la vergüenza que nos han inculcado.

Karina nos anima a revisar todo aquello que hemos aprendido de la familia, la religión, la cultura y la historia, y que no nos apoye en la búsqueda de una vida moderna de libertad, felicidad y propósito. A esos patrones de vida les llamo "herencias psicogenéticas", que son huellas que controlan nuestro modo de pensar: actitudes, emociones y atributos, los cuales están anidados en nuestro ADN.

Imaginen todo lo negativo que hay impregnado en nuestro cuerpo en cuanto a sexo, relaciones, amor y valores que no corresponden con la realidad actual. Karina nos dará la confianza y la fuerza para romper las reglas que han amarrado nuestros sueños, a través de numerosos tips y nuevas enseñanzas.

La discusión en este libro pasa por diversas filosofías, teorías del amor y experiencias sexuales que nos han hecho llegar a conclusiones falsas y no lo suficientemente explicadas para satisfacer nuestra búsqueda sobre cómo vivir en nuestros cuerpos físicos, emocionales y espirituales. Lo anterior es una necesidad de hoy y tenemos que aprender cómo responder a los demás —sin miedo de ser juzgado, abandonado o castigado—.

En realidad, todo en esta vida corresponde a la dirección en que fluye la energía. Una enseñanza de mi ser superior es la siguiente: "Lo que quieres, dalo. Si quieres amor, da amor". Así, siendo tú quien tiene el poder de dar, estás más que lleno. Dar amor, no porque haga falta en tu vida, sino porque eres, en esencia, amor mismo. Tampoco se trata de dar para recibir, sino dar para ser libre y lleno por dentro y, más que todo, liberado del miedo. Nadie puede hacerte daño más que tú mismo; tú decides estar abandonado, no ser apreciado ni escogido. Atraemos a nuestra pareja por karma. Por ello es importante aprender a incluir lo espiritual en nuestra vida, ya sea en nuestro hacer diario o al hacer el amor.

La sexualidad es la energía más cercana al espíritu porque es la creación divina que ofrece vida. Por lo físico también podemos tocar lo divino. Sólo cuando logremos que lo divino sea parte de nuestra vida diaria, podremos alcanzar nuestro propósito y vivir nuestro verdadero poder de quienes somos. La sexualidad no es lo que nos separa de lo divino, sino una cualidad inherente a nuestra experiencia aquí en la tierra que nos ofrece iluminación.

Si queremos, podemos trasladar vibraciones extáticas del cosmos a nuestros cuerpos físicos y a nuestras vidas ¡directamente! La expansión de nuestra conciencia es la llave para tener salud, éxtasis, unión y amor.

¿Cuál es tu enfoque para hoy? Abre el libro en la página que quieras y descubre el mensaje que te corresponde para iluminar tu conciencia, tu propósito de enseñanza. Ésta será una forma intuitiva llena de sorpresas y aprendizajes para ti.

Cuando termines de leer el libro, seguramente te sentirás transformado, abierto y listo para un nuevo modo de entender tu cuerpo —físico y espiritual—, así como tus relaciones y la profunda bendición de vivir en estos momentos de cambio en el mundo. Esta enseñanza que nos brinda

Karina Velasco servirá como guía para liberarnos del pasado y entrenarnos para utilizar el vehículo del cuerpo en su más elevado potencial.

Mi gran amor y luz,
CHRIS GRISCOM

INTRODUCCIÓN

Escribir acerca del amor y el sexo ha sido una de las tareas más difíciles en mi vida. En este proceso removí sentimientos guardados en el fondo de mi ser y, emocionalmente, fue una montaña rusa en donde hubo momentos de efusividad, amor y alegría, así como bajones terribles en los que sufrí, además de sentir decepción, desilusión y tristeza.

Volví a cuestionarme las cosas que tenían sentido en mi vida y las que no, a revalorar lo que quiero en mis relaciones; experimenté de nuevo el amor; repetí patrones, me enamoré y no fui correspondida; amé y me lastimaron; me amaron y yo no amé; encontré el amor en sus diferentes formas; amé y fui amada, y participé en los juegos del amor.

Aprendí lo que es el verdadero amor, el amor incondicional, y entendí la realidad desde mi esencia, no desde mi ego, y acepté que el amor fluye, no se fuerza; que el amor no se piensa, se vive. Al amor no hay que entenderlo.

El amor se transforma. Los descalabros y los diferentes amores me han enseñado de mí; sobre todo aprendí a valorarme más como mujer y entender que soy la causa del amor; aprendí a no depositar la fe en el amor y en la felicidad que vienen de afuera o de otra persona.

Todo lo que necesito para ser feliz lo tengo dentro de mí.

Así que, te pregunto: ¿has sentido el amor? ¿Estás enamorado con tu corazón y tu mente o enamorado de la idea de lo correcto? ¿Estás enamorado de una ilusión y una fantasía o de lo más cómodo y conocido? ¿Tienes miedo a la soledad? ¿Crees en la magia del amor? ¿Existe tu alma gemela? ¿Crees en el amor para toda la vida? ¿Tienes fe en el amor? ¿Qué es el amor?

Ahora respira y observa tus pensamientos: ¿qué viene a tu mente después de reflexionar en estas preguntas?

Las interrogantes siempre van a estar ahí y no siempre tendremos respuestas para ellas, porque el amor se vive, el amor es, y la única forma de conocerlo es experimentándolo.

Amigos, padres, líderes espirituales, psicólogos, chamanes... cada persona con quien hablemos del tema tendrá un punto de vista diferente, una experiencia única, lo que nos llevará a la confusión, a no tener claridad, a pensar que la regamos, a buscar estrategias. Ya no sabemos qué hacer ni cómo reaccionar; no obstante, debemos entender que las respuestas están en ti y en lo que sientes. Ésa es la única verdad.

Vivimos pensando y buscando el amor todos los días de nuestra vida. Queremos ser aceptados, validados, amados, sentirnos atractivos o gustarle a alguien. La fama, el dinero, la información, la imagen y el poder son instrumentos que utilizamos porque creemos que nos darán la felicidad y nos conseguirán el verdadero amor. Eso no es real. El amor con condiciones, el amor que tiene como base el "te doy si me das", no es amor.

El amor comienza con la aceptación, el respeto y el amor por nosotros mismos, lo cual es algo que no se obtiene sino que es.

El mundo es un espejo que refleja lo que somos y pensamos y logra irradiar nuestro interior. Todo lo que sientes lo reflejas; no busques la felicidad afuera, todo comienza por ti. Ésa fue mi lección más grande.

Quiero que vean las diferentes caras del amor y se den cuenta que su experiencia es única y, como en las dietas, lo que a ti te funciona, para mí puede ser veneno.

La sociedad y las religiones nos han impuesto al sexo como un tabú; es decir, como algo negativo, vergonzoso, un placer culpable, por lo que se ha materializado en una industria y en un acto meramente animal donde el amor, lo sagrado y el gozo son secundarios o inexistentes.

El sexo se ha convertido en un momento de gratificación instantánea, en un acto desde la inconsciencia, en una adicción o en una forma de relacionarnos sin la menor consideración, y en un acto peligroso por el sinfín de enfermedades sexuales que existen.

Con tantas creencias, se ha perdido en gran medida el respeto por la sexualidad y hay confusión respecto a qué es ser sensuales, sexuales o tener intimidad con alguien.

El sexo se ha convertido también en una industria. Cada año, las ventas de Viagra se disparan; la pornografía tiene ganancias de 57 mil a 100 mil millones de dólares anuales, ganando más que cadenas de televisión como CBS, NBC o ABC. De acuerdo con el *World Report*, los estadounidenses gastan más dinero en asistir al *table dance* que al teatro, la danza o el cine.

En 2012 la Iglesia católica dio más de 436 millones de dólares en compensaciones por abusos sexuales a menores... y la lista continúa. Ese mismo año, un cardenal en México volvió a condenar el uso de los anticonceptivos y comentó que estaba mal tener hijos cuando se está en edad madura.

La información que recibimos sigue siendo la misma que la del siglo pasado. Jamás nos hablan del sexo como de un acto de placer, sensualidad, conexión con el universo o como un acto sagrado. Nadie nos dijo que el sexo es parte de nuestra vida, que es bello y que sentir éxtasis o placer extremo son importantes para alimentar nuestra alma y nuestro espíritu.

La sociedad nos dice qué pensar, pero no nos enseña a pensar por nosotros mismos. En este libro tendrás la oportunidad de hacerlo. Léelo sin juzgarlo y simplemente observa qué emociones o pensamientos vienen a ti; analízalos y deja ir aquellas creencias o patrones que no te pertenecen o no han funcionado en tus relaciones o en tu vida sexual.

Aprovecha la oportunidad de abrir tu mente y elegir lo que te gustaría aplicar en tu vida y lo que no. Tenemos tantos tabúes, que creemos que lo que nos funciona es la verdad; por lo general, juzgamos a quienes piensan diferente, a aquellos más libres o con inclinaciones no tradicionales, como las relaciones abiertas o las relaciones bisexuales u homosexuales.

Deja que estas emociones y estos sentimientos suban a la superficie y déjalos ser. Reflexiona, tristea, llora de felicidad; haz lo que necesites para vaciarte y dejar espacio a nuevas posibilidades.

En *Del punto A al punto G* hablaré del amor y del desamor, del sexo sin tabúes; conocerás el lado espiritual del sexo, así como la relación de la alimentación con la libido, las hormonas y la prevención de las enfermedades. Haremos un recorrido por la sexy lista de alimentos y recetas afrodisiacas que se convertirán en un ritual en tu vida, logrando despertar tus noches y días de pasión. Con estas herramientas conseguirás irradiar tu belleza y alimentarás sanamente tu cuerpo físico, emocional y espiritual.

Me hubiera encantado tener un libro como éste en mis manos desde hace mucho años; hubiera vivido mejor mis relaciones y sexualidad sin tantos tabúes, expresando quién soy con mi máximo potencial como ser humano.

A través de la nutrición integral y la alimentación es posible elevar tu amor, abrir tu corazón, verte mejor y vivir intensamente la sexualidad. Deseo que este libro te lleve a reflexionar y a ser más libre, para que vivas tu experiencia del amor, que es única, al máximo.

Si estás listo para liberarte y experimentar el amor y el sexo en su máxima expresión, ¡adelante!

1. PUNTO A: AMOR

Lo que somos y en lo que nos convertimos es el resultado de la calidad de nuestras relaciones.

DEEPAK CHOPRA

El corazón humano siente cosas que los ojos no pueden ver y que la mente no puede entender.

El amor es el acto leal, desinteresado, y el deseo del bienestar de otra persona; el resto sólo es necesidad.

El amor es un derecho divino, es algo que irradias mas no obtienes.

El amor es peligroso, inseguro, impredecible, incierto.

El amor es inestable y cambiante.

El amor no tiene reglas ni orden. Tu corazón está abierto como el cielo.

El amor verdadero es la lección más difícil de todas, las demás relaciones son la preparación para él.

El amor se siente, la relación se piensa.

Amar es aprender a hacerlo en sus diferentes formas.

¡AMOR POR TI!

> Viaja solo, con tus iguales o mejores; si no hay nin-
> guno, viaja solo.
>
> BUDA, *The Dhammapada*

Hemos creado un gran número de distracciones y pretextos para alejarnos de nosotros mismos, buscando afuera
respuestas y tratando de entender el mundo externo sin
conocer nuestro mundo interno.

Sin conocernos, sin observar nuestras reacciones, cómo
vamos a entender lo que nos pasa en la vida; todo es consecuencia de lo que pensamos y hacemos. Somos arquitectos
de nuestro futuro y responsables de nuestra salud, éxito y de
qué tan buenas o malas sean nuestras relaciones. Atraemos
a personas por diferentes razones, ya sea por *karma*, que
significa una consecuencia de una acción, o por el *karma*
de algo que tenemos que completar en esta vida porque no
lo terminamos en nuestra existencia pasada. Con excepción
de nuestra familia, el resto de las personas que nos rodean
están por elección.

Tu nivel de frecuencia y de vibración energética va a atraer
a personas que están en tu mismo canal, aunque también
puede acercar a los llamados *vampiros energéticos*, aquellos que sólo se acercan a ti porque necesitan tu energía;
son seres menos luminosos y lo oscuro necesita la luz. No
quiero decir que sean personas malas o inferiores, sino que
vibran con diferentes frecuencias.

Muchas veces atraemos a quienes nos enseñarán alguna lección en la vida. Todos son un espejo de alguna cualidad o defecto que logramos observar con mayor facilidad
en ellos que en nosotros, por lo que a veces nos enojamos
y nos causan ansiedad o impaciencia. Fíjate en lo que te
molesta o te gusta de otro porque, para tu sorpresa, eso es

una parte de ti. Aprovecha esa oportunidad para crecer y aprender.

En el amor, en la búsqueda o en la espera de una pareja, olvidamos que la persona con quien estamos, con quien compartimos nuestro tiempo y lo más sagrado, como es el acto sexual, es nuestra elección. Las necesidades de aceptación y valoración externa nos hacen caer en relaciones que no merecemos, en las que no se nos aprecia ni valora, después de las cuales nos culpamos o terminamos con el corazón lastimado.

Conforme vamos conociéndonos y aceptándonos como individuos y crece nuestro amor propio, a medida que elevamos nuestra frecuencia energética, nos volvemos más selectivos, apreciamos nuestro cuerpo y nuestro espíritu, y evitamos caer en relaciones no auténticas, que se basan en la desesperación, en la soledad o en la calentura.

Somos humanos y, ¿quién soy yo para juzgarte en un momento de debilidad? Quien más se juzga es uno mismo. Todos caemos en la tentación, repetimos patrones o tenemos relaciones no óptimas; se vale, porque esos momentos son de los que más aprendemos.

En las filosofías orientales se dice que el sufrimiento es causa de nuestro pensamiento y que nuestra naturaleza es ser dichosos. Eso me ha hecho pensar que el sufrimiento fue creado por una simple razón: sin él es difícil entender las lecciones de la vida. Por más cursos que haya tomado o libros que haya leído, y por más positivas que sean mis emociones, mi lado oscuro, mis inseguridades y mis pensamientos llenos de sufrimiento siguen en mí. Muchas veces tenemos que perdernos para encontrarnos y aceptar nuestra sombra.

Durante el último año trabajé en mi crecimiento personal y espiritual, en aceptar mi sombra y mis debilidades y en abrir mi corazón. Esos momentos de sufrimiento me han convertido en un ser vulnerable y, a la vez, esa vulnerabilidad me ha hecho ser más fuerte y luminosa, con más amor para los demás; pero, sobre todo, he aprendido a amarme y continúo en ese proceso. Aprendí que, cuando abrimos nuestro corazón, experimentamos amor y alegría, pero también tristeza y dolor. Porque no somos lo uno sin lo otro; somos el todo.

> ¿Quieres conocer al amor de tu vida? Voltea a ver un espejo.
>
> BYRON KATIE

El verdadero amor comienza por ti. Tus relaciones con otros son un espejo de tu relación contigo mismo. ¿Qué tan honesto eres? ¿Cómo te tratas? ¿Cuánto te amas? ¿Cómo está tu autoestima? Dicen que no puedes estar bien con los demás si no estás bien contigo. ¿Cómo vas a obtener estabilidad y amor duradero si no eres claro y no sabes lo que quieres? ¿Cómo esperas conocer a alguien si no te conoces?

El primer paso para conseguir una relación sana, ya sea de trabajo o de amistad, con tus hijos o con tu pareja, es que te conozcas, que seas feliz con lo que eres y trabajes en tu crecimiento personal y espiritual para así conectarte con esa fuente de luz y amor infinitos.

En nuestra sociedad hemos estado tan condicionados en que afuera existe nuestra media naranja, nuestra alma gemela; nos han hecho pensar que necesitamos a alguien más para ser felices, quien nos complemente, y pasamos años buscándolo cuando en realidad tienes todo dentro de ti. Tú eres el amor de tu vida.

El amor no se busca, el amor es. Nadie puede llenar tus vacíos, vencer a tus demonios, crear esa fuente infinita de amor. Ése es tu trabajo. Las relaciones son para compartir lo que somos —aportar, apoyar, crecer—, no para llenar esas carencias que tenemos. Si esperamos que nuestra pareja, los amigos, la familia o los hijos llenen esos vacíos, estaremos perdidos porque la felicidad no viene de afuera. Es como el hecho de comer emocionalmente cuando estamos tristes o deprimidos porque nos dejaron o porque nos sentimos solos; podemos comer grandes cantidades de helado y chocolates, y en ese momento sentirnos bien y felices, pero una hora después nos descubriremos vacíos, culpables y arrepentidos.

Buscamos sustitutos del amor. Si no tenemos a la persona que queremos en el momento que queremos y cuando queremos, corremos al refrigerador, nos enborrachamos, tenemos sexo sin amor o creamos historias que no son reales. Ten cuidado con sustituir tu amor con cualquiera de estas cosas externas; tu mente es experta en crear premios de consolación y, al final, te sentirás desdichado e infeliz.

Nos hemos enfocado tanto en lo que está afuera, que no nos damos tiempo de cultivar la relación más importante que podemos tener: la relación con nuestro YO. En mi libro anterior, *El arte de la vida sana,* hablo con más detalle del trabajo personal y de la transformación que puedes alcanzar para ser más feliz y tener la mejor relación contigo mismo. Comencemos con los básicos en cuanto a relaciones se refiere.

No le tengas miedo a la soledad

> No te mezcles con otros tan cerca. Nuestro deseo humano de amor y entendimiento de otros en realidad es el deseo de nuestra alma de unirnos con Dios.
>
> PARAMAHANSA YOGANANDA

El miedo a la soledad ha sido una de las creencias más poderosas de la humanidad. Desde niños, a través de las religiones, la sociedad y la educación, nos condicionan a volvernos dependientes; somos seres preparados para vivir en convivencia y en el mundo exterior, pero nadie nos enseña a cultivar el mundo interior y nuestra esencia, lo que nos provoca miedo porque no aprendemos a estar solos. Nos condicionan a buscar el amor, la aceptación y la validación de afuera, mas no el amor propio.

Vivimos en un mundo donde *lo que pasa* es más importante que *lo que me pasa* y, con tantas distracciones, logramos evadir, escapar y sustituir con cosas materiales lo que sucede en nuestro corazón, en nuestro espíritu y en nuestra mente. No nos damos tiempo para reflexionar, para estar en silencio y conocernos mejor.

La soledad nos hace enfrentar nuestro lado oscuro, pero también nuestra luz. No tengas miedo y verás que cuando aprendas a vivir contigo, desde la conciencia y en armonía, se reflejará en todo lo que hagas. Si no sabes estar solo, aprende, y una vez que sobrepases ese miedo, entenderás que la mejor relación que puedes tener es contigo mismo.

Conéctate con tu luz interna

Nos hemos convertido en personas *que hacemos* y no en personas *que somos*. Nos la pasamos trabajando y pensando en nuestras responsabilidades, compromisos y metas, y nos olvidamos de hacer lo que nos causa placer, lo que nos divierte. Observa a los niños y notarás que la mayor parte del día son felices porque están jugando, aprendiendo, disfrutando; incluso, si los miras a los ojos, éstos se ven llenos de luz, de vida. No hemos aprendido a cultivar el placer, a disfrutarlo sin culpa o a dejar de verlo como un premio o una recompensa de tu tiempo libre, cuando el placer es simplemente una parte de nuestra vida.

Cuando hacemos cosas que nos gustan o divierten, ya sea bailar, escribir, pintar, correr o meditar, esa chispa se vuelve a encender en ti y comienzas a conectarte con tu verdadera esencia. Si estás lleno de luz, es más fácil desarrollar tu lado creativo y expresar al mundo ese ser tan especial que eres. Esa chispa tan única se volverá una fuente infinita de amor que te llenará de más luz y felicidad.

Consiéntete

Cuando pensamos en la palabra *consentir*, automáticamente el significado que viene a nuestra mente es el de dar placer a los demás, a nuestra pareja, a nuestros hijos y amigos. Cuando empezamos una relación, nos desbordamos por tener consentida a nuestra pareja, llenándola de regalos, besos y sorpresas para obtener la validación y la aceptación por parte de ella. ¿Y dónde quedamos nosotros?

Hemos olvidado cultivar nuestro amor propio y nuestras historias porque enfocamos nuestra energía en los demás; se nos olvida estar presentes y apapacharnos. Comienza a crear el amor por ti usando elementos externos que te den confort físico, como un baño de tina o de mar; ejercicio, yoga, un masaje; lo que se te ocurra que logre enfocar tu energía en tu cuerpo físico y salir de tu mente. Esto te ayudará a estar en el presente, dándote claridad y creando unos momentos al día para agradecer por tu vida y tu persona.

Aceptación

Sin duda, aceptarnos a nosotros mismos es algo que tenemos que volver a aprender. Estamos tan atados a la idea de la perfección que constantemente buscamos ser mejores comparándonos con los demás, o simplemente por nuestra propia ambición no apreciamos al ser tan único y especial que somos.

En la aceptación aplica la ley de la atracción: como te trates, así te tratarán los demás. Si quieres tener relaciones con base en el respeto, la aceptación y el amor incondicional, tienes que comenzar por ti. Acéptate como eres, con tus virtudes y defectos, con tu luz y tu sombra; deja de tomarte la vida tan en serio y así serás más feliz y auténtico. Los demás lo van a percibir.

Tenemos que aceptar y amar lo que necesitamos y no sólo lo que queremos. Ahí es donde entra la belleza y la magia de la vida. Ten gratitud por quien eres y por las cosas que te pasan; trata de verlas como una oportunidad de crecer y aprender, en vez de seguir viviendo en el papel de víctima. La aceptación de ti mismo y de tu cuerpo automáticamente subirá tu autoestima... y no hay nadie más atractivo que alguien seguro de sí mismo.

Aprende

El aprendizaje es lo que mueve nuestra energía, lo que nos lleva a crecer, a cambiar y a conocernos mejor. Cuando nos salimos de situaciones ya conocidas y hacemos actividades diferentes, vemos partes de nosotros que normalmente no salen a la superficie. No dejes de cultivar tu mente, tu cuerpo y tu espíritu a través de lecturas, cursos, libros, música y arte.

Estimula tus sentidos y aprende algo nuevo que enriquezca tu vida todos los días. Cuando dejamos ir las cosas que ya no nos pertenecen, o cuando queremos abrir espacio para nueva información, este hecho abrirá tu mente y te ayudará a cuestionar tus creencias, pensamientos y a dejar ir lo viejo para descubrir cosas nuevas de ti. Nunca es tarde para aprender y cambiar.

Vive con las ganas de ser mejor y goza la oportunidad de probar que puedes hacer algo que nunca imaginaste. Aprovecha los regalos de la vida y aventúrate en ellos.

Motivación

La motivación es tu principal motor, lo que provoca que tomes acción en tu día; es el movimiento. Muchos tenemos claro lo que nos motiva, ya sea nuestro trabajo, nuestra familia o algún *hobbie*. Cuando nos gusta algo que hacemos, cuando nos mueve esa pasión, comenzamos muy felices el día.

Pero para muchos no es fácil pensar en algo que los anime a levantarse en las mañanas. He sabido de muchos jubilados, personas de la tercera edad o viudos que sienten esto. Te invito a que explores dentro de ti. ¿Recuerdas qué disfrutabas hacer de chavito o en la adolescencia? ¿Qué te gusta? ¿Cuáles son las cosas que te motivan en la vida? Reflexiona y busca actividades que te gusten y te den placer, ya sea comenzar un *hobbie*, pintar, bailar, correr un maratón, cocinar, aventurarte en una nueva carrera o en un nuevo trabajo. Una vez que las elijas, fija metas reales para lograr tu objetivo.

Tenemos la capacidad de ser buenos para muchas cosas y también tenemos un sinfín de talentos que podemos descubrir y pulir. Nunca es tarde para hacerlo. Tener un *hobbie* o alguna actividad que te apasione es importante para salir de momentos de tristeza, decepción o depresión. Estar motivado te dará alegría y ganas de levantarte con energía y salir al mundo a vivir la vida de tus sueños.

Autoestima

> La inseguridad te hace aceptar menos de lo que mereces.

Uno de los problemas actuales es que la sociedad nos ha hecho creer que tenemos más valor si tenemos más dinero, si somos el que se ve mejor, si tenemos más poder. Estamos en constante lucha por ser perfectos; nos volvemos ambiciosos, competimos y nos comparamos. Y esto nos ha provocado un grave problema de falta de autoestima.

Ya eres perfecto y único sin ayuda exterior; lo que hagas no te va a hacer mejor o peor; lo que logres es una extensión de cómo te sientes contigo mismo. Presionarnos, encontrar un valor a lo que hacemos o somos, sólo nos va a acarrear frustración y decepción. En cuanto nos aceptemos, amemos y sintamos bien con nosotros mismos, los éxitos comenzarán a fluir en nuestra vida.

Recuerda todos los días quién eres. Puedes usar afirmaciones o decretos, que son pequeñas frases, utilizando el tiempo presente, para recordar tus sueños y cualidades. Escríbete recaditos de amor en el espejo, en el refrigerador o en la computadora. Por ejemplo: "soy pura energía creativa", "la abundancia está en mi vida", o "mi cuerpo es saludable y vibrante".

Haz cosas que te hagan sonreír. El buen sentido del humor y la sonrisa son la medicina del alma y una buena carcajada es un *shot* de autoestima que puede convertirte en una persona muy sexy. Sé detallista contigo mismo, cómprate flores, arréglate, sal de excursión, practica algún ejercicio. Estas actividades suben automáticamente la autoestima. Y, lo más importante, si alguien trata de bajonearte, no te dejes.

Equivócate

¿Para qué nos enseñan a caminar y a hablar si después nos sientan y callan? Desde niños, crecemos con el NO marcado en nuestra vida, con lo que está bien o mal, con el fracaso o el éxito: muy limitados. Nuestra perspectiva del mundo comienza a crearse al pensar que equivocarse está mal o que el fracaso es negativo, cuando equivocarse es lo que nos hace aprender y es una de las lecciones más valiosas en la vida.

Se vale romper las reglas. El que no se equivoca es quien no corre riesgos, y animarse a hacer algo nuevo o diferente es lo que nos hace crecer y transformarnos.

El miedo es creado por nuestra mente para limitarnos. Para ser libres, tenemos que romper esos límites. Te invito a que hagas algo que te dé miedo, ya sea decirle a alguien que lo amas, subirte a un avión, aprender a nadar, etc. Verás qué bien se siente trascender el miedo y saber que no pasa nada si lo haces, además de que el resultado es lo de menos. Verás cómo tu autoestima crece y te darás cuenta de que rompiendo tus límites y enfrentando tus miedos abrirás un sinfín de posiblidades. Trascender un miedo te acerca más a la luz.

Procura cambiar tu rutina de vez en cuando, creando una experiencia diferente todas las semanas. El aburrimiento y la rutina son las cosas que nos van apagando.

Sé auténtico

¿Cuál es el punto de tener pensamientos propios si vivimos tan pendientes de lo que piensan los demás? Tenemos tanto miedo del qué dirán, de no ser aceptados por la sociedad; queremos tanto pertenecer a una iglesia, a una comunidad o a un grupo de amigos, que pretendemos ser quienes no somos o decimos cosas que no sentimos.

En una relación, adaptamos nuestra personalidad para agradar, cuando lo que más se aprecia es la honestidad y la autenticidad. Expresa lo que sientes: tus ideales, tus sueños, lo que piensas. Sé quien eres sin temor a que te juzguen o a que no te vayan a querer. Esa actitud será más atractiva para tu pareja.

Arriésgate a ser tú; te vas a querer más porque dejarás de luchar entre tu verdadero yo y quien se espera que seas.

Respeto a ti mismo

Respeto es aprender a relacionarte contigo mismo, aceptándote y siendo congruente con tus pensamientos y acciones. Como dice don Miguel Ruiz, "ser impecable con lo que pensamos y lo que hacemos".

Respetarte es actuar con tu verdadera intención. Si quieres una cosa y lo reflejas de otra manera, terminarás con una sensación que te hará sentir mal. Sentirte bien con tus decisiones y vivir con un sentimiento de que lo mejor te está pasando, sin atentar contra tus valores o integridad, te dará una sensación de paz.

Sin embargo, a veces exigimos que nos respeten sin tener claro lo que queremos o estamos dispuestos a hacer. Por eso, aclarar tus valores te ayudará a comenzar cualquier relación con una buena comunicación.

El respeto y la aceptación de ti mismo se van a reflejar en lo saludables y armoniosas que sean tus relaciones con quienes te rodean.

Insatisfacción crónica

> Eres libre de lo que has renunciado y esclavo de lo que deseas.

Vivimos con el síndrome de la insatisfacción crónica. Siempre queremos más, algo diferente, algo novedoso. Nuestra sociedad ha creado esta necesidad de querer siempre la televisión nueva, el coche último modelo, la computadora actual. El capitalismo ya se ha transmitido al mundo romántico y de las relaciones.

Muchos amigos que viven en grandes ciudades me comentan lo difícil que es tener una relación con compromiso, porque la gente cree que siempre hay alguien mejor;

así que vivimos en un mundo de competencia, en el que no vemos a las personas por lo que son, sino por lo que les falta.

Algunos no logran mantener relaciones duraderas, ya que viven en una constante búsqueda y creen que cambiar de romance o acostarse con diferentes personas las llevará a encontrarse. Sin ese estilo de vivir sus relaciones, sienten que están perdiéndose de cosas en la vida, cuando en realidad están alejándose y perdiéndose de ellos mismos.

Buscar afuera la variedad y lo diferente desde tu ego y tu satisfacción personal implica un alejamiento de tu conocimiento como persona; por eso terminas sintiéndote insatisfecho. En el momento en que sabes quién eres y descubres todas tus facetas, a la vez que aprendes a aceptarlas, dejas de buscar afuera lo que ya tienes adentro, y en el momento que tienes pareja es solamente con el fin de compartir y aprender, no atendiendo esa necesidad de llenar tus expectativas, tus carencias y tu falta de amor propio. Trata de complacer a todos y no complacerás a nadie, porque la insatisfacción viene desde tu interior.

Aprender a estar solo nos da ese espacio para conocernos. No desaproveches la oportunidad que te da la vida; así, el día que tengas pareja, será otra historia.

Rompe patrones y reglas

Vivimos en un mundo en que todo está cambiando rápidamente, excepto nuestras mentes. Ahora es tiempo de cambiar, de dejar ir los patrones que no nos funcionan y crear una nueva forma de pensar. Si quieres ver que tus relaciones cambien, o encontrar pareja, modifica cómo piensas acerca de ese punto.

Te invito a hacer un ejercicio. Aparta una hora de tu tiempo y elige un lugar cómodo donde puedas estar solo y sin distracciones.

En una hoja traza dos columnas. En la primera escribe lo que crees que es, mientras que en la segunda lo que te gustaría que fuera.

Contesta las siguientes preguntas:

1. ¿Qué es el amor?
2. ¿Cómo se siente el amor?
3. ¿Por qué te casas?
4. ¿Qué es el matrimonio?
5. ¿Qué valores tengo acerca del amor?
6. ¿Crees en el amor para toda la vida?
7. ¿Eres un ser sexual?
8. ¿Qué creencias tienes acerca del sexo?
9. ¿Es bueno o malo?
10. ¿Eres libre?
11. ¿Expresas tu sexualidad totalmente?
12. ¿Expresas tu creatividad completamente?
13. ¿Qué opinas de la gente que piensa diferente a ti?
14. ¿Cuáles son tus cualidades?
15. ¿Y tus defectos?
16. ¿Por qué la gente te ama?

Este ejercicio te dará una idea de cómo piensas y lo que te han impuesto. Guarda esta hoja y, cuando termines de leer este libro, decidirás con qué quedarte y qué conceptos dejarás ir para que puedas ser más libre y feliz. Estas herramientas son una guía fácil para comenzar a aplicarlas hoy. Recuerda, pregúntate: ¿qué puedes hacer hoy por ti?

AMOR EN PAREJA

En el amor no hay que hacer que las cosas pasen, las cosas pasan por sí solas.

Desde niña, el romance estuvo presente en mi vida. Primero en las películas de Disney, en las que veía a Cenicienta, a

Blanca Nieves y a todas esas princesas de los cuentos, muy pacientes, fantaseando y en espera de su príncipe azul.

Los príncipes, quienes eran guapos, fuertes, temerarios y perfectos, buscaban a sus princesas luchando contra brujas, dragones y malhechores, superando todos los obstáculos para estar con ellas. Las princesas esperaban por años en la infelicidad, unas dormidas, algunas envenenadas y otras maltratadas por la familia, hasta que llegaba el príncipe y con un dulce beso las despertaba, eliminaba el hechizo y las volvía a la vida. Y así, con un amor a primera vista, se casaban y vivían felices para siempre.

La frase "felices para siempre", con la que terminaban esas historias, me hizo creer que así era la vida y las relaciones, y que lo difícil sería encontrar a mi príncipe azul para, ya con él y casada, ser feliz para siempre. Así que desde los seis años ya fantaseaba con mi amor a primera vista, con mi príncipe y con ese beso eterno.

Mis fantasías acerca del romance continuaron en la adolescencia, mientras veía las comedias románticas en las que las parejas disparejas y las parejas imposibles se volvían posibles, donde el romanticismo y la lucha por querer estar con la otra persona seguía presente, así como el final feliz.

Hasta la fecha, me encanta de vez en cuando ver mi maratón de películas en un día y comenzar a ilusionarme y a fantasear con que allá afuera todavía existe un hombre que haría cualquier cosa por mí: me mande flores, me escriba una canción y me conquiste. Una relación en la que exista el romance.

Durante esas horas me siento feliz, con la idea de vivir un rato esas historias para después enfrentarme con la realidad de que son fantasía y de que ese romanticismo sólo existe en una pareja de cada un millón, y que el romance y la conquista son casi iguales de escasos que las trufas. Aunque debo admitir que hace poco conocí a alguien tan romántico, y fue increíble.

En la adolescencia también recuerdo haber tenido pretendientes que me deban los más grandes detalles y las frases más cursis. Me mandaban flores y me regalaban chocolates; incluso, una vez me dieron un conejo. Me romanceaban. La ingenuidad y creer en el amor te provocan ser romántica; pero algo pasa en la edad adulta cuando eres soltero: el romance cambia. Tenemos tantos anhelos, tanta soledad y tantas emociones que muchas veces no nos tomamos el tiempo necesario para comenzar una relación poco a poco, para romancear, para conquistarnos.

Queremos una relación con significado, pero sin conocer realmente a alguien. Vivimos en un mundo que funciona a una gran velocidad y pensamos que las relaciones funcionan igual de rápido; nos olvidamos que formar los cimientos toma su tiempo.

Fíjate cómo actúas en una relación de amistad: primero conoces a alguien y en unos cuantos minutos sabes si te cayó bien o no; comienzas a salir, a hacer planes y poco a poco vas encontrando cosas en común; empiezas a confiar y decides que esa persona se queda en ese nivel o eliges convertirla en tu confidente y mejor amigo.

Una relación de pareja debe seguir el mismo camino, pero ya no tenemos paciencia y nos dejamos llevar por nuestras emociones, por aquello que nos hace sentir bien en el momento: la gratificación instantánea, sin pensar en nuestra visión de la relación a largo plazo.

Una relación que tiene los cimientos bien puestos, por más sacudidas que existan, no se derrumbará tan fácilmente, como una que no tenga nada esencial, construida solamente con base en algo físico y en tus ilusiones.

Los tiempos que vivimos son diferentes a como se vivía el romance en los años treinta o sesenta. El feminismo cambió mucho la forma en que se llevan las relaciones. Nuestra lucha para ser aceptadas con igualdad a niveles políticos, profesionales y personales nos ha llevado a confundir nuestro papel como mujeres. Ya no permitimos que los hombres se esfuercen por ser caballerosos, que nos abran la puerta del coche; no permitimos los detalles y sus momentos de conquista a veces nos parecen cursis. Esta forma de responder y actuar ha llevado a los hombres a cambiar su actitud con las mujeres: de ser conquistadores y caballerosos a no hacer el mínimo esfuerzo para obtener lo que quieren. Les damos todo sin pedir nada a cambio.

Los caballeros que jugaban a seducir, a conquistar a través de cartas, llamadas, detalles y citas llenas de romanticismo, ahora te invitan dos tragos y te mandan algunos mensajes de texto para que aceptes volver a salir de nuevo y les des el sí rápidamente.

Pero ser románticos tampoco se trata de comprar cientos de flores o contratar una avioneta para que te digan "te amo" en el aire. Se trata de tener detalles todos los días, estar presentes y respetar a la mujer. Como mujeres, debemos dejar que los hombres nos conquisten de nuevo y sean caballerosos; aprender a ser pacientes y permitirles tomar iniciativas. A los hombres les gusta conquistar, proteger y complacer; a las mujeres, ser conquistadas, seducidas y amadas. Los hombres han dejado de ser caballeros y las mujeres, damas.

Está en nuestras manos que el romance vuelva a nuestras vidas. ¿A poco no se les antoja? A mí, sí.

ENAMORAMIENTO

¿Cómo definimos el enamoramiento?

Romances de invierno.

Los romances que he tenido en mi vida, los más bellos, los más intensos, han sido en invierno. No sé qué tienen esos días en los que el frío, las luces y la decoración de las calles, los regalos y todo el amor que irradia la gente se contagian, abren tu corazón y te vuelven más receptivo al amor.

Esos romances que recuerdo cerrando los ojos y viajando a aquellos momentos donde sentía un calor especial recorrer mi cuerpo, mariposas en el estómago, esos saltos de emoción cuando sonaba el teléfono o recibía un e-mail. El hecho de descubrir a una nueva persona y besarla por primera vez, vivir esos momentos de incertidumbre que te hacen sentir vivo y vibrar. Esos momentos en que no existía nada más en el mundo que el presente, sin pensar, simplemente fluyendo con el amor y sintiendo con cada célula de mi cuerpo; esos momentos que me hacían vibrar y que quería extender para siempre. Enamorarte es maravilloso y peligroso.

Cuando estás enamorado vives en el presente; no hay nada que te interese más que estar ahí y alargar ese momento para siempre. Es el sentimiento que se establece y surge entre dos personas a través del amor y el enamoramiento. El romance te da sensaciones placenteras relacionadas con la pasión, la felicidad y la compañía. Es una conexión con otra persona, más allá de lo físico y lo sexual.

El filósofo indio Osho lo describe así: "Cuando caemos en el enamoramiento seguimos siendo niños; cuando elevamos nuestro amor, maduramos". Así que el amor no se vuelve una relación, se vuelve un estado de tu ser. No estás enamorado, eres amor.

Cuando estás enamorado estás atontado; sólo piensas en esa persona, te pones nervioso, te sonrojas, suspiras, piensas en complacerla, sientes celos. Te vuelves loco; es extraño, no tiene explicaciones.

El enamoramiento es un reflejo de tus ilusiones, de la historia que has creado. No es una relación real, sino que está basada en la imagen que has creado de la persona que acabas de conocer; en la atracción, en la pasión y en la satisfación de tus propias necesidades. El amor se basa en la realidad; tiene una proyección estable y a largo plazo.

El enamoramiento es complicado porque tienes la imagen de esa persona y de lo que esperas de tu relación perfecta con ella, pero a la hora de conocerla comienzas a decepcionarte porque en la realidad es distinta de como la tenías en mente.

El amor es un conjunto de sensaciones positivas que se experimentan tanto a nivel físico como emocional y mental cuando se siente algo profundo hacia otra persona. El verdadero amor se cultiva con el tiempo y a través de la amistad y la autenticidad.

TIPS PARA ROMANCEAR

La sorpresa es la gasolina que mantiene una relación viva.

Estamos tan condicionados a querer certeza y seguridad, que hemos dejado de sorprendernos y de fluir. No dejes que tu mente intervenga en esos momentos en que quieres ser creativo y hacer alguna locura por la persona que amas. Los mejores momentos en tu vida son los que llegan por casualidad, los que te sorprenden, los que nunca imaginaste. No te apegues; disfruta de esos regalos que llenan de magia la vida, que son una aventura; lo inesperado es lo que te hace sonreír. Si quieres que tu relación se mantenga en armonía, que esté llena de pasión y sea duradera, los detalles y las sorpresas serán la gasolina. Te doy algunos tips:

1. Sorprende a tu amiga, amigo o pareja con una acción espontánea y diferente a lo habitual.

2. Escucha a la persona, así puedes tomar pistas para darle una sorpresa o una atención. Eso demuestra interés.
3. Sé atento y ten detalles. Los más pequeños son los mejores.
4. Acompaña a esa persona a hacer un plan que le emocione mucho.
5. El buen sentido del humor, las risas y ser simple es esencial para conquistar a alguien. No te pongas muy serio.
6. Lleva las cosas con calma, no seas tan intenso.
7. No trates de recrear un momento que ya pasó y fue especial. Elige lugares y situaciones nuevas que logren convertirse en momentos memorables.
8. Usa tu creatividad y tu chispa para realizar cosas nuevas en tu vida diaria.
9. Cultiva tu vida como individuo para sorprender a tu pareja con nuevos aprendizajes o historias diferentes.
10. Recuerda que todos los días debemos conquistar a nuestra pareja y pensar en darle lo mejor de nosotros.

LOS PUNTOS CLAVE DE LAS BUENAS RELACIONES

> No puedes dejar que las cosas no fluyan, pero sí puedes cambiar el rumbo.

Las relaciones reflejan nuestro verdadero crecimiento espiritual. Convivir en pareja logra que crezcas, aprendas y confrontes las cosas que amas de ti, así como las que no te gustan. Es el aprendizaje más complejo que podrás tener porque en la convivencia, en el compromiso y en las conversaciones, lograrás expresar tu persona al máximo.

Todos soñamos con tener a la pareja perfecta, la que nos dará amor eterno, la que nos complementará, inspirará y ayudará a sacar nuestro potencial como seres humanos; aquella que nos hará crecer, aprender y aceptar. Las relaciones están hechas para aprender mejor acerca de una persona: tú.

Ya sea que tengas relaciones de uno, 10 o 20 años, quiero decirte que el tiempo no es el factor más importante; la riqueza y el amor durante ese tiempo es lo que cuenta. El éxito en las relaciones, así como en tu vida personal, es vivir tu día a día lo mejor posible y desde el amor incondicional.

En las conversaciones que he tenido con hombres y mujeres, ya sea que vivan en unión libre o en matrimonio, se mencionan los siguientes elementos como fundamentales para que las relaciones sean buenas y duraderas.

Amor incondicional

La *kabbalah*, el budismo y la filosofía vedanta coinciden en que el único amor que nos llenará de luz, lo mismo que al universo, es el amor incondicional. Amar sin esperar nada a cambio, amar con ganas de compartir luz y amor, amar porque somos amor.

El amor incondicional es aceptarte y amarte tal como eres y hacer lo mismo con los demás. Como seres humanos, nuestra naturaleza es ser amorosos. Fíjate en los bebés. Yo lo veo mucho con mi sobrina Emma, que tiene tres años. Le manda besos a quien sea; se acerca a los niños para jugar sin pedir nada a cambio; sonríe; abraza a los perros, a los muñecos, a los árboles. Los bebés son fuentes de amor infinito.

Cuando comenzamos a crecer, por el condicionamiento de los maestros y los padres, empieza el juego del intercambio: "Si te portas bien, puedes comer galletas"; "Si te sacas 10, te doy dinero"; "Ve y da un beso a la tía para que te cuide". Así comienza el "te doy para que me des".

En ese momento entra en acción nuestro ego y comenzamos a dar sólo si recibimos; enfocamos todas nuestras acciones con el fin de obtener algo: si quieres cerrar un negocio, manipula y dile a la gente lo que quiere oír; si quieres una relación, pretende ser quien no eres y da para obtener validez y aceptación. ¿Cuándo fue la última vez que has dado algo sin esperar nada a cambio? Piénsalo bien; no me refiero a algo material, sino a una sonrisa, a una llamada, a un beso o a amor.

El amor incondicional, precisamente, tiene que ver con dar sin esperar nada a cambio, sin expectativa, sólo por el hecho de compartir o estar en servicio.

Aprender a recibir también es importante para tus relaciones. Sólo hay que ser cuidadosos si recibimos satisfaciendo el ego o con la intención de compartir y hacer feliz a la otra persona.

Para que una relación funcione debe existir un balance entre lo que das y lo que recibes; en caso contrario, te puedes convertir en una persona a la que podríamos llamar *el que da* o *giver*, o *el que sólo recibe*, o *taker*. El balance es lo mejor, ya que los círculos de energía se cierran.

Tú-tú o *givers:*

> Viven para complacer a los demás, ya que lo más importante para ellos es la validación de la gente; hacen todo por hacerte feliz; son tan generosos que buscan complacerte, aunque no lo logren, y los *takers* abusan de su confianza y su entrega exigiendo más sin dar nada a cambio. Son personas muy generosas, sensibles y viven para agradar a los demás, muchas veces olvidándose de su vida y su felicidad. Su lema: "Dar, dar y dar. Doy para que me aceptes".

Yo-yo o *takers*:

Son los individuos típicos que en una relación están esperando a que tomes la iniciativa, los apapaches, los conquistes, tengas detalles, y sólo se preocupan por cómo se sienten, qué les gusta o no de ti, cómo pueden pasarla mejor. Este tipo de personajes son los que reciben y no comparten. Son personas con un ego grande que se preocupan tanto por sí mismos que ven primero por ellos sin importar cómo te sientas. A los *takers* les atraen los *givers*. Su lema: "Dame, dame, dame. Yo soy primero".

Honestidad

> Cuando hablas con la verdad no tienes que recordar nada.

La honestidad implica armonizar las palabras con los hechos, tener identidad, coherencia y vivir de acuerdo con la forma como se piensa y se siente.

Según Confucio, la honestidad es uno de los valores y componentes más importantes de tu vida y de una personalidad saludable, ya que obrarás bien contigo mismo y con las personas que te rodean.

La honestidad te llevará a que las cosas fluyan, porque estarás viviendo tu verdad. Lo que te sucede en la vida es el resultado de tus pensamientos. Si piensas una cosa y haces otra, seguramente llegará el punto en que te sientas infeliz porque estás pretendiendo algo que no es lo que verdaderamente quieres. Ahí es donde entra una separación en tu ser que te lleva a la confusión y a la frustración.

Tenemos la capacidad de crear nuestra vida. Decretar —tener un pensamiento positivo y darle fuerza a través de la palabra y la escritura— es una buena herramienta para materializar lo que queremos, que funciona cuando somos honestos y realmente queremos algo desde el corazón —así las cosas suceden y fluyen—; cuando lo hacemos desde nuestra mente y nuestro ego, no pasan. Una persona deshonesta inhibe una relación, ya que entra en una incongruencia fuerte. ¿Cuánto tiempo podemos vivir engañándonos a nosotros mismos? No mucho, porque la verdad siempre sale a la luz.

Cuando le echamos ganas a una relación pero el corazón nos dice que no es lo que realmente queremos, siempre terminamos con sentimientos de frustracion y enojo. Y eso nos aleja del amor más que acercarnos a él.

Los seres humanos nos hemos vuelto expertos en mentir. Comenzamos a creer nuestras propias historias y las vamos modificando de acuerdo con el modo en que nos hagan sentir en el momento, sin pensar en el largo plazo. Estamos condicionados a vivir con gratificación instantánea. Y ésta es una técnica que no falla.

Una mentira alimenta a otra, y así comienzas a crear historias sólo para validar lo que tu mente está pensando. Conéctate con tu intuición y tu corazón; ese radar no falla.

¿Qué pasa con la falta de honestidad? ¿Te das cuenta de cuánto tiempo estuviste engañándote y, finalmente, llegas al mismo lugar y al punto que trataste de evadir? Cuando te toca vivir tu verdad o ciertas circunstancias y retos es porque tienes que aprender de ellos y no hay cómo darles la vuelta. Las cosas no suceden porque sí; tenemos un destino escrito y, como dice el dicho, "cuando no te toca, aunque te pongas, y cuando te toca, aunque te quites".

Los miedos a crecer, a cambiar, a que nadie más nos quiera como pareja, así como la comodidad y lo familiar, nos pueden llevar a decidir quedarnos en una relación deshonesta. La falta de congruencia y la ausencia de claridad de mente nos pueden hacer tomar una decisión con base en el miedo, expresando algo distinto a lo que queremos.

Las decisiones tomadas desde el miedo, y no desde el espacio del amor, te harán infeliz y te darán ese vacío que sentimos cuando no somos honestos y congruentes con nuestros pensamientos y nuestras acciones.

La maestra Byron Katie dice: "Descubrí que cuando creí en mis pensamientos sufrí, pero cuando dejé de creer en ellos dejé de sufrir, y eso es un hecho verdadero para todos los seres humanos. Encontré la felicidad dentro de mí, que no se ha vuelto a ir ni por un momento. Esa dicha está en todos nosotros".

Lealtad

La lealtad es amor, es bondad en acción; nos permite hacer aquello con lo que uno se ha comprometido aun en situaciones cambiantes, pero sólo si es desde el amor y no desde la posesión. La lealtad desarrolla nuestra conciencia. Implica la existencia de sentimientos de pura devoción y confianza hacia otro ser vivo, transformándose en una virtud humana que ayuda a facilitar el establecimiento de lazos profundos de amor, solidaridad y cariño.

La lealtad se basa en estos puntos clave:

- *Compromiso:* es una promesa que hacen dos personas sin necesidad de hacerla explícita. Es saber que contamos con la otra persona, que estamos a su lado a pesar de la enfermedad, las crisis, los momentos difíciles, y que contamos con ella en cada momento; da confianza y seguridad.
- *Dedicación:* es la base de la fidelidad. Es tener claras tus prioridades con esa persona y anteponer cualquier situación de vida, ya sea en el trabajo o en cualquier otra área, cuando tu pareja te necesite. Es darle prioridad y aprecio, enfocando tu energía en la relación.
- *Esperanza:* responde a tus preguntas y te ayuda a encontrar soluciones en momentos difíciles.
- *Generosidad:* la lealtad hace que pienses en el bienestar de la otra persona y en tus decisiones.

La otra persona se vuelve parte integral de tu vida, promoviendo así el amor y el respeto. La lealtad funciona como un valor dentro de una relación que logra crear un compromiso, una dedicación y una prioridad especial; pero debemos aceptar que nuestros sentimientos pueden llegar a cambiar y ya no seamos felices. Si sientes frustración, debes aceptar ese cambio y no atarte o forzar las cosas, porque eso te hará esclavo. La lealtad a la fuerza te llevará a vivir una frustración constante, ya que no fluye desde el amor incondicional.

Confianza

> Aquel que no confía demasiado en sí mismo, no será confiable.

Nacemos con una cualidad mágica que es la confianza. Si crees en ti mismo, desarrollarás la confianza hacia los demás. Abres tu corazón y eres vulnerable; pero, pensando que la otra persona no va a tomar ventaja de esto, sabes muy dentro de ti que no te va a traicionar. La confianza te da tranquilidad y certeza de que estás abriendo tu corazón sin miedo a ser juzgado. Es parte del hecho de permitir ser aceptado sin esfuerzo alguno.

Cuando el confiar nos mueve es porque lo hacemos desde nuestra verdadera naturaleza, que es la de las personas bondadosas. Cuando confías no tienes que esforzarte para que las cosas fluyan; eso es algo que ya es.

Asimismo, para lograr que alguien confíe en ti, primero debes tener confianza en ti mismo y ser una persona que aprecie este valor. No podemos exigir la confianza si no tenemos fe. Desde un principio sabes si debes confiar en alguien o no, es algo que haces por instinto; síguelo y no tengas miedo. Si alguien traiciona tu confianza es su problema, no el tuyo.

Respeto

Actúa con tu pareja como lo harías contigo mismo.

La palabra *respeto* viene del latín *respectus,* que significa "consideración" o "atención". Es apreciar, valorar y aceptar las cualidades y los puntos de vista del prójimo. Es un valor que trata de dar su lugar a la persona, de estar consciente y pensar en su bienestar.

El respeto o la aceptación de la individualidad de tu pareja es importante en una relación. Cuando conocemos a alguien, lo que más disfrutamos es descubrir ese mundo único que tiene la otra persona, sus puntos de vista, sus reacciones tan diferentes. Saboreamos esas discusiones y esas confrontaciones.

Pero, conforme avanza la relación, es importante seguir respetando a tu pareja; no tratar de cambiarla ni hacer que repentinamente concuerde contigo en todos los aspectos si antes no lo hacía.

Durante la relación, los acuerdos con nuestra pareja van cambiando y es importante que sean respetados para crecer y evolucionar juntos. Lo que funcionaba al principio no necesariamente funciona después. Darnos la oportunidad de cambiar en conjunto es esencial para nuestro crecimiento como pareja, lo que significa respetar los cambios en la relación. Si de plano no están en comunión con tus convicciones, no trates de cambiar su decisión y resuelve si los aceptas y los respetas o sigues tu camino aparte. Forzar a que alguien haga algo que no quiere es de muy mal gusto y baja tu nivel de conciencia.

Comunicación

No podemos asumir lo que no está dicho.

La comunicación es un proceso que implica transmitir ideas o símbolos que tienen el mismo significado para dos o más individuos. Es un intercambio de ideas y energía que te complementa o apoya tu crecimiento.

Comunicar lo que sientes y piensas es la clave del éxito en tu relación. Es importante compartir sinceramente y de forma amorosa aquellas cosas que nos gustan, así como las que no nos gustan, y ser honestos en lo que decimos.

Tendemos a especular, a asumir o a dar por hecho lo que creemos que la otra persona piensa. Deja de hacerte ideas y sé directo. Comunicarte hace que una relación crezca. Si por miedo al enfrentamiento, a que te corten o a que dejen vas en contra de tus principios y tus valores, a la larga eso llevará a que tu relación no funcione. Y si no hay comunicación en la pareja, no hay intimidad. Expresarte claramente y con un lenguaje que ambos entiendan será la clave para una comunicación óptima.

Cada persona tiene un estilo de expresar su amor y es importante estar atento a él; así entenderás mejor a tu amado y, sabiendo de qué forma lo haces, te dará herramientas para que la comunicación sea mejor, ya sea que comiences a utilizar su estilo o entiendas que te ama a su manera.

Existen diferentes lenguajes de amor:

Actos de servicio: significa traerte algo que te gusta, prepararte un menjurje, ir a comprar algo que se te antojó, darte un masaje.

Regalos: si son detallistas, te compran regalitos, desde una flor hasta algo material.

Palabras de aprecio: son aquellos que utilizan el "mi amor", "princesa", "reina". Los que te echan porras y piropos, y te dicen "te amo" todo el tiempo.

Tacto: los que son muy apapachadores, te abrazan, te besan y te tocan durante el día para expresar que te quieren.

Para lograr una mejor comunicación, sigue estos consejos:

- Escucha atentamente.
- Abre tu mente y acepta que hay otros puntos de vista diferentes al tuyo.
- Sé humilde.
- No trates de adivinar ni de leer la mente de los otros. Pregunta y exprésate.
- Sé claro.
- No tengas miedo a ser juzgado.
- Sé auténtico.

Admiración

> Estoy contigo y me motiva cada día a querer ser mejor.

La admiración es la valoración positiva de algo o de alguien. Es aquella consideración especial hacia alguien por sus cualidades; es un motor que nos impulsa. Son cualidades y actitudes de la persona con la que estamos que nos gustaría mejorar en nosotros o que anhelamos recibir.

Admirar a tu pareja te hace valorar más su integridad, su manera de pensar, su forma de enfrentar las situaciones y la vida. El cómo se maneja en el mundo te impulsa a querer ser mejor. Te lleva a respetar más a esa persona, a sorprenderte todos los días, a aprender y a crecer en conjunto.

Sin embargo, tenemos que ser objetivos a la hora de admirar a alguien, ya que podemos estar confundidos cuando estamos inmersos en el proceso de enamoramiento y equivocar nuestras ideas sobre esa persona.

Amistad

Un amigo es alguien que sabe todo de nosotros y nos ama incondicionalmente.

La amistad es un sentimiento recíproco, una relación desinteresada basada en la confianza, la comunicación, el respeto y en la que hay cariño.

Es de suma importancia rodearnos de personas que nos quieran y nos apoyen, de las cuales podamos aprender y con las que contemos en las buenas y en las malas. La amistad es importante para vivir en una sociedad en la que nos alejamos tanto de las relaciones humanas. Con ello me refiero a que no importa qué tantos amigos o seguidores tengamos en *Facebook* o en *Twitter*, sino a una amistad que se cultive con cariño, presencia, llamadas y convivencia. La confianza, la comunicación, la honestidad, la diversión y el respeto son la base para tener grandes amigos. Pero, ¿cuál es la diferencia entre una amistad y una relación de pareja? Solamente el compromiso y la expectativa.

Normalmente, con los amigos no tenemos ese sentido del deber que sí tenemos con una pareja, o no estamos constantemente esperando a que nos hablen, nos expliquen o estén ahí. En una amistad todo es más desenfadado y desinteresado; cuando tengo ganas de verte, te llamo; si necesito que me escuches, lo digo; si tengo otro plan, te lo comento, y no hay reclamos ni sentimientos de aprehensión. Las amistades simplemente fluyen. Te invito a que lleves esto a tu relación de pareja.

Toda relación importante comienza por la amistad; eso hace no sólo que la comunicación sea más clara, sino que tu vida sea más divertida. Jueguen, ríanse, inventen planes que les sorprendan, sean espontáneos, compartan actividades. Procura que tu relación sea parte juego y diversión y el resto responsabilidades. Si dejamos de ser amigos y divertirnos, que fue lo primero que nos unió como pareja, y todo se convierte en seriedad y responsabilidades, terminaremos fastidiándonos, en una relación aburrida y rutinaria.

LAS FASES DEL AMOR

The Spiritual Rules of Engagement (Las reglas espirituales del compromiso), de Yehuda Berg, es uno de los libros que cambió mi forma de ver las fases de una relación de pareja según la *kabbalah* (cábala).

Primera fase

El enamoramiento. Todo lo ves perfecto, es eléctrico. La persona te encanta, comienzas a identificarte con sus gustos, encuentras similitudes, te enfocas en las cosas positivas. La vida es increíble, divertida, llena de pasión; descubrir a la otra persona es maravilloso y novedoso; fluye la comunicación y la confianza; se respira paz, romance y amor; sueñas con esa persona;, piensas en ella las 24 horas y se convierte en tu prioridad. La pasión está en su máximo nivel y no te cansas de besar, apapachar o tener sexo a cualquier hora o en cualquier lugar.

En esta fase existe una explosión de luz muy fuerte que puede deslumbrarte, dejando de ver bien la realidad, o te puedes quemar y salir corriendo.

Según la *kabbalah*, el propósito de esta primera fase es lograr que te comprometas o te claves con esa persona. Puede durar una o 10 citas o siete meses, de acuerdo con las diferentes personalidades y circunstancias.

Segunda fase

Se da cuando pasa algo que altera la primera: la del enamoramiento. Puede ser una pelea o una discusión. Es aquel
momento en que ya no te sientes tan feliz, y puede que la
causa sea una desilusión o una reacción inesperada de tu
pareja. En esta fase es cuando mucha gente sale corriendo. Aquí ves las cosas como son y tienes que ganarte a la
otra persona, porque ya no se te da todo con tanta facilidad. La mayoría de las veces, el mundo de las citas termina en este momento porque no estamos dispuestos a seguir
y queremos que todo siga siendo fácil. Es cuando analiza-
mos a la pareja y comenzamos a ver su verdadero yo, su
personalidad real. Tenemos que ser honestos y ver si podemos aceptarla tal como es, apoyarla y darnos la oportunidad de crecer con ella, o salir de la relación, aceptando que
la otra persona no quiere estar con nosotros y permitiendo
que siga su camino.

En esta fase se prueba el verdadero deseo de estar juntos,
porque ya es una parte en la que se comienza a construir.

Tercera fase

Aquí surge la verdadera intimidad y la vulnerabilidad.
En esta fase descubres los miedos y las creencias, y logras
ver a tu pareja en su peor estado de ánimo o en su peor
momento, lo que te lleva a conocer los temas de fricción
que podrán surgir más adelante; te cuestionas si realmente quieres la relación, aceptando lo que viene, y pre-
guntándote si estás dispuesto a transformarte y aprender.
Decides quedarte en la relación y haces lo que esté de tu
parte para revelar la luz y lo bueno, o salir de ella porque
eres infeliz y sabes que no puedes revelar tu luz al mundo si permaneces.

Pregúntate si esta relación es una reflexión de la luz o si tiene potencial de serlo: ¿cómo actúo en esta relación? ¿Estoy abierto o cerrado a ella? ¿Soy la persona que Dios tuvo intención de que sea? ¿Qué puedo hacer en mi vida para poder revelar toda mi luz?

Cuarta fase

Es el resultado de las preguntas que te hiciste, de tomar la decisión y aceptar el resultado. ¿Qué decidiste ser: el que tomó el riesgo y está creciendo espiritualmente, o el que decidió quedarse en sus mismos patrones de conducta? ¿Eres el héroe o la víctima? ¿Te está gustando tu vida o quieres cambiarla?

Esta fase sigue y sigue por el resto de tu relación. Aquí tu pareja y tú tendrán que pasar por las mismas situaciones una y otra vez hasta que encuentren una solución o decidan terminar porque ya no hay nada que hacer.

Parte de vivir en pareja implica que la otra persona te apriete botones y surjan conflictos y emociones que tienes que corregir; si todo es paz y no enfrentas nada, quiere decir que no estás aprendiendo. En cambio, si ves esto como una oportunidad de crecer y transformarte, se unirán más y llevarán su relación a un plano de crecimiento espiritual.

EL CAMBIO

> Me duele dejar de ser quien era y amo en quien me estoy convirtiendo.

Nuestro cuerpo cambia todas sus células cada siete años; nuestros pensamientos cambian cada instante. Las estaciones del año, la naturaleza toda, cambian; lo único constante en todo el universo es el cambio.

Y así como todo cambia, nosotros también vamos cambiando. No soy la misma persona que la de hace tres meses; pienso desde otra perspectiva, he crecido y eso hace que los cambios sean más rápidos porque estoy consciente de ellos. En inglés se usa el término *shifting mode* para decir que estamos en el proceso de cambio; tenemos la opción de adaptarnos a lo nuevo o quedarnos colgados y aferrados a la persona que éramos.

La manera en que actuamos frente a los cambios comienza a ser diferente; ya estamos en un estado de alerta en el que aparecen situaciones o personas que son los gatillos que nos ayudarán a crecer, a cambiar de un momento a otro, que nos ponen a prueba para ver si ya hicimos el *shifting* o qué tan cerca estamos de lograrlo.

Dicen que los momentos de incertidumbre son los que nos llevan a desarrollar más la creatividad y nos dan valentía. Estamos tan aferrados a nuestras ideas, relaciones e historias, que ni siquiera podemos dejar ir a quienes éramos. Nos da miedo; nos sentimos en un espacio fuera de nuestra área de confort, donde hay retos desconocidos, y tenemos que responder de diferentes maneras. Nos sentimos mejor en el área que conocemos y decidimos quedarnos ahí, así implique nuestra infelicidad y nuestra frustración, por nuestros miedos o simplemente porque estamos tan cómodos que no queremos crecer.

Si es difícil lograrlo con nosotros mismos, imagínate lo que pasa en las relaciones. Conseguir una relación duradera es aprender a aceptar los cambios de tu pareja y tratar de evolucionar juntos. Muchas veces las relaciones se terminan porque empezamos a crecer a velocidades diferentes y ya no logramos entendernos, o simplemente ya no sentimos el amor y la conexión que cuando íbamos de la mano.

Una pareja aprende a ver estos retos como una transformación, donde los dos van creciendo a la par, aceptando su nueva situación y las nuevas ideas que han creado juntos con su comunicación y sus nuevos acuerdos.

Muchas veces te sacas de onda cuando tienes una plática con tu pareja y resulta que ahora piensa totalmente diferente que hace cinco o dos años. Y tú piensas que ese tema ya lo habían hablado y que las cosas no iban a cambiar. El cambio es totalmente lógico y en ti está aceptarlo y ver de qué forma puedes unirte a esa transformación o dejarlo ir si de plano no va contigo. Está en tus manos y es muy válido cambiar los acuerdos con la pareja, para que así la relación evolucione y puedan seguir juntos.

Una tendencia que he visto es la de las parejas que cortan y regresan muchas veces, causándose más daño, ya que no vuelven a ser los mismos porque van cambiando rápido y a destiempo. Todo pasa en su momento perfecto y el *timing* es de suma importancia.

Si el trabajo espiritual y tu trabajo individual están al nivel, siempre hay oportunidades para arreglar las situaciones; pero, si no lo están, es mejor salir en vez de lastimarse tratando de arreglarlas.

Vive y trabaja tu relación día a día, sin esperar o asumir qué va a pasar mañana o en 30 años; así cuidarás de ella como lo haces con tu cuerpo o con tu alimentación. Toda relación se vive en el aquí y en el ahora. Vívela mejor hoy; mañana será otro día.

RELACIONES FORMALES

Después de mi divorcio y después de algunos años de soledad, es difícil imaginar a mi pareja perfecta, porque me doy cuenta que cambio tanto, que lo que creo que sería perfecto e ideal en este momento no lo será en tres o seis meses. Eso me ha hecho creer que las relaciones para toda la vida no son para mí. No tiene lógica seguir con la misma persona por años si nuestro corazón, nuestras emociones, nuestros sentimientos y cuerpo cambian constantemente. Sería algo forzado. Soy quien soy por el aprendizaje que he tenido de parejas tan diferentes y nuestro cómo cada una de ellas me ha enfrentado a cosas de mí que no hubiera podido aprender con una sola pareja en mi vida.

Estoy consciente de que lo que acabo de comentar rompe con lo tradicional; pero para eso estamos aquí, para crear la vida de nuestros sueños. Y cada quien tiene un sueño diferente y válido. Se vale ser tú.

La única conclusión a la que he podido llegar es que, si quieres una pareja con la que puedas compartir toda tu vida o algunos años, debe ser a través del amor, la aceptación y, sobre todo, con ambos impulsando su crecimiento como pareja a nivel espiritual. La espiritualidad y el corazón son lo único que puede unirnos para crecer en conjunto y nunca aburrirnos, porque estamos conectados a la verdad y al amor. Y al estar aprendiendo y siendo cada día mejores seres humanos, hará que tu compañero esté ahí, impulsando esa energía. Cada relación es un regalo, una experiencia de amor y desamor.

En este proceso de cambio y de crear la relación de nuestros sueños, tenemos que redefinir y ver diferentes estilos de vida, como el matrimonio, las relaciones abiertas, las relaciones homosexuales y bisexuales, para así poder tener una apertura de mente, entender lo que está sucediendo en el mundo y no juzgar. Recuerden, el amor universal es el principio de todo.

La sociedad, las religiones, las historias de amor nos han condicionado a creer que somos personas completas si tenemos el amor de pareja, si encontramos nuestra media naranja. Se considera un fracaso estar soltera, divorciarse, tener otras tendencias sexuales y, ni se diga, no tener familia.

La manera en que vivimos el amor ha cambiado. Cada día las relaciones son más libres; se conocen diferentes modalidades de vida y ahora es el momento de reinventar el tipo de relación que nos haga más felices, creando acuerdos y formas que nos funcionen a cada uno como individuos y como parejas. Estamos en un proceso espiritual de redescubrirnos y reinventarnos, ya que lo que existió hace cientos de años ya no nos funciona a todos.

Estamos viviendo una revolución sexual, una evolución de las relaciones; es tiempo de que vivas el amor y el sexo a tu manera, disfrutándolos desde una perspectiva holística.

NO CREAS EN NADA HASTA QUE LO HAYAS PROBADO

Matrimonio

Nuestras raíces, cultura y familia nos marcan; nos llevan a soñar con casarnos, tener hijos y crear una familia.

Matrimonios felices y longevos; matrimonios por conveniencia, dinero o posición social; matrimonios llenos de violencia doméstica, con problemas de alcoholismo y drogas; separaciones y divorcios. Caulquiera que sea la historia que hayas vivido, ésta afectará tus relaciones actuales y la forma en que te relacionas con los demás. Trabajar en todo lo que te afectó desde niño, superarlo y dejarlo ir, te ayudará a llevar relaciones armoniosas en todas las áreas de tu vida; te ayudará a no repetir patrones y vivir tu vida amorosa y sexual al máximo, basada en el respeto y en el amor.

El matrimonio es el sueño de cualquier mujer y el terror de cualquier hombre en nuestra cultura latinoamericana. Me atrevo a generalizarlo porque son las opiniones y las historias que he visto de cerca. Los días más felices en la vida de una mujer son cuando te dan el anillo, cuando te casas, cuando tienes hijos y, en ciertos casos, cuando te divorcias.

Los días más temidos para el hombre son cuando decide dar el anillo, su despedida de soltero y estar en el altar. Algunas de las frases que he escuchado en despedidas de soltero son: "ya te amarraron", "ya caíste", "olvídate de la diversión" o "ya no vas a poder echar relajo".

La mujer se siente feliz y realizada; el hombre, nervioso.

También he visto historias de amor que me conmueven, basadas en el amor, la espiritualidad y el compromiso de crecer como pareja. Mi conclusión es que, así como en la nutrición todos necesitamos una dieta o una forma diferente de alimentación, lo mismo ocurre en el amor.

Mi historia particular es linda y llena de paz, con una infancia muy feliz. Me siento afortunada de haber nacido en un núcleo familiar muy unido, donde mis padres estuvieron casados durante 33 años, hasta que la muerte de mi papá los separó.

Vi un matrimonio feliz, en el cual mi mamá era parte del motor de mi papá; una mujer inteligente, culta y divertida que educó a mis tres hermanos —hijos del matrimonio previo de mi papá—, así como a mi hermano Diego y a mí.

Desde que nacimos, nunca existió una separación de hermanastros. Vivimos y crecimos en la misma casa por muchos años y nuestros viajes eran como de caravanas de gitanos, de un lado a otro, cargando con los cinco hijos, los amigos de los hijos, mi abuela Mutti y mis papás.

Como ya lo mencioné, mi niñez fue feliz, con mucha disciplina y protección, ya que crecimos en el ojo público. La presencia de mis padres siempre fue trascendental; incluso mi papá, que tenía una vida profesional sumamente ocupada, cual malabarista, lograba balancear su tiempo para nosotros y, sobre todo, para mi mamá. Durante años los vi como una pareja en la que la comunicación era clave; bromeaban mucho y eran muy cariñosos; los besos, los abrazos y tomarse de la mano siempre estaban presentes.

Continuamente escuchaba hablar de la lealtad, el respeto, la comunicación, el ser honestos, y de la fidelidad. Mi papá casi no hacía vida social más que acompañado por mi mamá, mi hermano Arturo o por mí, que tuvimos la fortuna de trabajar muchos años con él.

Crecer con ese ejemplo fue fantástico. El matrimonio perfecto. Y mis ideas siempre fueron poder imitarlo y crear una familia feliz para toda la vida.

Para mi sorpresa, no fue así. Me casé muy enamorada en el año 2003, con la idea de ser feliz para siempre, pero seis años más tarde me divorcié. Fue un divorcio amistoso en el que todo fue en paz. Sucedió porque cambiamos y crecimos hacia diferentes direcciones. A pesar de lo amistoso, para mí fue un golpe muy duro, ya que mi ilusión y mi fe en el amor y en el matrimonio se desvanecieron. Sentí esa misma sensación de la vez me dijeron que Santa Claus no existía —perdón si alguien pensaba todavía que era real, ja ja—.

Durante mis años de casada, traté de ser la ama de casa que había visto en mi madre; la esposa y la posible madre perfecta, dedicada a impulsar a su hombre y a su familia. Lo intenté con todas las ganas y con mi corazón y la mente abiertos a esa idea; era algo con lo que había soñado desde pequeña: estar casada, tener mi familia. El ejemplo de mi casa fue importante porque tengo esos valores que quiero observar en mis relaciones; pero mi transformación y acercarme más a mi esencia, de ser un espíritu libre, me llevaron cada día a luchar más por mi libertad e individualidad.

Comencé a sentir que ya no estaba creciendo, que no aprendía, que mi vida se convertía en una rutina y que mi chispa de luz se iba apagando.

Mi matrimonio fue feliz, basado en una gran amistad, en respeto, comunicación y mucho amor. Fue una historia tan bella, pero en la cual fue inevitable que el corazón y los sentimientos cambiaran. Y cuando se transforman tanto, ya no puedes luchar contra lo que sientes; pude haberme quedado en mi matrimonio, pero era el dilema de quedarme en una vida cómoda o arriesgarme a salir de ella y crecer; y sé que el divorcio fue una bendición en mi crecimiento y en lo que he logrado hasta hoy como persona, a pesar de que fue algo muy doloroso.

Gracias a las experiencias, me he dado cuenta de que mi misión en la vida no es la de un matrimonio convencional; lo cual no significa que esté en contra del matrimonio, ni que deje de admirar la gran labor de las mujeres que se dedican en cuerpo y alma a sus familias. Simplemente es mi experiencia; mi misión es otra. Y siempre digo que ¡viva el matrimonio mientras dure! Pero, de eso a que sea para toda la vida, ¡lo dudo!

Les comparto mis ideas por el simple hecho de que vean que se vale ser uno mismo. No tenemos por qué tener miedo a lo que digan los demás. La verdad nos hará libres. No tenemos por qué aceptar cosas que no van con nosotros; no tenemos que hacer lo correcto, lo que nos dicta la sociedad, lo que nos dicen las amigas. Expresa quién eres, y mientras seas feliz, no lastimes a nadie y seas honesto contigo mismo, todo se vale.

Aprender a respetar las decisiones de los demás y los estilos de vida tan variados te hará ser más libre, te permitirá ser tú en el amor y en el sexo.

El matrimonio es una institución creada para controlar a la sociedad, para compartir bienes, unir familias en poder. Fue una manera de negociar por muchos años. Los matrimonios a la fuerza, por conveniencia o por seguridad fueron la forma en que las parejas se unían. Y de ahí surgía el amor o simplemente las cosas eran así porque no quedaba de otra.

El hombre ha creado el matrimonio porque tiene miedo a lo desconocido, a la incertidumbre, al futuro. Queremos saber que tenemos algo seguro y el matrimonio nos da eso.

Es una forma de evadir dificultades y retos que son los que te hacen crecer es algo de la mente, no del corazón.

Cuando primero somos amantes y después decidimos casarnos por gusto, no por formalidad, el matrimonio crece con amor. Si nos casamos porque es el siguiente paso, por presión social o porque es lo correcto, es difícil que el amor crezca. Cuando tenemos la seguridad de estar con una pareja, dejas de sorprenderte; todo se vuelve una responsabilidad: primero casarte, adaptarte, cuidar la casa, cumplir los compromisos sociales; después el embarazo, el primer hijo, el segundo hijo, el tercero, y todo comienza a convertirse en lo que es lo mejor para los hijos. ¿Y dónde quedas tú? Hasta el sexo se vuelve parte del deber. ¿Dónde queda el juego? ¿Las conversaciones? ¿El seducir y conquistar a tu pareja?

Los esposos y las esposas comienzan a quejarse. La belleza del amor desaparece por caer en la cotidianidad y la rutina, y así la mayoría de las personas decide seguir por ese camino.

Hace poco tiempo leí una historia que logra plasmar un poco esta idea. Estaban dos amigos sentados a la orilla del mar. Entonces, uno de ellos dice: "Qué crees, ya dejé de jugar, de tomar, de fumar y de salir". Su amigo le contesta: "¡Tu esposa debe estar muy feliz!" El amigo le responde: "No tanto; ahora, cada vez que me ve, ya no tiene nada que decirme".

El matrimonio crea la necesidad del divorcio, de desaparecer a la otra persona de nuestra vida porque nos priva de nuestra libertad, y la libertad es lo más preciado que tenemos como seres humanos. Si nos sentimos atados, perdemos nuesta felicidad.

El lema de una relación de monogamia es el siguiente: nos enamoramos para siempre, así que cerremos las puertas a otras situaciones y a otras personas que nos puedan cambiar. Si cambio demasiado, no sé si pueda seguir en esta relación.

Ahora, si tú decides estar en un matrimonio, vívelo como un noviazgo, trabájalo, intercambia acuerdos, crea situaciones nuevas, sorprende a tu pareja y reinvéntalo para poder estar dentro de él, realizado y feliz.

Cuando decidimos estar juntos es algo que debemos procurar día a día, porque queremos apegarnos a alguien hasta que la muerte nos separe. Si es así, vive tu matrimonio desde el amor y no desde el deber.

Relaciones abiertas

Mucha gente pretende ser monógama, aunque no sea su naturaleza, y se ata a relaciones convencionales por miedo al qué dirán. Cada día son más populares las relaciones abiertas, tanto así que tienen sus propios estatus en *Facebook;* incluso, existen muchos libros sobre el tema, en los que se exponen los acuerdos, como una nueva modalidad para tener relaciones sexuales, al mismo tiempo con respeto y con conocimiento, y para prevenir muchas enfermedades sexuales en el intercambio de energías que te da el sexo casual.

Las relaciones abiertas te liberan de la creencia de que sólo estamos hechos para amar a una sola persona; además, no sólo están basadas en la exploración sexual; se trata de compartir y explorar nuevos mundos y a ti mismo a través de tu relación con diferentes personas. Estas relaciones tienen que ver con ponerse límites y respetar acuerdos. La libertad debe utilizarse con conciencia y respeto. Si ya la usas románticamente, forzada y no naturalmente, es tiempo de cambiar los acuerdos.

Si eres una persona que no cree en la fidelidad, o eres un coqueto o una coqueta por naturaleza, las relaciones abiertas podrían ser una buena opción para ti; mejor ser honesto que ser deshonesto con tus infidelidades.

Las relaciones abiertas hablan mucho de amar a más de una persona por el deseo de aprender más y crecer, y no sólo por tener sexo con más de una pareja. Las relaciones abiertas pueden ser de varios tipos:

- *Relaciones poliamor:* son simultáneas, sexuales, emocionales e intelectuales. Puedes tener dos o tres parejas a la vez.
- *Amante:* tu pareja y una persona con quien tienes un romance fuera de la relación.
- *Pareja:* una persona con la que compartes tu vida, o tu esposo o tu esposa, aunque no es tan común el matrimonio en este tipo de relaciones. Además, te permiten echarte tu canita al aire de vez en cuando.

Ventajas:
- Hay una sensación de libertad, ya que los celos y los apegos se manejan de mejor forma.
- Hay mayor conciencia respecto de la comunicación, la sinceridad y el respeto por la individualidad de la pareja.
- Ser poliamor no es excusa para cometer adulterio; los acuerdos que hagan como pareja deben respetarse.
- Considera a tu pareja y comenta que vas a salir, pero no menciones con quién.
- Los momentos eróticos fuera de tu relación ayudarán a que la misma sea más divertida.
- Se disfrutan totalmente los momentos que quieren compartir, lo que muestra un *quiero* y no un *debo*.
- No existe la dependencia.
- La pareja comunica sus deseos y sus fantasías sexuales, no siendo necesariamente exclusivas para su pareja.
- Pueden experimentar sus fantasías invitando a alguien o por separado.
- Al no ser la fidelidad un valor, te permite apreciar en perspectiva las cualidades de tu pareja.

- Las reglas se rompen cuando las acciones ya no representan un acuerdo.

Desventajas:
- Tu autoestima debe estar fuerte; si no, pueden entrar los celos y las inseguridades, que no forman parte de este tipo de relación.
- No se vale reclamar de algo que se permitió; los celos, si aparecen, y al no estar contemplados, te llevan a replantear la relación, haciéndole modificaciones.
- Pueden tener una mayor complejidad en la toma de acuerdos e ir adaptándose a nuevos.
- Si no hay una conexión, puede haber choque de ideas.
- Tienes que ser sumamente cuidadoso en respetar las reglas del sexo seguro, ya que en un encuentro sexual sin protección estás jugándote la vida y la de tu pareja.
- Existe el miedo de convivir con la idea de que la otra persona pueda enamorarse de alguna persona con la que tiene relaciones.
- La presión social a la que es sometida este tipo de relación puede llegar a afectarla e incluso darla por terminada.

Relaciones homosexuales

Es increíble que en nuestra época todavía existan 76 países que las consideran ilegales. En países como Nigeria y Somalia se castigan con pena de muerte. Los religiosos y puritanos se siguen escandalizando por este tipo de relaciones, siendo que muchas veces hay más amor, respeto y entrega en amigos *gays* que en matrimonios heterosexuales. Mis mejores amigos son *gays:* hombres leales, honestos, con un gusto espectacular, divertidos, mientras que mi grupo de amigas *gays* tienen un gran sentido de lealtad, compasión, consideración y sensibilidad también increíbles. Me enorgullece decir que en la ciudad de Mexico ya se permiten los matrimonios *gays* de manera legal y que fue la primera ciudad en Latinoamérica que lo hizo. Una relación *gay* tiene los mismos fundamentos y valores que una relación heterosexual; la única diferencia es la capacidad de concebir y crear vida.

El entendimiento en una pareja homosexual muchas veces es mayor que en una heterosexual, ya que es más fácil entender a alguien del mismo sexo debido a que habla el mismo lenguaje. Asimismo, en el sexo sabes complacer más fácilmente a tu pareja porque conoces lo que te gusta.

La tolerancia, el respeto y la aceptación es la prueba más grande de tu compasión y tu amor incondicional. Aprende a disfrutar sus valores, aprecia la cualidad que tienen de liberarse, de ser únicos y mostrar al mundo su diferencia sin miedos ni tabúes: están expresando su verdadera naturaleza.

Procura no juzgar a los demás en la medida de lo posible. Primero, para ahorrarte ese mal sabor de tu propia experiencia de juzgar, y segundo, porque es una falta de respeto. Y recuerda, todos los seres humanos reflejan cosas de nosotros mismos. Si sientes homofobia o no practicas la aceptación, pregúntate por qué y cómo está conectado eso contigo.

Relaciones bisexuales

Es una orientación en la cual sientes atracción física o romántica por los dos sexos, pero en la mayoría de los casos tu atracción está más dirigida hacia uno de ellos. La bisexualidad implica tener parejas de diferentes sexos a lo largo de tu vida; te enamoras de la persona, no del sexo.

Este tipo de relación está registrada desde los antiguos griegos. Alejandro Magno fue uno de ellos, además de un buen número de filósofos. Incluso Aristóteles decía: "Cuando los hombres y las mujeres eran de todos".

Biológicamente se dice que la bisexualidad es una perpetuación de la especie humana; psicológicamente, muchas culturas la ven como algo natural. Tenemos dos energías que rigen nuestro cuerpo: la femenina y la masculina. Todos utilizamos las dos con mayores o menores intenciones. La bisexualidad es un llamado natural que muchas veces se reprime porque es confuso aceptar y vivir con una dualidad, además de que la sociedad lo siente como una amenaza.

Sin embargo, es un estilo de vida difícil de entender porque se sale del contexto social. Se ha comprobado que tienes claridad acerca de tu bisexualidad antes de los 21 años; si alguna vez decidiste experimentar con tu mismo sexo, no forzosamente significa que seas bisexual o *gay* si tu preferencia es la heterosexualidad.

La aceptación y la tolerancia también serán un acto de amor. ¿Por qué puede ofenderte algo que no tiene relación directa contigo? Practica la apertura y entiende que la atracción y las emociones no se controlan con la mente.

2. PUNTO B: BÁSICOS DEL SEXO

Empecemos a hablar de sexo, un tabú, un mal social, algo que nos apena; lo reprimimos y nos hace sentir culpa. ¡Olvidémonos de eso! El sexo es natural, bello, sagrado, placentero, delicioso, cachondo, rico, caliente, extasiante, divertido, erótico, animal, sensual, sucio y lujurioso. El sexo puede ser lo que quieras que sea.

La sociedad y las religiones nos han impuesto al sexo como algo no apto para hablarse en voz alta, como algo muy íntimo. Incluso, cuando le conté a mi mamá que escribiría acerca de sexo, con todo lo europea y abierta de mente que es, ¡puso cara de *what*? Liberarnos de la culpa, de los tabúes, de las creencias y de buenas o malas experiencias es importante para disfrutar el sexo al máximo.

Es parte fundamental de lo que somos y de nuestras relaciones. Es un instinto, así como uno de nuestros métodos de comunicación más completos porque en el sexo utilizamos todos los sentidos: compartimos nuestro ser sin máscaras y a plenitud. Sin embargo, el sexo impacta nuestro inconsciente de tal forma que es importante ser selectivos a la hora de relacionarnos.

Además de que, por naturaleza biológica, el sexo es necesario, también lo es de manera psicológica y a nivel hormonal, porque no podemos acordarnos de él; es decir, en nuestro cerebro no existe memoria que logre registrarlo; sólo deducimos lo que pasó y el tiempo en que sucedió. El sexo nos deja con un recuerdo que queremos volver a llenar; por eso lo seguimos buscando una y otra vez.

Para una buena relación y una buena comunicación sexual es esencial comprender, primero, las diferencias biológicas entre ambos sexos, lo que nos ayudará a prevenir malos entendidos. Por ejemplo, la mujer es multiorgásmica, ya que después de un orgasmo no necesita más que cinco minutos para recuperarse y estar lista de nuevo para poder tener otro. El hombre, en cambio, necesita mayor tiempo después de un orgasmo, e incluso dormir para recuperarse.

Los hombres tienen la energía *yang* o masculina, lo que quiere decir que se excitan fácilmente, pero también se satisfacen de manera rápida. Las mujeres, en cambio, tenemos la energía *ying* o femenina, lo que significa que necesitamos más tiempo para excitarnos y estar satisfechas.

El lenguaje, aplicado correctamente al hablar de sexo, da un significado más sensual y erótico al acto; utilizar palabras con un significado más profundo, que nos saquen del contexto de lo ordinario, nos invita a ver el sexo como un espacio sagrado. Por ello utilizaré algunos términos en sánscrito, así como un lenguaje más suave al mencionar diferentes técnicas. Por ejemplo, al pene se le llama *vajra,* una palabra tibetana que significa "centro del poder", o *lingam,* que en sánscrito significa "falo" o "sustancia cósmica". A la vagina y a la vulva se le llama *yoni,* que en India quiere decir "templo sagrado" o "el útero sagrado de la creación". Y si de casualidad te preguntas por qué no se editó la palabra *sexo,* por exceso de uso, ¡es porque me libera y me encanta decirla!

Algunos datos curiosos sobre el sexo

- La palabra *libido* significa tener deseo sexual. Carl Gustav Jung decía que era energía direccionada al crecimiento como persona e individualidad.
- El sexo, según la sociedad tradicional, es un acto lineal que se basa en el preámbulo, la penetración y el orgasmo masculino.
- Las mujeres necesitan 15 minutos para tener las circunstancias biológicas adecuadas para un orgasmo.
- El Reporte Kinsey declara que 75 por ciento de los hombres eyacula en dos minutos.
- El 85 por ciento de los hombres y las mujeres han tenido fantasías sexuales durante el acto, ya sea con su pareja del momento o pensando en otra.
- La encuesta *Sex in America* sostiene que tres de cada cuatro mujeres casadas llegan al orgasmo, mientras que las solteras sólo lo logran dos de cada tres. El éxito del sexo se da a través de conocer y disfrutar a la pareja. Mientras más sexo tengas con la misma persona, mejor se pone.

> Sexo: lo que nos toma poco tiempo y causa un gran problema.
>
> ANÓNIMO

Vivimos en una sociedad en la que la vida sexual es mucho más abierta y participamos en diferentes tipos de relaciones. A continuación te menciono algunos ejemplos:

Sexo ocasional y promiscuidad: una persona que se convierte en adicta al sexo.

Sexo one night stand: sólo una noche, normalmente sin ser conscientes, en estados alterados bajo la influencia de las drogas o el alcohol.

Sexo casual: es el hecho de tener relaciones sexuales en un momento inesperado con personas conocidas o desconocidas.

Sexo ocasional o amigos con derecho: dos personas con una relación de amistad, cariño y respeto que se convierten en amantes ocasionales, sin ningun tipo de compromiso.

Sexo ocasional con tu amante: una persona con la que hay una relación de amistad, intimidad, romance y sensualidad, y que es tu amante por más de alguna ocasión; son relaciones más largas que el sexo ocasional.

Sexo con compromiso: con una pareja o parejas estables, basada en el sentimiento y como expresión del amor.

Sexo holístico: es el sexo llevado a un nivel energético y de conexión con tu esencia y tu energía espiritual, basado en el respeto y amor incondicional.

Quisiera abundar sobre esta nueva tendencia de *amigos con beneficios*, término que se asigna a una relación de amigos que tienen sexo ocasional, pero también para otro tipo de arreglos sexuales: pueden ser antiguos amantes que ocasionalmente tienen encuentros sexuales o personas que frecuentan los mismos lugares, aunque no sean "mejores amigos". Éstas son las "etiquetas relajadas". Para meterte a este tipo de relación debe existir un fuerte deseo de estar con otra persona que llene un vacío emocional o necesidades sexuales. Se da con base en acuerdos y sin pensar en una relación. Me pregunto si una mujer puede "cumplir las reglas del juego" sin involucrarse pasionalmente y terminar herida.

Una investigación realizada por la Michigan State University reveló que la mayoría de los estudiantes universitarios han tenido al menos una relación casual. Y es que en la actualidad los amigos con beneficios son un tema cultural entre los jóvenes. Lo interesante es que entre ellos existe el miedo a involucrarse o a desarrollar sentimientos hacia otra persona. Según el estudio, una de cada 10 relaciones de este tipo se convierte en un romance serio; un tercio deja de tener relaciones sexuales y vuelven a ser amigos, mientras que uno de cada cuatro corta todo contacto (el sexo y la amistad).

Las encuestas se realizaron entre 90 alumnos, a los que se les preguntó sobre la pasión, el compromiso y la comunicación en este estatus amoroso. Se encontró que las personas tienen estas relaciones porque no quieren compromiso, aunque existe un miedo a enamorarse más que el otro. Las características generales parecen ser fieles a su nombre: son más amistades que romances.

Ventajas y desventajas de ser amigos con beneficios

Ventajas:
- Tienes confianza.
- Las posibilidades de tener sexo seguro son más altas.
- Los une la amistad, así que hay respeto y cariño.
- Hay diversión.
- Comunicación directa.
- Acuerdos precisos.
- Vives el momento.

Desventajas:
- No comiences a tratar a la persona como tu pareja; recuerda que es casual.
- Puede terminar una amistad si uno de los dos no lo sabe manejar.
- Uno de los dos puede enamorarse.

- La atracción es una emoción; así que pregúntate si no estarán de por medio tus sentimientos.
- Puede crear una relación destructiva.
- Hay que ser cuidadoso de seguir las reglas o los acuerdos y no esperar nada más.
- Termina cuando sientas que te está afectando y no puedes cumplir el acuerdo.

BENEFICIOS DEL SEXO

1. Ayuda a sanar la depresión, ya que después del acto el cerebro produce endorfinas que disminuyen el estrés y nos inducen a un estado de euforia y felicidad.
2. Según un estudio en la Universidad de Queens, en Belfast, Irlanda, tener sexo frecuente aumenta la longevidad. Las personas con más orgasmos tienen 50 por ciento más de posibilidades de prolongar su vida que los que no los tienen.
3. El sexo te ayuda a bajar de peso. Una sesión muy pasional puede ayudarte a quemar hasta 200 calorías: el equivalente a correr 15 minutos.
4. Es ideal para hacer músculos, sobre todo bíceps en los hombres. ¡Imagínate la cantidad de lagartijas que se realizan!
5. Te ayuda a intensificar tus sentidos, en especial el olfato. Después del sexo, la prolactina sale de tus células, que ayudan a formar nuevas neuronas, lo que beneficia al olfato.
6. El sexo es 10 veces más efectivo que cualquier pastilla para el dolor. Antes de un orgasmo, la hormona oxitocina sube cinco veces sacando endorfinas, las cuales son medicamentos naturales contra el dolor. Así que la próxima vez que tu pareja te diga que tienen dolor de cabeza, trátala con una buena sesión de sexo.

7. Duplica los niveles de estrógeno en el cuerpo y hace que tu pelo brille y tu piel se vuelva más tersa.

8. Es un tratamiento de limpieza profundo ya que, debido al ejercicio, deja la piel tersa y brillante, además de reducir el riesgo de dermatitis.

9. Estimula el sistema inmunológico y aumenta la circulación sanguínea.

10. Ayuda a regular tus ciclos menstruales.

11. Aumenta los niveles de estrógeno y estimula la producción de cortisona y endorfinas.

12. Protege a las mujeres con menopausia de problemas del corazón y de pérdida de hueso, y mantiene los tejidos de la vagina sanos y humectados.

13. A los hombres les ayuda a prevenir problemas de la próstata.

14. Cuando tienes sexo, tu ritmo cardiaco aumenta; es un ejercicio cardiovascular que permite que el *prana* (la energía) se mueva por todos los órganos vitales.

15. Te mantiene presente, liberando los pensamientos y dando un descanso a tu mente.

16. Un cuerpo sexualmente activo contiene mayor cantidad de feromonas. Este aroma sutil excita al sexo opuesto.

17. El sexo es más efectivo que el Valium, ya que es el tranqulizante más seguro del mundo.

18. Es un antihistamínico natural, que combate asma, alergias y gripes.

19. En la mujer, fortalece los músculos pélvicos, creando mayor placer sexual y previniendo la incontinencia en edad avanzada.

20. El sexo ayuda a crear endorfinas, "la morfina natural", activando tus neurotransmisores, relajándote y dándote una sensación de bienestar.

21. El sexo y el ejercicio producen ácido nítrico, el llamado "gas de la risa", que ayuda a la circulación y a

la activación de los neurotransmisores, apoyando a la serotonina y al triptófano.

CREENCIAS

Si siempre hemos sido guiados por los pensamientos de otros, cuál es el punto de tener los nuestros.

Oscar Wilde

Algunos ven el sexo como una tarea; muchos sufrieron algún tipo de abuso y se han cerrado a él; otros no lo ven como algo importante; hay quienes sienten que no merecen placer y se han desexualizado consumiendo comida chatarra, mucha azúcar o drogas, mientras otros no saben controlar su energía sexual y se convierten en seres promiscuos.

Liberarnos de las creencias y los tabúes relacionados con el sexo es esencial para llevar una vida sexual sana y activa. La creatividad, la pasión y el erotismo son consecuencia de nuestra libertad. La represión es el reflejo de nuestras creencias y educación. Si somos seres libres y abiertos de mente, viviremos nuestra sexualidad intensamente y con múltiples posibilidades. Los miedos, la baja autoestima, la culpa, el pecado y la creencia de no merecer el placer afectan la manera en que te relacionas sexualmente contigo y con tu pareja. Analiza qué creencias y qué educación tienes respecto del sexo y libéralas para poder vivir una vida llena de éxtasis y placer que no sólo será en materia sexual sino que se reflejará en todo lo que hagas en la vida. Deja que la vida misma te prenda y sea tu mayor afrodisiaco.

Las herramientas que presento en este libro te apoyarán con la introspección y el análisis de tu relación con el sexo; con las creencias que te han atado, con dejar ir traumas y entenderlos en los niveles mental, espiritual y corporal, para así volver a abrirte a este acto placentero y sagrado que te dará energía y placer, y que elevará tu estado de conciencia.

La culpa

> El placer es un pecado y a veces los pecados son un placer.
>
> LORD BYRON

La culpa ha sido parte de nuestra historia desde Adán y Eva. En el relato bíblico se representa el deseo de mantener en la ignorancia a la mujer y con miedo a su curiosidad sexual. A lo largo de la historia, hemos visto un sinfín de culturas en las que se aplaude el machismo, la actividad sexual del hombre y la cantidad de mujeres en su lista de conquistas, culturas en las que se desvaloriza a la mujer, tratándola como una inmoral si es libre sexualmente. En las sociedades latinoamericanas, las mujeres crecemos con culpa y represión sexual gracias a la cultura y a la educación religiosa.

En mi caso, de religión católica, me inculcaron el pecado y la culpa desde los estudios primarios en los colegios de los Legionarios de Cristo. A mis siete años me sentía limitada y reprimida en mi verdadera naturaleza de alma libre y rebelde a lo impuesto por la sociedad o por las religiones. Desde pequeña me cuestionaba si Dios realmente te juzgaba y castigaba, y a la vez me preguntaba: ¿qué era un pecado?, ¿qué era bueno o malo? Uno de esos primeros momentos de culpa fue cuando me iba a confesar y no tenía nada que decir. ¡Cómo era posible que todas mis amigas tardaran tanto en la confesión y yo no! Así, un día comencé a inventar pecados con base en mentiras piadosas con tal de no sentirme mal.

Desde la primaria me gustaban los chavos y soñaba con mi primer beso. Era una romántica empedernida. Nunca entendí por qué en la escuela nos inculcaban el miedo a los hombres, ni cómo nos separaban de ellos, así que comencé a rebelarme. Mi falda siempre era la más corta de mi generación; me regresaron un buen número de veces a mi casa por enseñar pierna; comencé a hacer travesuras, entre las mejores de las cuales estuvo aquella de abrir la puerta a los hombres para que entraran a las instalaciones de las mujeres. Me encantó ver la cara de las monjas, vueltas locas mientras nosotras estabamos felices de tenerlos cerca. Ésta y otras rebeldías provocaron mi expulsión de la escuela. De verdad, eso es lo mejor que me pudo pasar.

En este contexto fue cuando recibí mi primera clase de educación sexual. Recuerdo estar sentada en clase, rodeada de mis compañeras, con los nervios por descubrir de dónde venían los bebés. Imaginaba algo bonito, mágico pero, para mi decepción, la informacion tuvo un enfoque totalmente técnico. La explicación fue tan aburrida que así como me entró por un oído, me salió por el otro.

En mis años de adolescente comenzaron a hablarme cada vez más acerca del sexo. Crecí y descubrí mi cuerpo, pero como si estuviera haciendo o escuchando algo prohibido, malo. Ni se diga el sentimiento de culpa cuando perdí mi virginidad; sentía que Dios me miraba y me condenaba por lo que estaba haciendo, por más enamorada que estuviera de mi novio.

Recuerdo haber escuchado que el sexo servía sólo para procrear, y eso si estabas casada; que si tenías sexo fuera del matrimonio era pecado; que estaba mal, lo mismo que el tocarte y la masturbación: un tabú. La idea de darme placer era algo sucio, que me reprimía y no me permitía aceptarme íntegramente ni aceptar mi cuerpo.

La idea de vivir en pecado y con el miedo de hacer algo malo me reprimió durante muchos años, como sé que ha sido el caso de muchos de ustedes. Esto no sólo me llevó a no explorar mi sexualidad libremente, sino que apagó mi curiosidad por conocer, aprender, leer y experimentar las diferentes avenidas del sexo. Pero llegó un día en que me di cuenta de que mi expresión como persona estaría incompleta si no aceptaba que mi sexualidad era parte esencial de mi ser; así como un centro de energía que me daba las herramientas creativas que sólo podría desarrollar conociendo el sexo, teniéndolo y transformándolo para llevar una vida más plena y placentera y cultivando aún más mi camino espiritual.

Esta transformación me llevó no sólo a una vida sexual intensa, sensual y completa, sino que esas sensaciones y la aceptación de mí misma se ha transmitido a la manera como vivo día a día. Esta conexión despertó mis sentidos; aprendí a estar presente en el mundo y a apreciar cada momento, a conectarme con la belleza, los olores, la naturaleza, la comida, y a tener una intimidad y una vida sexual increíble con la pareja del momento. En consecuencia, mi vida espiritual tomó un nuevo rumbo y mi creatividad cada día se desarrolla más; me siento plena, feliz pues retomé mi poder como mujer.

Liberarte hará una gran diferencia en tu vida pero, como ves, no sólo se trata de tener sexo por tenerlo. El contexto de este libro es mucho más profundo; se trata de una nutrición integral. La represión y el juzgar el acto sexual siguen vigentes. Veo a tantos de mis amigos homosexuales y bisexuales que vivieron por años o siguen viviendo en el clóset por miedo a no ser queridos y a ser juzgados por sus familias y por la sociedad. De la misma forma, veo a tantas amigas casadas con ganas de innovar su relación sexual pero no lo hacen por miedo a que los hombres juzguen su libertad sexual. Por lo anterior, para mí era importante escribir este libro y poder decir ¡basta!

Las religiones siguen estando en contra del sexo porque es la única forma de hacernos sentir culpables y miserables. Saben que es el mayor de los placeres y al quitártelo te hacen vivir infeliz, culpable y con miedo, por lo que es más fácil manipularte. Han satanizado tanto el sexo, que eso ha logrado que la gente comience a pervertirse y no respete algo tan sagrado. Lo curioso es que los puritanos creen que el sexo es pecado y que está mal practicarlo fuera del matrimonio, pero nadie condena la infidelidad.

La religión y nuestra cultura nos llevaron a ver algo tan natural, sagrado y placentero como el sexo, como un deber, un pecado, un acto sólo para procrear. Los medios de comunicación siempre nos han hablado de las historias negativas del sexo, de los adulterios y de las violaciones; es decir, a través de la culpa y el miedo, no planteando la felicidad y los beneficios que nos puede dar.

Nadie nos habla de sexo con la verdad; ni tus guías, ni tus maestros ni en tu casa. Para tener buen sexo requieres bienestar y salud, y además, que creas más en ello. ¿Tienes el corazón abierto para recibir placer sexual? ¿Tu corazón es receptivo al cambio? ¿Estás listo para ser el mejor amante? ¡Libérate y a practicar!

AUTOESTIMA

El sexo se ha convertido en una carrera en la que existen las comparaciones y donde el ego se ha desarollado sobremanera, queriendo ser el mejor, el experto que usa las mejores técnicas, con la meta de llegar siempre al orgasmo y darle el suyo a su pareja.

Compararnos en el sexo es un mal que hemos creado y que sólo ha causado sufrimiento. Las conversaciones sobre él, en las que se aluden tamaños, movimientos y detalles innecesarios, nos hacen creer que el sexo sólo es bueno bajo ciertas condiciones y se comienza a juzgar al acto como si fuera un deporte: ¿quién dura más?, ¿cuántos orgasmos?, ¿es bueno o malo?, ¿lo tiene chico o grande? El sexo no se juzga ni se compara; es un acto del momento, un fluir de emociones y sensaciones sin tiempo y sin espacio, sin metas ni expectativas. Es el acto físico que nos da la oportunidad de estar presentes y simplemente ser. Es importante que comiences a verlo con respeto y como algo verdaderamente único que te acercará cada día más a tu verdad.

Hay tantos métodos, libros, expertos y técnicas, que podríamos clavarnos tratando de aplicar lo que aprende el intelecto, logrando convertir el sexo en un acto mental y de estrategias, dejando a un lado la importancia de nuestra sabiduría, la que nos lleva a la espontaneidad, a vivir el momento y a experimentar un sexo cósmico.

No trates de apantallar a tu pareja con supertécnicas; dejarán de ser importantes porque lo que más se aprecia es la entrega total y la energía de la persona. Confía en tus instintos naturales para alcanzar y vivir una buena relación sexual y toma tu conocimiento como una herramienta de apoyo. Es como cocinar: aprendes las técnicas y las recetas, pero a la hora de preparar los platillos, te guías por la intuición y vas fluyendo creando el sazón y la vida, que es lo que hace único a ese platillo que preparaste.

Cambia tu enfoque, viéndolo como un acto de sensualidad y placer y no como una meta. Disfruta cada momento, sigue tu corazón, y al verdadero experto, que es ese ser lleno de luz que se vuelve vulnerable, amoroso y presente con su pareja. El mejor sexo se da cuando tu mente no está involucrada.

Ejercicio de presencia

Colócate desnudo frente a tu pareja, sentado en una posición cómoda y viéndola a los ojos. Comienza a respirar profundamente, inhalando y exhalando por la boca, enfocando su atención en la respiración. Cierra los ojos y continúa respirando.

Poco a poco, comienza a tocar a tu pareja en el brazo, en la pierna, en la cara, lo que vaya fluyendo; respira ligeramente durante cada toque, hazlo de una forma sutil, sin esperar algún resultado, solamente tocándola como cuando te gusta alguna textura de una ropa.

¿Qué sientes? ¿Cómo percibes la energía, la temperatura del cuerpo? Si te sientes cómodo, abre los ojos y continúa el recorrido.

Comienza a incorporar los besos; empieza por los labios y la boca. Recorre el cuerpo como si fuera el mejor postre que hayas comido; ten presentes la textura, el olor, la sensación que te provocan. Observa la reacción. Respira apreciando a tu pareja; juega con besos secos y besos mojados.

Si sientes que tu mente te lleva a otro lugar y te distraes, o que comienzas a besar a tu pareja con otra intención, regresa y enfócate en la respiración. Respira y disfruta cada rincón de tu pareja, exceptuando el *yoni* y el *vajra*. Realiza este ejercicio por 15 minutos antes de comenzar cualquier práctica sexual y aplica esta conciencia en el resto de tu juego. Notarás una gran diferencia en la sensualidad que se desprenderá de tu ser, estando presente y disfrutando del momento sin la meta de llevarlo al orgasmo.

Problemas de imagen corporal

Hay veces que no podemos cambiar nuestro cuerpo, pero sí podemos cambiar cómo pensamos acerca de él.

Los problemas de imagen corporal son una de las mayores causas de sufrimiento. Nuestra vanidad ha llegado a tal punto, que atentamos contra nuestro cuerpo con dietas extremas, liposucciones, tratamientos millonarios de belleza, cirugías, Botox, etc. Nos castigamos si no vamos al gimnasio, si rompemos la dieta o si no comemos correctamente; vivimos la vida contando calorías, con restricciones, siendo esclavos de la báscula. Vivimos queriendo ser mejores y poseer el mejor cuerpo, y soñamos ser más jóvenes. La realidad es que el tiempo pasa, que envejecemos y que, por más cosas que hagamos por cambiar, tenemos que aceptar que ése es el cuerpo que nos tocó y agradecer la belleza única que Dios nos dio.

Vivo en pro del bienestar, me encanta cuidarme (por los beneficios que me da alimentarme sanamente y la manera en que mi cuerpo se siente al ser una persona activa); me gusta sentirme vibrante y llena de energía, así como verme bien. Durante muchos años he trabajado en querer a mi cuerpo, en aceptar sus vulnerablilidades y sus formas. Es un trabajo en proceso y de suma importancia para crear mayor bienestar y felicidad en nuestra vida. Descubrir a nuestro amante interno tiene como propósito aprender a aceptarnos: mientras más te aceptes, más orgásmico serás. Si te la pasas criticando tu cuerpo, lo que haces y cómo lo haces, tu energía se divide y comienzas a pelear con tu dualidad, por lo que esa energía entra en conflicto; si te aceptas, la unificas, lo cual te llevará al éxtasis con mayor facilidad.

Ejercicio de imagen corporal

Busca un lugar donde puedas estar solo durante media hora y párate desnudo delante de un espejo. Cierra los ojos y respira profundamente, inhalando y exhalando; intenta eliminar de tus pensamientos cualquier forma de crítica o pensamiento negativo sobre tu cuerpo. Respira y abre los ojos; comienza mirando tus pies; observa su textura, su forma; agradece los caminos que te han llevado a recorrer. Continúa con tus piernas; observa su forma, su color; respira y agradece sus cualidades. Haz lo mismo con tus caderas y tu pelvis.

Observa tus órganos genitales; respira y agradece la capacidad que te dan de crear vida, la creatividad y el inmenso placer que te obsequian; regálales una sonrisa llena de gratitud por ayudar a mantenerte sano, vibrante. Sube a tu vientre y dale las gracias a tu sistema digestivo, a todos los órganos que están presentes apoyando el hecho de que estés vivo. Sube a tu pecho; aprecia que ahí se encuentra el alimento que te formó; agradece a tu corazón y a la magia que irradias en él. Observa tus manos, el milagro de vida de la forma en que funcionan y te ayudan a vivir cada día. Recorre tus brazos y, llegando a tus hombros, agradece la capacidad de flexibilidad y alcance que te dan para obtener lo que quieres. Sube a tu cuello; agradece la manera en que se mueve y sostiene el peso de la cabeza; subiendo a la cara, observa tus facciones, tu pelo, la nariz, los ojos, la boca, los dientes, los oídos y la barbilla, y sonríe expresando la inmensa gratitud por tener este templo que te lleva a manifestarte en este mundo. Inhala y exhala.

Cierra los ojos y agradece la oportunidad que te diste de apreciarte y dar amor a cada rincón de tu cuerpo.

Practicar este ejercicio puede llegar a ser un poco difícil, ya que nos enfrenta a nuestro cuerpo sin permitir juzgarlo; estamos tan acostumbrados a vernos en el espejo para criticarnos, que esto es algo nuevo y puede resultar incómodo. Practícalo y llegará un día en que sobrepases esos momentos y lo aprecies totalmente. Permite que las emociones salgan de ti; llora, grita, ríe, lo que sea necesario para liberar a tu crítico y emanciparte de esas creencias que no te permiten amarte tal cual.

Sexy

La belleza viene del alma. Es el espíritu el que viste al cuerpo, no la ropa.

No hay nada más sexy que no tratar de serlo. Vivimos en una sociedad que, para determinar a las mujeres como sexys, nos ha condicionado a ser talla dos, tener un abdomen de lavadero, un cabello largo y un coche de lujo.

Las mujeres pretenden ser sexys usando vestidos más cortos y tacones más altos; los hombres, pantalones más ajustados y camisas más abiertas. Los modales, los movimientos y las expresiones invitan al sexo pero han caído en la vulgaridad. Una persona que pretende ser sexy es lo más antisexy que hay.

El ser sexy emana de tu esencia, de la aceptación de tu cuerpo y de la personalidad, del uso de tu sensualidad de una forma libre. Tu sentido del humor y tu aceptación son las cualidades que te darán ese *sexyness* tan deseado. Ser sexy es moverte con libertad, sonreír con totalidad, sentir tu poder y tu feminidad desde el centro de tu ser. En los hombres, ser sexy es estar seguro de ti, de lo que quieres, y ser caballero y gentil.

Cultivar estas herramientas y aprender a amarte y a aceptarte harán de ti la persona más sexy del planeta. ¡Sé auténtico, sé tú!

Ejercicio:

Te invito a que ese día que tienes que salir, para el cual normalmente te arreglas y pones tu pose más sexy, hagas un cambio y te arregles de una forma que refleje quién eres: más simple, más locochón, rockero, nerd. Vístete más parecido a ti y olvídate de vestirte sexy o de crear actitudes; simplemente sé tú.

Suena muy fácil, pero es un proceso importante ya que te dará la oportunidad de descubrir tu esencia y lograr que se refleje. Observa cómo te sientes y qué sentimientos te llegan. ¿Estás seguro de ti mismo?, ¿te sientes incómodo, antisexy, muy sexy?

En la calle, observa cómo reacciona la gente ante ti y cómo te sientes ante sus comentarios. Fíjate en tu percepción sin juzgarla.

Si te sientes tenso o inseguro, respira y diviértete; recuerda que es un juego y pásala bien. Procura no tomar alcohol para que estés receptivo y atento, y, al terminar la noche, anota las ideas que vinieron a tu mente, incluidos tus miedos. ¿Te divertiste o fue un martirio? Eso será un parteaguas para los temas que tengas que trabajar.

BALANCE DEL *YING* FEMENINO
Y DEL *YANG* MASCULINO

Este tema es importante debido a que los papeles del hombre y de la mujer han cambiado en las últimas generaciones. En la mayoría de los libros que consulté, ya sea desde los puntos de vista de algunas filosofías como el tantra o el kamasutra, hasta de libros como *Act Like a Lady Think Like a Man* o *El hombre multiorgásmico,* tratan sobre la importancia de que el hombre continúe en su lado masculino y la mujer en su lado femenino. Es decir, biológicamente estamos diseñados de formas distintas y mentalmente nos han educado para otras. Tu cuerpo comienza a confundirse porque lo que somos y para lo que nos han programado ser no coexisten en armonía.

Tener clara la naturaleza de los papeles que debemos tener como hombres y como mujeres es importante para comenzar una relación de pareja en armonía y sin malentendidos. Vivir ambas energías en las diferentes áreas de tu vida es muy válido, sobre todo como mujeres a la hora del trabajo o como hombres en el momento de ser creativos o más receptivos; pero recuerda que dentro de la relación es mejor honrar la energía del cuerpo que te tocó en esta vida y cumplir tu papel para que sea exitosa.

La función de un hombre es la de proveer y proteger a su mujer. El hombre irradia toda su masculinidad cuando hace a su mujer feliz y provee para ella. El dinero es una manifestación de la masculinidad; el hecho de que el hombre pague la cena cuando está saliendo con alguien o asuma otros gastos, como el de la hipoteca de la casa, muestran que el hombre está cumpliendo su función. Si a un hombre se le quita esa capacidad, perderá su poder masculino.

Sobre este tema hay controversia, ya que los roles han cambiado. Los hombres sienten que las mujeres exigen esto por cuestiones financieras, cuando en realidad lo esperamos por características genéticas y por nuestra naturaleza de aceptarlo a cambio de nuestro apoyo incondicional. Las relaciones actuales que se basan en ser una pareja económica, es decir, en la que ambos pagan, funcionan siempre y cuando el hombre provea de otras formas, ya sea en cuestiones morales o en detalles y regalos para complacer a su mujer. Las relaciones en que se intercambian los roles, donde la mujer es la que paga las cuentas, generalmente acaban en un fracaso, ya que la mujer juega un papel que no le pertenece y roba energía de su poder femenino. El hombre se siente castrado y pierde su poder como ser masculino. Así que, ¡hombres, a proveer para sus mujeres!

Otras funciones presentes en el ADN del hombre es la de proteger a su mujer y a su familia. Es evidente en su relación con sus madres, con su infinito respeto y su protección. Para un hombre eres su más preciada joya y hará cualquier cosa para hacerte feliz.

Los hombres se desviven por complacer a la mujer, actúan con base en hechos y lo que más disfrutan es lograr hacerla feliz y que sonría. Es de vital importancia que la mujer muestre al hombre su aprecio y su agradecimiento para que el poder de éste se mantenga en balance.

Las mujeres somos como un estado del tiempo en que hay torbellinos, huracanes y sol en un mismo día. Al contrario de los hombres, somos impredecibles y necesitamos apoyo moral, atención y que nos escuchen. Ser claras en lo que queremos desde un principio de la relación, así como hacerles entender qué nos gusta y qué no, ayudará a que los hombres respondan con hechos, que es lo que saben hacer. Los hombres no captan las señales ni saben leer la mente.

El hombre necesita nuestro apoyo y validación, saber que estamos ahí para hacerle la vida más fácil, para ayudarle a desarrollar su mejor potencial como ser humano. El apapacho y las caricias son una forma preciosa de dar apoyo sin necesidad de palabras; recuerden que los hombres entienden con base en hechos y se expresan de la misma forma.

La lealtad que tengamos hacia los hombres también es importante; debemos mostrarles que son nuestra prioridad y que pueden contar con nosotras en cualquier momento.

Pero lo más importante que un hombre espera de una mujer es que le demos sexo, que juguemos con él, seduciendo y dejándonos seducir; romancear, dejar que el deseo entre en la relación. El sexo rige la energía, el juego, la pasión y la intimidad en una relación.

HORMONAS

Las hormonas juegan un papel muy importante en nuestra sexualidad, sobre todo en la de las mujeres. Si están niveladas, te sentirás muy bien, llena de energía y vitalidad. Cuando nos gusta alguien, decimos frases como "se me alborotó la hormona"; pero si estamos de mal humor, escuchamos cosas como "mira, anda con la hormona alborotada". Es totalmente cierto: el sistema hormonal nos produce cambios de emociones, estados de ánimo y corporales.

El sistema endocrino, que contiene la glándula pituitaria, el hipotálamo, el tiroides, las glándulas suprarrenales y los ovarios, regula el balance hormonal y está relacionado también con el campo energético. El hígado es parte fundamental de este balance, al igual que el intestino, que ayuda a la eliminación de estas hormonas.

Las hormonas son mensajeras del cuerpo que dicen qué hacer, cuándo, cómo y dónde. También regulan la función de las células y su actividad. Si las hormonas no están en balance, esto se refleja en problemas del sueño, del temperamento, de las emociones y, sobre todo, de la libido.

Son más de 50 hormonas las secretadas por nuestro cuerpo. Por ejemplo, para dormir se activa la melatonina, mientras que la secreción de adrenalina es provocada por el cortisol, y si queremos enamorarnos, se activa la testosterona.

Las hormonas trabajan juntas. Si alguna sale de balance puede tener un efecto dominó y afectar otras áreas de tu sistema. Al entender la función de cada una de ellas, así como la importancia de una alimentación balanceada y del ejercicio físico, podemos nivelarlas y tener una vida óptima, energética y con una libido saludable.

Las hormonas son parte de nuestro *ying* y *yang*, de nuestra energía femenina y masculina que todos tenemos. Se ha comprobado científicamente esa bipolaridad y que las hormonas juegan un papel importante, ya que regulan el sexo y el desarrollo de hormonas sexuales. El tantra dice que el hombre tiene hormonas femeninas para experimentar precisamente su lado femenino, y que las mujeres tienen hormonas masculinas para vivir de la misma forma su lado masculino. El balance de ambas energías es esencial para una vida sexual sana.

Importancia de las hormonas en el peso

En los hombres, las células grasas o tejido adiposo se localizan en el pecho y en el abdomen, mientras que en las mujeres se encuentran en pechos, caderas, muslos, pompas y cintura. Los niveles de estrógeno y testosterona juegan un papel importante en este depósito. Hay dos tipos de grasa: la blanca, que te ayuda a mantener la temperatura del cuerpo, protege tu estructura y se utiliza como energía, y la café, que contiene mitocondrias, la cual genera energía en tu cuerpo.

También hay dos tipos de obesidad: una en que las células de grasa son muy grandes, llamada *obesidad hipertrófica*, y otra que se produce cuando la persona tiene demasiadas células de grasa, llamada *obesidad hiperplásica*.

El tamaño de las células grasas se puede modificar con los años, pero la cuenta exacta se determina en tus últimos años de pubertad; se determina genéticamente desde el embarazo y por lo que comiste durante tu infancia.

Mucha grasa en el cuerpo puede disparar los niveles de estrógenos, reduciendo tu libido y contribuyendo al sobrepeso. La cantidad de insulina en tu cuerpo también puede disparar estos niveles. Mantenerlos regulados es importante para conservar tu peso.

La disminución de estrógeno, causada por un mal funcionamiento del hígado, puede 'llegar a crear exceso de grasa en el abdomen, la llamada "pancita".

Por lo tanto, es importante desintoxicar tu hígado para tener un vientre plano.

Las células grasas también son fábricas de hormonas que usan ciertos elementos que se convierten en estrógenos; así que tener un buen balance hormonal puede prevenir muchos problemas de obesidad y sobrepeso.

Las hormonas del sexo y la libido

Estrógeno

El estrógeno, o la hormona del sexo, juega un papel importante en el desarrollo sexual del hombre y la mujer. Regula la menstruación, las vías urinarias, el corazón, las venas, los huesos, los senos, el pelo, la piel, los músculos pélvicos y las membranas mucosas. Sin embargo, demasiado estrógeno también provoca aumento de vello púbico y axilar, y puede causar el desarrollo de cáncer de mama, endometriosis, ausencia de libido y quistes en los ovarios.

En exceso: aumento de peso, síndrome premenstrual (PMS por sus siglas en inglés), bochornos, falta de memoria, irritabilidad, baja libido, depresión, anemia, acné, cansancio, fatiga crónica, piedras en la vesícula.

Bajos niveles: incontinencia urinaria, infecciones en la vejiga, sexo doloroso, falta de claridad mental.

Los xenoestrógenos son químicos creados por el hombre que imitan los efectos del estrógeno. Estos químicos pueden producir cáncer y afectar las hormonas de una manera no favorable. Además, crean problemas de endometriosis, lo mismo que quistes en ovarios, periodos menstruales largos o ausencia de ellos (amenorrea). Todos estamos expuestos y, para mantener una salud sexual y general óptima, es importante bajar su consumo, o balancearlos con algas marinas o con alimentos que contengan propiedades curativas, así como consumiendo sólo los de mejor calidad o de plano eliminarlos de tu dieta. Los podemos encontrar en los siguientes productos:

Pesticidas: cuida que tus alimentos sean orgánicos o consúmelos sin cáscara.

Carne: hay que tener cuidado de dónde proviene, ya que, si es de Estados unidos o de Canadá, por lo general utilizan estrógenos para la engorda de los animales.

Lácteos: en Canadá y Estados Unidos se encuentra cada día más estrógeno en la leche y en los quesos. En consecuencia, el cáncer testicular ha ido en aumento en los últimos años.

Cosméticos: muchos champús, pinturas y desodorantes contienen estos químicos también llamados parabenos y phtahalates. Para saber si tus cosméticos contienen estrógenos, visita la página electrónica www.ewg.org. Así también, procura ser más selectiva en tus productos de limpieza y con los detergentes que usas para lavar la ropa.

Progesterona

Es un precusor de otras hormonas y es creado en los ovarios. Contiene receptores en todo el cuerpo, si bien sus niveles bajan en la menopausia. La progesterona trabaja conjuntamente con el estrógeno para balancear el sistema hormonal.

En exceso: inflamación en el pecho, depresión, exceso de vello facial, piel grasosa, cansancio, baja libido.
Bajos niveles: periodos pesados, retención de líquidos, aumento de peso en el abdomen, dolores de cabeza, estrés, ansiedad.

Testosterona

Se le conoce como la hormona de la lujuria. Si bien se le asocia con los hombres, en las mujeres es producida en los ovarios y en las glándulas suprarrenales. Hace que los hombres piensen en el sexo y en los orgasmos y que tengan fantasías de todo tipo. También logra que el clítoris se ponga duro.

En los hombres, la testosterona los lleva a competir y a querer meter a la cama a una mujer. En ellas, provoca que después de la seducción sientan una atracción fuera de control al ver a su hombre y que lo quieran llenar de besos y llevarlo también a la cama.

La testosterona ayuda a generar masa muscular; mantiene los huesos, la piel y el corazón, además de aumentar la energía y la libido. Por el contrario, cuando se carece de ella, baja el deseo sexual y la capacidad de sentir placer o de tener un orgasmo. En los hombres, quienes tienen en mayor cantidad esta hormona en su cuerpo, el miedo a no ser buenos en la cama y dar placer puede causar una baja de su libido. Otras causas de una baja de niveles de esta hormona pueden ser la falta de ejercicio, una dieta desbalanceada y la píldora anticonceptiva.

En exceso: piel grasa, acné, aumento de peso, caída de cabello, vello facial, quistes en los ovarios, diabetes.

Bajos niveles: cansancio, osteoporosis, insomnio, sequedad vaginal, pérdida de masa muscular, poca libido o ausencia de ella, baja estamina y energía.

Cortisol

Es esencial para regular el metabolismo, el sistema inmunológico, la glucosa, el sistema cardiovascular, así como las proteínas, los carbohidratos y las grasas. Su producción tiene un ritmo natural, siendo mayor en la mañana que por la tarde.

Su desbalance puede afectar el sueño, mientras que el estrés puede perturbar sus niveles. Si éstos son altos, puedes propiciar exceso de grasa en el cuerpo; problemas de azúcar en la sangre, de respiración, de la circulación sanguínea en los pulmones, de memoria y depresión.

En exceso: conectado pero cansado, aumento de peso, baja función del tiroides, alta insulina, pérdida de cabello, irritabilidad, ansiedad, presión alta, osteoporosis, cambio de estados de ánimo, baja libido.

Bajos niveles: alergias, carencia de libido, músculos atrofia-
dos, presión baja, cansancio matinal, infecciones, gripes frecuentes.

Serotonina

Esta hormona realiza varios trabajos en el cerebro: ayuda a
la concentración mental y logra que la gente se sienta feliz
y llena de energía. Sin embargo, nuestra sociedad está tan
orientada a la serotonina, por la gran cantidad de actividades y planes, que a veces nos lleva a un desbalance en nuestro sistema que provoca baja libido: estamos tan ocupados
que no nos incita el sexo.

Los antidepresivos elevan los niveles de serotonina, con
la ya mencionada baja de la libido. Lo mismo sucede con el
consumo de café, que activa de manera drástica esta hormona, provocando un *shock* a nuestro cuerpo que, después
de unas horas, nos desbalancea. Si quieres tener más libido, elimina el café de tu dieta, lo mismo que el cigarro, ya
que también altera los niveles de serotonina y contrae las
venas, afectando la circulación de la sangre en los órganos
sexuales.

En exceso: regula el apetito, ayuda con el estrés, da energía, baja libido.
Bajos niveles: aumento de peso, depresión, insomnio, cansancio, ansiedad, exceso de apetito, antojo de dulces.

Dopamina

Esta hormona actúa como el mensajero del cerebro; es la
señal del cuerpo que nos dice qué actividad fue buena.
Gratifica el sistema de placer y nos hace sentir bien. A la

dopamina la podemos encontrar en los sentimientos de deseo y anticipación que tenemos antes de comer o de tener sexo. Nos da la sensación de placer; por lo tanto, es adictiva.

Esta hormona es la que sueltas cuando llegas al dormitorio. Produce aceleración y euforia. Puede trasladarte a sentimientos románticos, aunque no existan. Las mujeres necesitan esta hormona para crear la libido. Por eso, muchos psicólogos recomiendan que vayamos de fin de semana romántico, a tomar un masaje o un baño de tina. Nos ayuda a elegir el posible *mate* o pareja para procrear. Además, hace que la mujer se conecte directamente con su *yoni,* sintiéndose sensual y lista para el placer. Sólo necesitamos un *shot* de dopamina para tener sexo y eso nos provoca el querer más y que los hombres traten de conquistarnos. La dopamina también se activa en deportes extremos como el *bungee jumping.*

En exceso: puede volverte agresivo, intenso, adicto, eufórico e hiperestimulado.
Bajos niveles: temblores, falta de equilibrio, músculos rígidos.

Oxitocina

Es una hormona generada en el hipotálamo, la cual está relacionada con los patrones sexuales y el instinto maternal; es un neurotransmisor del cerebro. Se libera en grandes cantidades tras la distensión del cérvix uterino y la vagina durante el parto, así como en respuesta a la estimulación del pezón por la succión del bebé, facilitando el parto y la lactancia.

Su función está asociada con el contacto y el orgasmo. Algunos la llaman la "molécula del amor o afrodisiaca", ya que da esa emoción de dicha y de sentirse completa en los brazos de aquel que te abraza, llamándole también "la hormona del cuchareo". Activa en el hombre la *vasopresina,* que lo hace sentir protector, amoroso y paternal. En el cerebro parece estar involucrada con el reconocimiento y el establecimiento de relaciones sociales y con la formación de relaciones de confianza y generosidad.

Exceso: trastornos menstruales, mareos, desmayos.
Bajos niveles: depresión, fatiga y mucho sueño.

El ejercicio y las hormonas

La testosterona se activa con tan sólo 20 minutos de ejercicio diario y se mantiene por tres horas. Después de un buen entrenamiento estarás con niveles altos de deseo sexual.

Las endorfinas reducen la ansiedad y el dolor. El clásico *high* de los corredores es causado por estas hormonas.

Asimismo, la salud del tiroides se mantiene en gran parte debido al ejercicio.

Combinar el ejercicio cardiovascular con pesas es importante para nivelar las hormonas y la masa muscular.

ANATOMÍA MASCULINA

Conocer el cuerpo masculino es importante para llevar a tu pareja a grados de placer intensos. Saber la función de cada rincón de su *vajra* te dará un mapa de acción. Los órganos masculinos se dividen en externos e internos.

El pene es un órgano complejo en el que circulan tanto la orina como el semen. Está compuesto por tejidos, venas, arterias, cuerpos cavernosos y nervios. Empieza dentro del cuerpo, cerca de la próstata, y termina en el glande. Sus dimensiones se consideran desde su punto de salida en el hueso pubiano. Es un órgano eréctil que posee la capacidad de llenarse de sangre bajo el efecto de la excitación sexual y hacerse rígido. Contiene tres cuerpos cavernosos desde la raíz hasta la corona del glande, con tejido esponjoso que se agranda hasta cuatro veces durante la erección. La uretra se extiende a lo largo del pene por debajo de los cuerpos cavernosos.

El pene se divide en tres partes:

La raíz, que es la parte más próxima al cuerpo, donde comienza el pene. Se continúa en el interior del cuerpo, por la zona pélvica posterior, cercana al recto. Por esta razón se puede obtener placer al ejercer un estímulo anal.

El cuerpo o la zona visible del pene, que va de la raíz hasta el glande, bajo el que se encuentra el frenillo del prepucio.

El glande es la punta del pene. Está recubierto por una piel llamada prepucio.

Se podría decir que, en estado fláccido, el pene suele medir cerca de 9.5 cm; sin embargo, cuando entra en erección, su tamaño aumenta, independientemente de lo que mida en reposo. Al momento de la excitación, el tejido que contiene los cuerpos cavernosos se infla, endureciéndolo. Los músculos de la raíz, llamados músculos lisos, se relajan, provocando el flujo de sangre.

El escroto es el saco que aloja los testículos; es muscular, suave y con paredes sutiles. Su piel es más pigmentada y se cubre de vello. Los testículos son de color blanco azulado, y a veces rojo cuando están llenos de sangre; tienen una consistencia dura y elástica. Generalmente, el testículo izquierdo es más pequeño y está más abajo que el derecho, pero puede ascender o volver a descender por la contracción del músculo cremáster. Éste actúa como termostato de los testículos y responde a los cambios de temperatura: cuando hace frío se contrae para acercar los testículos al calor del cuerpo, y cuando hace calor, se relaja. Todo esto con el fin de mantener una temperatura testicular alrededor de los 35 °C, ideal para la producción espermática. Por eso los testículos son órganos externos.

El epidídimo es un órgano en la cara posterior de los testículos que funciona como depósito de espermatozoides. En el momento de la eyaculación, los espermatozoides del epidídimo se unen con el líquido seminal lanzado por las vesículas seminales. Cuando ocurre la eyaculación, los espermatozoides son despedidos al conducto deferente, donde avanzan gracias a las contracciones de los músculos que rodean estas estructuras. Cuando los espermatozoides se acercan al sitio donde se une el conducto deferente con la vesícula seminal, ésta se contrae e inyecta en el conducto el líquido seminal que se mezcla con los espermatozoides. Este líquido alcalino sirve para neutralizar la acidez vaginal y como transporte de los espermatozoides.

La próstata es una glándula ubicada por debajo de la vejiga, con la forma y el tamaño de una castaña. En ella se produce 40 por ciento del líquido seminal, que drena por una decena de conductillos que se abren en la uretra prostática. Se dice que los hombres también tienen un punto G situado cerca de la uretra, pero se está hablando de la región prostática.

La uretra es un largo conducto que constituye una vía del aparato urinario. En el momento de la eyaculación, los conductos lanzan su contenido en la uretra. Unas válvulas impiden que ese líquido regrese a la vejiga y es forzado al exterior.

El semen

- Volumen durante la eyaculación: una cucharadita.
- Ingrediente principal: fructosa.

- Calorías: cinco.
- Proteína: 6 mg.
- Grasa: 0.
- Velocidad de expulsión: 25 millas por hora.
- Duración: de cuatro a ocho segundos.
- Cantidad aproximada de esperma producida en la vida de un hombre: 14 galones.
- Contiene betaendorfinas que ayudan a bajar sentimientos de depresión en las mujeres.
- Contiene 60 por ciento de la dosis de vitamina C recomendada para el cuerpo.
- Muchas mujeres se convierten químicamente dependientes del semen de su pareja.
- El semen es buenísimo para dar brillo y volver tersa tu piel facial.

FUENTE: Ian Kerner, *He Comes Next. The Thinking Woman's Guide to Pleasuring a Man*, HarperCollins Publishers, Nueva York, 2009.

ALIMENTACIÓN DE PREVENCIÓN

La impotencia o disfunción eréctil es la inhabilidad del hombre para mantener una erección normal. Los factores y las causas de la disfunción suelen ser problemas psicológicos, además de un desbalance hormonal, medicamentos, cambios de dieta y enfermedades crónicas, entre las que se encuentra la arterioesclerosis, es decir, el endurecimiento de las arterias, lo que hace que la circulación de la sangre hacia el pene no sea continua.

Otros factores que afectan la erección son la presión alta y la diabetes. En cuanto a las drogas que causan impotencia, se pueden mencionar el alcohol, antidepresivos y tranquilizantes, antihistamínicos, antiácidos, cocaína, diuréticos, narcóticos y nicotina; medicamentos como Ativan,

Prozac, Paxil, Xanax, Pepcid, Tagamet, Zantac, Cardizem, Inderal, Procardia, Lasix y Dyazid. Muchas de estas medicinas reducen la circulación de la sangre a los genitales y pueden interferir con la actividad del cerebro, las hormonas y los nervios.

De la misma forma, una dieta alta en grasa y baja en fibra bloquea las arterias que llevan la sangre al pene.

Si eres impotente sólo en ciertas situaciones y puedes tener erecciones cuando estás solo o dormido, seguramente existe un factor psicológico en tu contra. Estos casos se pueden tratar con un cambio de estilo de vida y alimentación.

Dieta:

- Se recomienda una dieta alta en fibra y baja en grasa; consumir vegetales crudos, ensaladas verdes, avena, manzanas y granos enteros.
- Consumir vitamina E, que dilata las venas y ayuda a la circulación de la sangre. Algunos alimentos altos en vitamina E son el trigo, la soya, las verduras verdes y los granos enteros como la quinoa, el arroz integral y los *soba noodles.*
- Cinc.
- Suplementos: Cordyceps, tomar 800 mg dos veces al día; Ginkgo biloba, 120 mg dos veces al día; Panax ginsen, 100 mg de dos a tres veces al día; damiana, de 400 a 800 mg dos veces al día.

Evita:

- Aceites hidrogenados como el de maíz, girasol o margarina. Reduce el consumo de mantequilla, carne roja, comida procesada y comida chatarra. Modera tu consumo de alcohol y cafeína.

Salud de próstata

Es importante revisarte la próstata periódicamente. Estos tips te ayudarán a prevenir enfermedades o, en caso de que tengas problemas, llevarla de nuevo al bienestar.

Dieta:
- *Acidophilus:* bacteria que fortalece la flora intestinal, estimula el sistema inmunológico y previene que los microorganismos bajen a la próstata. Toma dos cápsulas al día.
- Aminoácidos: reducen el tamaño de la próstata a su normalidad. Se compran con hierbas en píldoras.
- Polen de abeja: cantidades pequeñas ayudan, ya que es antiinflamatorio. Toma 500 mg dos veces al día. Si eres alérgico, no lo hagas.
- Chía: ayuda a bajar la inflamación y contiene omega 3. Toma tres cucharadas al día.
- Consume alimentos altos en estrógeno, que te ayudan a regular tus niveles de testosterona.
- Consume olivas, manzanas, arroz integral, cerezas, zanahorias y productos de soya.
- Alimentos altos en fibra.
- Tomates: ayudan a prevenir tumores en la próstata gracias a su contenido de *carotena lycopone*.
- Consumir hierbas o suplementos como equinacea, cola de caballo y perejil te apoyarán en tu tratamiento.
- El ejercicio es muy importante para la salud de la próstata. Procura realizar ejercicios cardiovasculares cinco veces a la semana; también las inversiones en la yoga, como el parado de hombros *(sarvangasana)* o el parado de cabeza *(sirsasana)*, o simplemente acuéstate llevando tus pompas lo más cercano a la pared y sube las piernas estiradas, colocándolas sobre el muro, con una almohada en tu cabeza, y mantén la postura cinco minutos.

Evita:

- Grasas o aceites muy calientes, excepto el de pepita de uva o coco. Una dieta alta en grasa eleva tu colesterol, que afecta el funcionamiento de la próstata.
- Elimina la carne roja.
- Reduce tu consumo de café, alcohol, sal y productos lácteos.
- Elimina la cerveza, ya que contiene ciertos químicos que son precusores del estrógeno y aumentan su tamaño.

ANATOMÍA FEMENINA

Clítoris

La palabra *clítoris* viene del griego *kleitoris,* que significa "pequeña montaña"; otros dicen que viene del verbo *kleitoriazein,* que quiere decir "tocar o estar inclinado al placer". También se dice que *kleitoris* significa "divina y semidiosa".

El clítoris es el tejido esponjoso que se llena de sangre durante la excitación sexual femenina y se erecta. Es muy sensible al tacto. Su punta externa está en la parte superior de la vulva, donde se unen los labios internos. Sistemas de redes de nervios muy sensibles se extienden desde las cruras hacia el área pélvica. Es el único órgano del cuerpo humano cuyo único propósito es el placer sexual.

El clítoris contiene 8 000 terminaciones nerviosas, el doble que el *vajra* (pene), logrando producir múltiples orgasmos por sesión. Cuando nos estimulamos o nos estimulan el clítoris, aumenta su tamaño. Es creado del mismo tejido embriónico que el pene; la diferencia es que el *vajra* tiene la responsabilidad de la reproducción y el clítoris sólo existe para el placer.

Labios internos

También se les llama *labia menores* o *labia internos*. Cubren la abertura vaginal y la uretra. En muchas mujeres, los labios internos sobresalen de los labios externos. Pueden ser cortos o largos, arrugados o lisos; también son sensibles y pueden hincharse cuando la mujer se excita. De la misma forma, dependiendo del color de piel de la mujer, son rosa o de un negro amarronado.

Labios externos

Se les llama también *labia mayores*. Son carnosos, tienen vello púbico y están conectados con los muslos. La mayoría de las mujeres tiene los labios externos más grandes que los internos.

Capucha del clítoris

Es la piel que cubre y protege la punta externa del clítoris, la cual es muy sensible y produce mucho placer estimulándola correctamente.

Abertura de la uretra

La uretra es el conducto que vacía la vejiga y transporta la orina fuera del cuerpo. La abertura de la uretra está debajo del clítoris. Es bastante pequeña y difícil de ver o sentir.

Abertura de la vagina

La abertura de la vagina está debajo de la uretra. Es donde los dedos, el pene o los tampones pueden entrar y también por donde sale el sangrado menstrual y el feto.

Monte de Venus

Es la almohadilla triangular carnosa ubicada encima de la vulva, que está cubierta por vello y amortigua el hueso púbico. La función del vello púbico es atraer y retener olores de la glándula que sirven como excitantes.

Perineo

Es una parte de piel que se encuentra entre el ano y la entrada de la vagina. Es muy sensible al tacto y produce mucho placer.

PREVENCIÓN Y RECOMENDACIONES DURANTE LOS PROBLEMAS DE SALUD

Vaginitis

Infección vaginal causada por exceso de bacterias, cambios hormonales, uso de pastillas anticonceptivas, estrés y por ropa interior de fibras sintéticas.

Se recomienda una dieta sin comida procesada, lo más pura y natural posible. Consumir una taza de yogurt natural diaria sin azúcar te ayudará a restaurar el *lactobacillus acidophilus* y la flora en tu sistema genital. La cebolla y el ajo pueden ayudarte por sus propiedades antihongos.

Dejar de consumir azúcar es importante, ya que produce candidiasis, que causa infección vaginal; el azúcar también debilita tu sistema inmunológico. Se recomienda reducir también el consumo de azúcares simples como frutas, miel y endulzantes naturales.

Durante el tratamiento, elimina el alcohol, los quesos, la fruta seca, las nueces y la crema de maní, lo mismo que la comida fermentada como el vinagre, la soya o el miso. Checa también si te sientes mejor al eliminar el trigo y la mayoría de los productos lácteos.

Suplementos recomendados:

Equinacea, 500 mg cuatro veces al día.

Lactobacillus acidophilus: inserta una cápsula vía vaginal en la noche; repite la operación durante siete días consecutivos hasta que la infección desaparezca.

Toma probióticos con este contenido, que sea de cuatro billones de organismos, dos veces al día, 30 minutos después de la comida.

Aceite de orégano: 500 mg en cápsula, o 0.5 ml en líquido, dos veces al día.

Procura no tener relaciones sexuales durante el tratamiento.

Cistitis

Si padeces inflamación de la vejiga urinaria es importante que verifiques si te estás nutriendo con todos los minerales y las vitaminas necesarios. Lo mejor es tomar mucha agua para que orines más.

El jugo de arándano ayuda a que la bacteria no se atore en las paredes de tu vejiga, pero debes procurar que sea natural y no contenga azúcar adicional. El jugo de mora azul también contribuye a sacar las bacterias del organismo. Otra recomendación es añadir ajo a tus sopas.

Si tienes que tomar antibióticos, procura consumir un poco de yogurt natural sin azúcar o algo con probióticos para que protejan tu flora intestinal.

Evita el azúcar refinada y el alcohol, así como la comida picante, salada, procesada o refinada, y deja la cafeína. No tomes refrescos con azúcar ni de los llamados de dieta.

Suplementos recomendados:

Equinacea, 500 mg al día; vitamina C, 1000 mg hasta cuatro veces al día; aceite de orégano 500 mg cuatro veces al día.

Trata de orinar antes y después del acto sexual; procura tomar un vaso de agua antes de tener sexo. Después de nadar, no permanezcas con tu traje de baño puesto por mucho tiempo y usa ropa interior de algodón.

Síndrome premenstrual

El llamado síndrome premenstrual (PMS, por sus siglas en inglés) ataca a más de 75 por ciento de las mujeres. Una dieta no balanceada y con deficiencias nutricionales puede ser su causa en la mayoría de los casos.

Sus síntomas son irritablilidad, ansiedad, tensión, cambios emocionales, confusión mental, fatiga, insomnio, cambio en la libido, depresión, falta de concentración, hinchazón, aumento de peso, antojo de azúcar y dolor de cabeza, entre otros.

Con una dieta adecuada, apoyando el funcionamiento del hígado, reducirás tus síntomas. Una dieta alta en azúcar, carne, grasa y sal hará que tus hormonas fluctúen e intensifiquen los síntomas. Si decides ser vegetariana, o reducir tu consumo de proteína animal, te ayudará a que el estrógeno circule en cantidades adecuadas, reduciendo los síntomas del PMS. Asimismo, son necesarios los alimentos altos en fibra, los granos enteros, los vegetales, las frutas, las legumbres, las hierbas, las nueces y las semillas.

Por su hormana balance en fitonutrientes, el tofu, tempeh y miso ayudan a prevenir el PMS. Consume también muchas verduras verdes, al menos dos raciones al día, así como omega 3, ya sea en pescado, salmón o sardinas, o como suplementos en cápsulas o aceites de pescado.

Prueba alimentos altos en calcio, ya que previenen los cólicos. Las algas marinas son una fuente alta de este mineral. Procura hacer un ayuno de jugos verdes una vez al mes, al menos uno o dos días antes de que comiencen tus síntomas; si no estás segura de tu día, hazlo dos semanas antes de tu periodo; te ayudará a eliminar toxinas, como las exotoxinas, que contienen muchos estrógenos.

Por último, evita grasas hidrogenadas o saturadas, azúcares refinados; bájale a la cafeína y al alcohol, que causan deshidratación y tensión en tu cuerpo.

Suplementos recomendados:
Dong quai, de 300 mg a 500 mg dos veces al día durante tu ciclo; calcio, 500 mg dos veces al día; vitamina B6, 50 mg.

DESCUBRE TU PUNTO G

El punto G fue llamado así en honor del ginecólogo alemán Ernst Gräfenberg. Lo describió como una zona erógena altamente sensible, el equivalente a la próstata en el hombre. Es un tejido eréctil similar al tejido del *vajra,* el cual se expande llenándose de sangre y adquiriendo una textura esponjosa. Este tejido rodea la próstata femenina y la uretra. Cuando estás excitada, dobla su tamaño y lo puedes sentir en tu pared vaginal que, más que estar localizado ahí, es una respuesta a la excitación. Durante los años ochenta del siglo xx, los estudios relacionados con el punto G fueron abundantes, comprobándose que sí existe y que varía de tamaño según cada mujer; en general, se puede decir que su tamaño es el de un chícharo.

Sin embargo, existe un debate en torno a la existencia del punto G, ya que muchos científicos dicen que no hay indicios que demuestren que fisiológicamente haya un punto G. Al respecto, muchos hombres se quejan por no encontrarlo, quizá porque sólo se siente en el momento de la excitación.

Sea verdad o no, el punto G es una parte de nuestra anatomía femenina que, estimulado correctamente, puede producir altos niveles de placer y provocar la eyaculación.

Cuando estimulan tu punto G, sientes que arde o punza un poco tu *yoni*. Si no estás acostumbrada a que lo estimulen, las primeras veces no va a ser una sensación placentera, y si sientes ganas de ir al baño, es por la energía que atraviesa los nervios. Es natural, deja que se libere.

Higiene

La higiene es muy importante para tener relaciones más seguras y prevenir infecciones y problemas en la piel. Además, un buen baño antes de tu sesión ayudará a limpiar las energías del día y a prepararte de una forma romántica para largas horas de placer. El baño te purifica y el agua ayuda a abrirte mucho más emocionalmente. La limpieza en el juego del amor se agradece.

Datos curiosos:
- Las secreciones de la vagina fueron creadas para mantenerla libre de bacterias, así que no te preocupes por la limpieza de ese rincón.
- El olor de la mujer puede variar por factores como la dieta, deficiencia de vitaminas, medicación y menstruación. Para tener un buen olor en tu *yoni,* consume clorofila o pasto de trigo en tu dieta diaria, así como probióticos con *acidophilus*.
- Darte un baño de tina con unas gotas de lavanda también te dará un olor agradable.
- La acidez de la vagina puede ser balanceada con un vaso de vino tinto, así que toma sorbos antes y después del sexo.

PISO PÉLVICO

Ésta uno de los básicos en los cuales debemos tener cuidado y práctica. El doctor Arnold Kegel, quien descubrió que estos músculos se movían durante el orgasmo, creando mayor placer, desarrolló los ejercicios Kegel, que ayudan a fortalecer el piso pélvico, a prevenir incontinencia urinaria, eyaculación precoz y a facilitar el placer sexual y la intensidad orgásmica. Además, mejoran la circulación de tu zona genital y estimulan el clítoris.

El músculo pubocoxígeo (PC) está situado en el suelo de la pelvis. En el hombre se extiende desde la base de la columna (el coxis) hasta la base del pene. Tiene forma de hamaca y va conectado al hueso púbico.

Es el músculo que uno contrae para interrumpir el flujo de la orina, pero también el que se contrae involuntariamente (espasmos musculares) durante el orgasmo masculino y femenino.

Si eres mujer, lo localizas de la siguiente manera: siéntate en el inodoro con las piernas lo más separadas posible. Entonces empieza y detén el flujo de la orina; así detectas el PC porque es el único que puede detener la orina bajo esta circunstancia. Si el músculo está atrofiado y débil, la mujer no va a ser capaz de identificarlo así. Localiza el músculo insertando un dedo en la vagina; contrae y sentirás dónde está con precisión.

Ejercicios:

El ejercicio más sencillo lo puedes realizar comenzando una vez al día y aumentándolo hasta tres veces. La relajación del músculo es igual de importante que la contracción.

1. Acostado, dobla las rodillas ligeramente con tus pies en el piso.

2. Contrae el músculo PC durante cinco segundos, mientras inhalas.
3. Libéralo durante dos segundos, mientras exhalas.
4. Repite 25 veces esta operación; puedes comenzar con 10 repeticiones.
5. Puedes hacer lo mismo en el baño, mientras orinas.

Cuando tengas una práctica más activa, continúa con el siguiente ejercicio:

1. Colócate en el piso con los pies y las rodillas tocándose.
2. Inhala por la boca como si succionaras un popote y pulsa tu músculo durante unos cuatro tiempos.
3. Exhala por la boca como empañando un espejo, mientras relajas el músculo durante cuatro tiempos.
4. Repítelo 10 veces, tres veces al día.

Recuerda que la relajación es igual de importante que la contracción. Este músculo generalmente no lo ejercitamos; si te duele un poco, baja la fuerza con la que contraes y recuerda respirar siempre; no retengas la respiración. Observa que tu cuerpo esté relajado, sobre todo tu vientre, tu pelvis, tus hombros, tu quijada y tu boca, que están conectados con tus órganos sexuales.

Logra que este ejercicio se convierta en algo placentero y no mecánico. Fortalecerá tu músculo PC, que te ayudará a llevar una vida sexual más satisfactoria y a tener orgasmos más intensos. No los hagas mientras haces el amor; recuerda que sólo es una preparación.

Las mujeres pueden utilizar diferentes productos que ayudarán con los ejercicios Kegel:

1. Gyneflex: un aparato parecido al vibrador.

2. Conos vaginales: similares a los tampones; vienen en diferentes pesos. Los insertas en la vagina y caminas manteniéndolos en su lugar.
3. Las bolas Ben Wa: las usaban las amantes chinas. Ayudan a la contracción y fortalecen los músculos; se recomiendan una vez que tengas práctica.

3. PUNTO C: COMIDA

La buena salud es del placer.

GEORGE LEONARD

La alimentación es uno de los más estimulantes placeres a nuestro alcance. A través del sabor de la comida podemos navegar al pasado y al futuro; experimentar en sus texturas emociones que nos mueven, y por ella nuestro cuerpo puede llenarse de energía o de pereza, apagando nuestra luz. Cada alimento está lleno de *prana* (energía), que nos ayuda a nutrir, purificar y activar nuestra vitalidad y bienestar, no sólo a nivel físico, sino emocional y espiritual.

Consumir un balance de sabores, de comida cruda y cocida, de alimentos expansivos que nos llenen de creatividad y nos conecten con el universo, así como de alimentos contractivos que nos aterricen y nos conecten con la tierra, logrará que el cuerpo experimente la divinidad. Honrar a tu cuerpo y tratarlo como un templo sagrado levantará tu espíritu. La alimentación es de suma importancia para mantener tu templo limpio, puro y saludable, para que te apoye en la vida sexual y espiritual.

COMIDA PARA NIVELAR HORMONAS

Mantener en balance tus niveles hormonales es importante para tener una buena estamina, deseo sexual y ser multiorgásmico. Conocer qué función tiene cada una de las hormonas hará que te alimentes con más conciencia. A la vez, llevar una dieta balanceada es primordial, lo que quiere decir no excluir ningún grupo de alimentos.

Carbohidratos

Este grupo te da energía, con excepción de la fibra, que se convierte en glucosa. Es importante elegir granos enteros como la quinoa, el arroz integral, el millet, el trigo sarraceno, la espelta o el amaranto, ya que los carbohidratos refinados, como el arroz blanco, las pastas y los panes, disparan los niveles de insulina en tu cuerpo, lo que afecta directamente la testosterona y por tanto reduce tu deseo sexual.

El consumo de frutas y verduras, en especial de crucíferos como el brócoli, la coliflor, la col y el kale, balancean tus estrógenos y apoyan tu libido. Si tienes antojos de comida chatarra y de carbohidratos refinados, ten cuidado porque pueden elevar tus niveles de serotonina, la hormona de la felicidad, lo cual reduce sus efectos. Entre más harinas blancas consumas, serás más propenso a tener bajos estados de ánimo y, en consecuencia, a no vivir intensamente los momentos de romance y pasión.

La fibra que encontramos en las legumbres y en la linaza actúa como transporte del exceso de hormonas y toxinas, lo que apoya su eliminación.

Grasas

Las grasas son esenciales para nuestro cuerpo. Consumir las adecuadas, como el aceite de oliva, de pepita de uva, de coco, de aguacate, de ajonjolí y de mantequilla clarificada (*ghee*), ayudarán a que tu glándula tiroides trabaje mejor; si ésta no funciona, podrías llegar a sufrir depresión y bajaría tu libido. Si estás enamorado, la grasa aumentará tus capacidades de sentir, amar y volar por las nubes.

Evita las grasas transgénicas como la margarina, así como la comida frita, el aceite vegetal o el aceite de maíz.

Proteínas

Tu cuerpo necesita 20 aminoácidos que facilitan la producción de proteína, encargada de reparar tus células y tus tejidos. De éstos, 12 son sintetizados por el hígado, mientras que otros ocho los obtenemos de legumbres, el pescado, pollo, huevos, nueces, semillas, soya fermentada y algas como la espirulina y la azul marina.

Tienes que moderar la cantidad de proteína, ya que no es recomendable consumir siempre productos animales. Te invito a experimentar al menos una comida vegetariana o vegana al día.

Si pesas 58 kilos y llevas una vida sedentaria, consume 45 gramos de proteína al día. Es recomendable tomar de dos a tres porciones de proteína diarias. Una porción estaría compuesta por un huevo o dos cucharadas de crema de maní o media taza de frijoles o 1/3 de taza de nueces o una ración de 55 gramos de proteína animal o de soya.

Sin embargo, si no consumes proteína, animal o vegetal, también puede bajar tu libido, lo que contribuiría a la falta de tono muscular, al envejecimiento prematuro, a la hipoglucemia o a la depresión por falta de serotonina.

Flavonoides

Son más de 5 000 los compuestos fenólicos que constituyen la parte no energética de la dieta humana. Contienen flavonas, que nos ayudan a regular los estrógenos y la testosterona. Se encuentran en vegetales, semillas y frutas; algunos actúan como reguladores:

Apiganin: lo encuentras en el cilantro, el perejil, la manzanilla y la pasiflora.
Chrysin: en la pasiflora y en el polen de abeja.
Galangina: propóleo.
Índole-3 carbinol: en los alimentos crucíferos.

Para activar alguna hormona en particular

Testosterona: lo mejor para activarla es el ejercicio y los alimentos altos en cinc. Los ostiones elevan sus niveles, sobre todo en los hombres. Se encuentra también en las nueces, los frijoles preparados, el pato y la carne orgánica.

Estrógeno: manzanas, toronjas, frutos del bosque, zanahorias, peras, arroz integral, frijoles mongo, aceite de oliva extravirgen, productos de soya que no sean transgénicos, lentejas, garbanzos, granada y linaza. La vitamina B ayuda al metabolismo del estrógeno. La vitamina E ayuda a combatir la inflamación y al metabolismo del estrógeno. Los vegetales crucíferos, como col, coliflor, kale y brócoli, eliminan el exceso de estrógeno, reducen los niveles no sanos y eliminan las toxinas que pueden producir cáncer. El té de diente de león también ayuda a desintoxicar el hígado y a eliminar el exceso de estrógeno.

Los alimentos que aumentan los niveles de estrógeno son el alcohol, el pescado de granja, los lácteos, el pollo, los huevos o la carne no orgánica, así como los productos de soya no orgánicos, el aceite de maíz y la cerveza.

Mantener un nivel de progesterona y de estrógenos es importante, para lo cual se recomienda consumir los siguientes alimentos: brócoli, col de Bruselas, coliflor, melones, calabaza, higos, té verde, té de manzanilla y linaza.

Los alimentos que aumentan la progesterona son el dong quai, la cúrcuma y la nuez moscada.

AYURVEDA

Ayurveda es la antigua ciencia de la medicina y la salud de la India. Dentro de este sistema, la sexualidad es tan importante que le dedican toda una rama, llamada *vajikarana*, que significa "lo que fortalece y da vigor a tus órganos sexuales".

La *ayurveda* sostiene que si aumentamos la fuerza de nuestros órganos sexuales, el resto de nuestro cuerpo será más fuerte y saludable, incrementando también la fertilidad y el deseo sexual.

La comida más natural, la más fresca y atractiva, es la que le va a dar fuerza a tus órganos genitales, llamados *shukra dhatu*. *Shukra* no sólo tiene la función de producir el óvulo y el esperma, sino que crea *ojas*, es decir, la energía esencial encargada de la digestión. *Ojas* produce vigor, dicha, estamina, inmunidad y claridad de mente.

En este sistema existen tres *gunas*, que son los atributos de la creación, llamado *Maya*, que significa "ilusión". En la alimentación es importante balancear las tres *gunas* para estar en tu centro, a menos que te inclines hacia una *dosha* y necesites activar o disminuir ciertos atributos.

La meta de muchos yoguis y personas que buscan un camino espiritual es mantener su alimentación sátvica, para alcanzar estados profundos de meditación que los lleven a la iluminación. A continuación te presento las tres *gunas*:

- *Sattva:* es nuestra esencia, la pureza, la actividad dentro de la inactividad, el balance, la humildad, la ética, la compasión, el amor, la verdad, las inclinaciones espirituales. Los alimentos sátvicos son frescos, jugosos, ligeros, nutritivos, dulces y sabrosos: frutas y verduras, granos enteros, nueces, frijoles, lentejas y *ghee* (mantequilla clarificada).
- *Rajas:* es la actividad, la ética y la competitividad. Produce la sensualidad y el deseo sexual; provoca los extremos en los estados de ánimo, como la efusión, la ira y sentimientos como el egoísmo, los celos y el sentido de pertenencia. Sus alimentos son sabores amargos, astringentes, salados, picantes, ya sean calientes o secos. Comida sátvica caliente, cocida o al vapor: cebolla, ajo, jitomate, chiles, especias como el jengibre y la cayenne.
- *Tamas:* es la inactividad, la inercia, la pereza y la flojera. Causa la impureza, la falta de balance; provoca adicciones, comportamientos no éticos y la actitud del postergar. Sus alimentos son viejos, empaquetados, procesados, enlatados, el huevo, el pescado, la carne y los licores fuertes, el azúcar y las harinas refinadas, así como el exceso de carbohidratos.

Las causas de la baja libido, según la *ayurveda* son las siguientes:

- Tener sexo con personas que no te gustan.
- Ansiedad y estrés a causa de la baja libido.
- Consumir comida salada, picante y alta en grasa.
- Demasiado sexo.

Estas comidas te darán vitalidad y sensualidad:

- Granos enteros como arroz integral, avena, *soba* noodles, amaranto, millet, espelta.

- Productos lácteos como el queso fresco y el yogurt.
- Frijoles mongo.
- Almendras, ajonjolí.
- Mangos, duraznos, ciruelas y peras.
- Fruta seca como dátiles, higos y pasas.

Comida que activa los *shukra dhatu:*
- Espárragos.
- Brócoli.
- Ajonjolí.
- Almendras.
- *Ghee.*
- Aloe vera.
- Pudín de arroz.
- Mango.
- Guayaba.

Especias:
- Nuez moscada.
- Cardamomo.
- Azafrán.
- Canela.

Alimentos para aumentar el semen: leche, *ghee*, cebolla, muesli.
Para purificar el semen: caña de azúcar, *bayberry.*
Hierbas para aumentar la libido: azafrán, clavo, ajo.
Tónicos para combatir la eyaculación precoz: *ashwagandha* y carne de nuez.

El *Kamasutra* recomienda consumir una cantidad igual de *ghee* (mantequilla clarificada), azúcar morena, regaliz y el jugo de hinojo, así como un poco de leche de almendras o de arroz, lo que se mezcla y se convierte en un néctar sagrado que provoca vigor.

También recomienda hervir un poco de *ghee* durante la primavera, lo cual, dicen, es benéfica para la salud y la fuerza, y para mejorar el sabor de los fluidos.

Las hierbas como *ashwagandha*, *shatavari*, *kumari* y *kshirakakkoli* juegan un papel muy importante en la *ayurveda*, ya que son los tónicos ideales para apoyar tu alimentación y tener efectos duraderos. Hay que tomar las hierbas afrodisiacas con cuidado porque pueden tener efectos secundarios en personas con problemas digestivos crónicos o afectar a aquellos con alguna enfermedad. La preparación de infusiones, tés o medicina homeopática es mejor si la prepara un experto o médico *ayurveda*.

SABORES

Dentro de la cocina *ayurveda*, los sabores logran diferentes efectos y su combinación es de vital importancia para obtener un balance y apoyar nuestras *doshas*.

En *El arte de la vida sana* hablo con más detalle de cada una de ellas. Aquí describiré algunas de sus cualidades y personalidad en las relaciones y el romance. Con ellas descubrirás mejor a tu pareja y ayudarás a nivelar tu estado anímico:

Astringente: sana y purifica todas las partes del cuerpo. Calma la libido y se considera un antiafrodisiaco. Sus elementos son el aire y la tierra, lo que provoca esa sensación de caminar en el bosque, donde estamos muy enfocados y con los pies en la tierra. Su sabor aumenta la *vata dosha* y baja el fuego de *pitta* y *kapha*.

Ácido: baja la temperatura del cuerpo, purifica y seca las secreciones. No se recomienda a personas que están con alguna dieta, ya que amplifica el apetito. Es un sabor que calma el deseo sexual, por lo que no es aconsejable consumirlo antes del acto sexual (al menos 12 horas), ya que la lubricación puede ser menor. Sus elementos son el aire y el espacio, lo que nos ayuda a desarrollar la creatividad y a sentir mayor ligereza después de tomar decisiones importantes. Aumenta *vata* y baja *pitta* y *kapha*.

Picante: su sabor estimula el apetito sexual debido a que sube la temperatura del cuerpo y apoya la circulación al irrigar los órganos sexuales. Promueve el apetito, baja ligeramente el conteo del semen y ayuda a eliminar el exceso de moco en nuestro sistema, lo que es esencial para una buena salud y para prevenir las gripes. Sus elementos son el aire y el fuego, necesarios para tomar acción cuando nos sentimos con flojera o falta de motivación. Este sabor es parecido a la sensación que tienes cuando le soplas al fuego y lo haces más grande; así expande tu ánimo. Aumenta *pitta* y *vata,* y baja *kapha*.

Salado: contribuye a eliminar las toxinas y favorece la capacidad digestiva y el apetito. Su sabor extrae el jugo de las frutas y las verduras, además de hidratar tu cuerpo y prepararlo para horas de placer y ejercicio. Sus elementos son el agua y el fuego, poderosos sin mezclarlos; nivela tu cuerpo y tus emociones cuando estás en momentos de dualidad. La sal incrementa *kapha* y *pitta*, y baja *vata*.

Amargo: refresca tu cuerpo y promueve la digestión. Es un sabor ideal para consumir después de una larga sesión de sexo, porque refresca tu cuerpo y balancea el fuego que recorrió tu organismo. Sus elementos, tierra y fuego, provocan un equilibrio ideal para amortiguar o reacomodar la energía que moviste durante el acto sexual. Aumenta *kapha* y baja *vata*.

Dulce: nutre el cuerpo y las emociones, reduce el hambre y la sed. Es un sabor muy afrodisiaco porque nos da ese toque de confort, proporcionándonos confianza y seguridad. Sus elementos son la tierra y el agua, que se convierten en lodo. Es positivo porque te proporciona una sensación de aterrizaje y a la vez de movilidad, aunque demasiado lodo te puede hundir; por eso hay que consumirlo en pocas cantidades. Aumenta *kapha*, baja *pitta* y *vata*.

Las doshas en el amor

Vata: se rigen por el coqueteo mental. Si tienes buen choro e intelectualmente gustas a los hombres, la probabilidad de conquistarlos será mayor. En la cama les agrada que les hables y les digas cosas sensuales, dulces y hasta muy inventivas. Les gusta seducir con las palabras y describir sus fantasías.

Pitta: son muy pasionales, les encantan las aventuras, los nuevos escenarios y el sexo en lugares prohibidos o públicos. Les prende cualquier experiencia atrevida y el romance.

Kapha: son muy románticos, les gusta tomarse su tiempo para seducir y conquistar. Se entusiasman por los detalles, por las palabras sensuales. Son los mejores amantes porque nutren todos los sentidos y les encanta consentir con masajes, detalles y, sobre todo, con mucha dulzura y tacto.

Con la alimentación podemos balancear nuestra *dosha* o inyectar estas cualidades que nos ayudarán a ser mejores amantes, más saludables y emocionalmente balanceados.

DIETA DETOX PARA AUMENTAR LA LIBIDO

Si has llevado una vida en la que has consumido muchos lácteos, azúcares, harinas refinadas y comida chatarra; si bebes mucho, consumes drogas recreacionales y medicamentos, tu cuerpo no va a funcionar al cien por ciento, causando una baja en tu libido y funciones sexuales. La desintoxicación te ayudará a limpiar tu sangre al aumentar la circulación sanguínea en tus órganos sexuales y eliminará el exceso de grasa en tu cuerpo. Emocionalmente, te dará mayor claridad, aumentará tus sentimientos de amor, deseo, pasión, compasión, y te sentirás más ligero y alegre.

La dieta detox de tres días te ayudará a "resetear" tu organismo y a estar listo para recibir las mieles del amor.

Consume:
- Un "caballito" con aceite de oliva, unas gotas de limón y una pizca de pimentón de cayena; te ayudará a desintoxicar tu hígado.
- Agua tibia con medio limón te ayudará a despertar el metabolismo y a limpiar tu sistema digestivo.
- Miso; una taza de sopa al día contribuirá a disolver la grasa y el exceso de moco en el organismo, además de neutralizar las toxinas y alcalinizar tu cuerpo.
- Té de cola de caballo; contiene ácido sílico, que es diurético y previene la retención de líquidos. Es depurativo, reduce la menstruación excesiva, ayuda a fortalecer los huesos y el cartílago y combate a la reuma.
- Té de diente de león; tiene propiedades antioxidantes y vitamina B, ayuda a limpiar tus intestinos, a mejorar la circulación en tu cuerpo y a eliminar el exceso de ácido úrico y la gota.
- Espirulina; es una alga unicelular muy densa en nutrientes, contiene todos los minerales, ayuda a eliminar el hambre, y a depurar los metales y los tóxicos del cuerpo.
- Frutas y verduras frescas, de preferencia orgánicas.
- Caldo de verduras, natural y sin aditivos; puedes usar especias como cayenne, órgano, eneldo y un poco de ajo para darle sabor.

- Jugo verde; contiene minerales y vitaminas.
- Apio, nopal, perejil, piña, agua de coco o simple. Opcional: espinaca, berros, jengibre, pimentón cayenne, linaza, espirulina y manzana verde.

Elimina de tus hábitos:
- La cocaína, ya que causa impotencia.
- Drogas recreacionales.
- El exceso de alcohol te agota y afecta el sistema nervioso y circulatorio, dañando tu erección.
- Se tiene que reducir el consumo de café o té que contegan cafeína, pues los niveles de insulina no estarán balanceados, por lo que afectarán tu libido.
- Comida chatarra.
- Refrescos.
- Comida procesada.
- Dulces.
- Azúcar refinada.
- Harinas refinadas.

Día 1 (Las cantidades no especificadas son a tu gusto, pero con moderación)

En ayunas, un vaso de agua con limón y la purga de aceite de oliva.

Desayuno: sopa miso o algún caldo de verduras. Plato de una o dos frutas.

Snack: jugo verde: manzana verde, espinaca, espirulina, jengibre, pimienta cayenne, hinojo y jugo de un limón.

Comida: sopa miso o caldo de verduras; ensalada de verduras verdes y lechugas con aceite de oliva y vinagre balsámico.

Snack: una manzana o un plato de moras.

Cena: verdura verde a la plancha o *grill* y sopa miso o caldo de verduras.

Día 2

En ayunas, el agua con limón y la purga de aceite de oliva.
Jugos verdes; de tres a cinco durante el día.
Ocho vasos de agua.

Día 3

En ayunas, el agua con limón y la purga de aceite de oliva.
Desayuno: jugo verde y un plato de una o dos frutas.
Snack: una manzana, apios, pepinos con limón o chile, sopa miso.
Comida: sopa miso o de verduras y un plato de verduras verdes al *grill* con aceite de oliva, sal y pimienta.
Snack: jugo verde y sopa miso.
Cena: sopa miso o de verduras y una ensalada de lechugas y verduras verdes.

Precauciones:

Añade dos tazas de té todos los días. Si estás tomando medicamentos como antidepresivos, adelgazadores de sangre, te recomiendo consultar a tu médico. Si sufres de diabetes o hipoglucemia, sigue el ayuno como el Día 1, eliminando los jugos y las frutas.

Durante estos días, camina 20 minutos diarios, medita o haz yoga, trata de exfoliarte y permite que tu cuerpo depure y elimine todo lo que no necesita.

Durante el detox se pueden desencadenar ciertos síntomas que significan que estamos eliminando las toxinas, como dolor de cabeza, mal humor, diarrea, náusea, vómito, irritaciones en la piel. No tomes medicamentos; considéralo como un regalo de tu cuerpo para expeler lo que no necesita.

GLOSARIO DE HIERBAS Y SUPLEMENTOS

Cordyceps: son un tipo de hongos medicinales que se han utilizado a través de la historia para incrementar la libido y tratar la impotencia, además de ayudar a mejorar el sistema inmunológico. Se consumen en pastillas y, por lo general, en mezclas de hongos *shitake, maitake* y *rishi.*

Panax ginseng: esta hierba china fue utilizada para aumentar la libido, la circulación en los genitales y para tratar la disfunción eréctil en los hombres. Se consume en forma seca en tés o infusiones; su abuso puede causar fatiga.

Ginkgo biloba: también proviene de China; activa la circulación sanguínea en los genitales. Estudios han demostrado que ayuda a combatir la disfunción eréctil y activa la libido en fumadores o personas que se encuentran en tratamientos medicinales. Normalmente se toma en pastilla, en polvo o en bebida.

Damiana (*Turnera diffusa*): es un remedio tradicional para aumentar la libido y curar la disfunción eréctil.

Ashwagandha (*Withania somnifera*): es una medicina tradicional *ayurveda* mencionada en el *Kamasutra*, que trata el estrés y la impotencia. Esta hierba produce óxido nítrico, el cual dilata las venas.

Aloe vera (*kumari*): significa pequeña niña o virgen. Le da energía a tu *yoni*. Una dosis de una cucharada en gel al día, con un poco de jengibre, es lo que necesitas para rejuvenecer. En los hombres, ayuda a incrementar la cuenta de semen.

Aceite de orégano: tiene un efecto antihongo y es un remedio para los problemas vaginales.

Dong quai: es una hierba utilizada en la medicina china que reduce los cólicos premenstruales y relaja los músculos del útero.

Isoflavonas de soya: se usan para reducir síndromes de menopausia, PMS y problemas hormonales. Además, reduce el colesterol y ayuda a restaurar la densidad de los huesos. Si tienes antecedentes de cáncer uterino o de seno, no consumas este suplemento.

Shatavari (*Asparagus racemosus*): viene de la familia de los espárragos; en sánscrito significa "aquella que tiene

100 esposos". Nutre el sistema reproductivo femenino y promueve la lactancia. Es un tónico para mujeres que aumenta la fertilidad y la capacidad de hacer el amor; rejuvenece tu *yoni,* aumenta la capacidad de sentir amor y ayuda a regular el ciclo menstrual.

Kshirakakkoli (*Lilium polyphyllum*): incrementa el semen, lo condensa y aumenta su captación; produce excitación sexual en hombres y mujeres, aumentando la vitalidad y el vigor.

Vitamina B: mejora la oxigenación de la piel, estimula la regeneración de los tejidos, ayuda a mantener la hidratación, actúa en el crecimiento del cabello y apoya la función hormonal de hombres y mujeres; se encuentra en alimentos como coles de Bruselas, vegetales verdes, nueces, granos enteros como arroz integral, quinoa, amaranto, legumbres, nueces, setas y soya.

Vitamina B3 o niacina: estimula la histamina que aumenta las membranas mucosas, facilita el orgasmo y causa que nos sonrojemos y nos veamos luminosos de la cara, el cuello y el pecho; ayuda a la circulación y a las sensaciones del tacto. Se encuentra en alimentos como aguacate, frijoles, polen de abeja, anchoas, ostiones, pescado, papas, moras, salmón, macarela, tempeh, fresas, tomates, atún, sandía y granos enteros.

Vitamina B5 o ácido pantoténico: es importante para el balance y el funcionamiento de las hormonas del sexo. Se recomienda tomar en conjunto con el resto de las vitaminas. Está presente en alimentos como espárragos, col, polen, huevos, sandía, granos enteros, yogurt, papaya, piña, papas, nueces en general, brócoli, aguacate, frijoles, pollo, linaza, maíz, cangrejo, anchoas, macarela, *herring*, sardinas y truchas.

Vitamina B6 o piridoxina: balancea las hormonas y produce testosterona y fluido eyaculatorio. Una deficiencia en B6 se refleja en la libido. La encuentras en alimentos como espárragos, manzana, aguacate, plátano, garbanzo, lentejas, frijol de soya, mora azul, arroz integral, col, melón, zanahoria, quesos frescos, maíz, cangrejo, huevos, pescado, salmón, atún, trucha, linaza, mangos, nueces, cebolla, naranja, chícharo, papas, ajonjolí, semillas de girasol, espinaca, calabaza, camote, tomate y sandía.

Vitamina E: se le llama la vitamina del sexo. Es un antioxidante natural que estimula la circulación sanguínea en los órganos sexuales, ayuda a la erección, aumenta la estamina, la libido, la fertilidad y nutre la glándula pituitaria. Disminuye los síntomas de la menopausia, como los bochornos; previene el adelgazamiento del tejido de la vagina, ayuda a la lubricación y aumenta la cuenta de esperma. Está en almendras, espárragos, arroz integral, *kale*, espinaca, salmón, avena, langosta, atún, cúrcuma, camote, jitomate, huevo, nueces de la India, mora azul, poro, lechuga e hígado.

EL MEJOR AFRODISIACO QUEDA ENTRE NUESTROS OÍDOS

Alimentos afrodisiacos

¿A qué te suena la palabra *afrodisiaco*? Caliente, excitante, sabiduría, pasión, sensualidad, amor. La palabra en sí es mágica. Históricamente se le llamaba afrodisiaco a algún alimento o ingrediente raro, difícil de conseguir o a aquellos con forma de órgano sexual.

Los antiguos griegos ya conocían la cocina afrodisiaca, la cual utilizaban para despertar pasiones entre los amantes. La diosa Afrodita preparaba pociones de amor para sus amantes, a quienes hacía llegar al delirio, provocando que se derritieran de amor. Ella es la diosa del amor, del matrimonio y de las pasiones amorosas. Los romanos la identificaban con la diosa Venus, y todos los dioses estaban sometidos a su poder por sus sentimientos amorosos (Zeus mismo accedía a sus deseos). Según la mitología, es hija de Urano, a quien Cronos, su hijo, castró y después arrojó al mar sus órganos genitales, los cuales produjeron una espuma blanca que flotó sobre las aguas, de la que nació la diosa con toda su belleza y esplendor. Todos los dioses, sorprendidos por su gran belleza, querían casarse con ella, pero fueron rechazados. Afrodita siempre interviene donde hay amor, pasiones y celos.

En México existían diferentes alimentos afrodisiacos, como el aguacate o el cacao, que los aztecas utilizaban para conectarse con el corazón. El cacao lograba despertar la intuición, y su sabor y su aroma eran ideales para aumentar la libido. Moctezuma complacía a su harén con pócimas afrodisiacas hechas con base en el cacao y mezcladas con especias.

En la Edad Media los europeos practicaban este tipo de cocina, a la que incorporaron especias como la canela, el jengibre, la menta, la nuez moscada, entre otras, que traían de tierras lejanas.

Casanova compartía ostras con sus amantes para aumentar su apetito sexual y aseguraba que la comida más deliciosa era la forma más rápida de llegar al corazón.

Los alimentos afrodisacos te ponen en un estado de ánimo correcto para el amor y te vuelven sensible a la estimulación erótica. Algunos afrodisiacos incitan directamente tus zonas erógenas, varios afectan tu mente, mientras que otros te causan rélax, te desinhiben o te inspiran pasión. Muchos te excitan por su forma, su textura o su olor.

En las culturas antiguas, los amores dependían de las pociones mágicas para llamar a Cupido. Muchas venían en infusiones, otras estaban disueltas en vino o en alimentos.

Si consumes afrodisiacos como tónicos, úsalos de 30 minutos a una hora antes del acto sexual; aunque también los recomiendo como parte de tu vida diaria, ya que te darán energía, sensualidad y nutrientes. Muchos son bajos en grasa y altos en vitaminas y minerales. Una dieta alta en estos nutrientes te ayudará a tener un cuerpo sano, lleno de energía, buena circulación sanguínea y exquisita vida sexual.

¿Funcionan?

Hay diversos mitos y leyendas sobre si los afrodisiacos funcionan o no. No se había logrado comprobar científicamente su eficacia hasta la realización de algunos estudios por el profesor Marcone, en Canadá, quien describió al azafrán y al ginseng como afrodisiacos poderosos y como una buena alternativa natural a medicamentos como el Viagra.

En lo personal, me asombra el grado de escepticismo cuando se habla de los afrodisiacos, pues han sido usados con éxito desde hace miles de años. Creo en su poder por varias razones: la función de los neurotransmisores en el cerebro mandan señales a nuestro cuerpo para elevar el estado de ánimo, lo que nos vuelve más ávidos; otros alimentos incrementa nuestra temperatura y la circulación sanguínea, lo que también nos pone más cachondos.

Sin embargo, la química entre las personas aporta un *punch* extra a la química de estos alimentos. Creo en el poder de la mente y de nuestra intención. Todo lo que hacemos, incluyendo el sexo, comienza con nuestras fantasías e imaginación. No hay nada más sexy que propiciar tu estado de ánimo con esta gran herramienta que es la capacidad mental para crear nuestro presente. El mejor afrodisiaco queda entre nuestros oídos.

Para que cualquier cosa funcione en la vida, no sólo podemos guiarnos por la ciencia y las teorías, sino también por nuestra fe y nuestra creencias. Los afrodisiacos nos invitan a desarrollar estas cualidades, y a despertar el corazón y la intuición, para que la intención de sentir, vivir y experimentar la sensualidad se refleje en nuestro cuerpo, en nuestra mente y en nuestro espíritu.

ALIMENTOS SEXYS

Aguacate: los aztecas lo llamaban *ahuacatl,* que significa "árbol de testículos"; en la Antigüedad era un remedio para la disfunción eréctil. El aguacate tiene más de 300 calorías y es alto en grasa que ayuda a subir el colesterol bueno. Su alto contenido en vitamina E intensifica los orgasmos. Es una fruta deliciosa con una textura muy cremosa y sensual. Sírvela con un poco de sal y vinagre balsámico.

Alcachofas: pertenecen a la familia del sol, junto con el girasol. En Inglaterra, durante el siglo XVIII, los doctores las recomendaban como afrodisiacos. Bajan la temperatura del cuerpo, humectan y nutren tu lado *yin* (es decir, los fluidos de tu cuerpo). Ayudan a romper los depósitos de grasa, permitiendo la buena digestión. Además, protegen al hígado, un órgano esencial para la salud sexual, y bajan el colesterol. Comer una alcachofa es muy sexy, ya que tomarla con la mano y morder su piel es algo que seguramente prenderá a tu pareja.

Ajo: es un alimento también muy sexy, sobre todo en el Mediterráneo. Aumenta la testosterona, la producción de esperma y la libido. Ayuda a la circulación de la sangre y sube la temperatura. Es un antiséptico y antibacterial natural que te ayudará a prevenir gripes e infecciones genitales. Disfruta de una pasta con mucho ajo y su calor te llevará directo a la habitación. Procura comerlo con moderación porque en exceso causa irritación.

Almendras: son gobernadas por Mercurio, el cual corresponde al elemento de aire y es asociado con el dinero y la sanación. Los árboles de almendra son un símbolo de nueva vida y crecimiento del amor, además de un signo de fertilidad en muchas culturas. Son un ingrediente esencial en los postres árabes; su aroma aumenta la pasión de las mujeres. En la *ayurveda* las utilizan para estimular *ojas,* que personifican el intelecto y la receptividad espiritual.

En la medicina china son empleadas para que circule el *chi* (energía) en el hígado, para ayudar a desinflamar, a fortalecer el sistema nervioso y a aumentar la vitalidad y la libido sexual. Las almendras son altas en proteína y vitamina E, y contienen calcio, hierro, manganeso y potasio. En una cena romántica, sirve como postre mazapán en forma de frutas.

Apio: es una planta del elemento fuego, regido por Mercurio, que tiene las energías del sexo, poderes psíquicos y paz. Es parte esencial de las recetas afrodisiacas por el balance de sus elementos. Es un alimento que estimula a las mujeres debido a una sustancia llamada androstenona, feromona que se encuentra en el sudor del hombre; además, contiene potasio, sodio, clorofila y fibra; ayuda a prevenir candidiasis, sistitis y acné, y previene la obesidad. Incorpora el apio a tus guisados, ensaladas o sopas; úsalo en los canapés con un poco de crema de maní para comenzar tu noche.

Arúgula o rocket: ha sido documentada como un afrodisiaco por su alto contenido de triptófano. Es alcalina, contiene antioxidantes y es alta en silicio, que ayuda a la desintoxicación; es un diurético natural que permite la digestión. Combínala en ensaladas con diferentes lechugas para darle balance y abrir el apetito de una manera cachonda, pero sutil.

Albahaca: se le llama "hermana de Venus" y es utilizada en las pócimas de amor. Estimula el deseo sexual y aumenta la fertilidad; también produce una sensación de bienestar en el cuerpo; combate la depresión, el agotamiento, el insomnio y los dolores de cabeza. Añádela a tus ensaladas, pastas o licuados; te dará una sensación de frescura, a la vez que sirve para preparar tu cuerpo para la acción.

Betabel: se dice que, la diosa Afrodita lo comía para mantener su carisma. El betabel es gobernado por Marte y Saturno, quienes corresponden a las energías de la tierra, el amor y la belleza. Y como viene de la tierra, baja tu energía a los genitales. Es alto en vitaminas B y C, en hierro, sodio, manganeso y calcio. Ayuda a combatir los cólicos y regulariza la menopausia prematura. Su color rojo ayuda a tratar el acné, el lumbago; además aumenta la circulación. Un poco de betabel en tus platillos les dará ese color rojo intenso que despierta placer en cualquiera.

Café: la cafeína estimula el deseo del cuerpo y la mente, además de que sus alcaloides ayudan a mantener tu ritmo sexual. Su aroma nos invita al confort, al sentimiento de bienestar. No se recomienda tomarlo en exceso, ya que mucha cafeína te vuelve depresivo e inhibe la libido. Un postre con un poco de café o una taza de buen café orgánico en las mañanas será un buen detalle para tu amado.

Caviar: en persa, la palabra significa "el pastel de la fuerza"; te ayuda a restaurar tu poder físico. Contiene vitamina A y ácidos omega 3, que estimulan la testosterona y los genitales. Un poco de caviar será un gran estimulante para tu noche romántica. Acompáñalo con una copa de vino o con un poco de *champagne.*

Cacao: es amargo, caliente y de energía masculina o *yang.* Viene del elemento fuego. Los aztecas se referían al chocolate como el alimento de los dioses; les inspiraba pasión y los ayudaba a desconectarse de la mente y a estar presentes en el corazón. Se dice que Moctezuma bebía más de 50 tazas de cacao antes de entrar al harén, todas las noches. En el momento que probamos un chocolate, la textura, el olor y lo cremoso de su cuerpo van despertando nuestros sentidos con placer. El cacao contiene químicos, como la dopamina, que afectan a los neurotransmisores del cerebro y producen teobromina, la cual te relaja. Asimismo, produce serotonina y endorfinas, que ayudan contra la depresión. Tiene más antioxidantes que el vino rojo y la mora azul. El secreto de la pasión es combinar el chocolate con el vino rojo; tendrá un efecto totalmente sexy y afrodisiaco. El chocolate es el mejor amigo de las mujeres: sus efectos y su textura nos provocan un gran placer en la lengua y después en el resto del cuerpo. Una cena con el final feliz del chocolate es el elemento más sexy para el principio del resto de la noche.

Cereza: es considerada alcalina, tibia y dulce. Es buena para desintoxicar, elimina el ácido úrico, limpia los riñones, además de contribuir a la buena circulación, creando en la textura de tu piel un color rosado. Es buena para la anemia, la fatiga y la frecuencia urinaria. Las cerezas son de esas frutas que disfrutamos comer con la mano; juega a regalarle una a tu pareja en la boca con un poco de chocolate; no podrá decir que no.

Coco: es dominado por la Luna, que corresponde a las energías del agua, de purificación, amor, espiritualidad e intuición. En sánscrito, se le llama *kalpa vriksha,* que significa "el árbol que nos da todo lo que necesitamos para vivir". Proporciona energía, es alto en proteína, vitamina B y minerales. Por otra parte, su agua contiene electrolitos similares a los del plasma de la sangre. Es un tónico que restaura los fluidos sexuales masculinos. En licuados, ensaladas o platos fuertes, dará ese toque especial y un sabor que despertará tus sentidos.

Col: es un tónico sexual, gobernado por la Luna, el cual corresponde al agua, dinero y protección. Contiene fibra, vitaminas B1, B6, C, K y U, calcio, potasio y sulfuro. Aumenta la circulación sanguínea y crea masa muscular. Fermentada, la col ayuda a restaurar la flora intestinal.

Sauerkraut (*col fermentada*): ayuda a que el hombre aumente su libido. La col es un buen complemento de cualquier plato fuerte, ya que impregna tus alimentos con sus propiedades para atraer abundancia.

Chiles: han sido parte de nuestra cultura por años. En México se usan para curar las "crudas"; en África, como un elemento para la belleza, y en Samoa se mezclan con *kava* (una raíz hawaiana que se hace bebida), como poción para el amor y la virilidad. El chile incrementa la temperatura del cuerpo, aumenta la circulación de la sangre y hace que nuestra lengua sienta calambritos y que los labios aumenten su tamaño. Añade chile como un ingrediente secreto en la intimidad de tu cocina y deja que su sabor explosivo sorprenda a tu pareja.

Durazno: sus flores son un símbolo de virilidad, fertilidad y deseo. En la Antigüedad era un símbolo de fertilidad que llevaban las novias en sus manos el día de su boda. Los chinos pensaban que tenía propiedades mágicas y que, si los tocabas, hacían que tu cuerpo se volviera luminoso y tuviera salud, felicidad e inmortalidad. Las hadas pasaban los duraznos en sus reuniones para tentar a la gente. Su aspecto parecido al *yoni* de la mujer puede levantar pasiones. Contiene minerales como fósforo, potasio y hierro, así como vitaminas A y C, ingredientes claves para la estamina. Es bueno para alcalinizar tu cuerpo, ayuda a la digestión y es diurético. Unos pedazos de durazno en tus ensaladas o platillos darán una textura y un sabor jugoso que despertará tus papilas gustativas, listas para saborear otros elementos.

Espárrago: debido a su forma fálica, se le considera un afrodisiaco, además de crecer 25 centímetros al día. Consumirlo durante tres días aumenta considerablemente tu deseo y estimula tus genitales. Es alto en vitaminas B, C y E, potasio, ácido fólico, cinc, combinación de elementos que aumenta la libido. Unos espárragos con aceite de oliva y sal del Himalaya a la plancha darán belleza y color a tus platillos. ¡El amor nace de la vista!

Frutos del bosque: su sabor agrio estimula el hígado, lo que ayuda a activar las hormonas sexuales, además de la circulación en el cuerpo y el cerebro. Las moras rojas, por su color, benefician a la sangre, lo que sube tu pasión y aumenta la fertilidad. Las moras azules o zarzamoras alimentan las glándulas suprarrenales y los riñones. Estos frutos embellecerán cualquier postre, ya que su color activa el deseo.

Frijoles negros: en el año 400 d.C., san Jerónimo, un padre de la Iglesia latina, prohibió que las monjas comieran frijoles, porque incrementaban su fertilidad. En el momento en que los cocinas y ves su firmeza, son el símbolo de una mamá con su hijo, creando amor, pero también hijos. Son altos en minerales, vitaminas B y ácido fólico. En México existen más de 70 variedades. Si estás buscando tener un hijo, un buen caldo de frijoles antes de tu noche romántica ayudará a dirigir la fertilidad.

Fresas: han sido consideradas afrodisiacas desde el Imperio romano, por su forma de corazón y su color rojo. Son el símbolo de Venus, la diosa del amor. En Francia, los recién casados comían fresas en su sopa para aumentar la libido en su luna de miel. Otro mito cuenta que si cortas una fresa por la mitad y la compartes con alguien, te enamorarás. Una fresa con chocolate no tiene pierde y sentirás momentos de éxtasis.

Hinojo: por su contenido rico en flavonoides, produce estrógenos. Regula el ciclo menstrual femenino y aumenta la producción de leche. Contiene vitaminas A, B y C. Los antiguos egipcios lo usaban como un estimulante de la libido. Su aceite, que no es comestible, ayuda a balancear la energía *yang* (masculina). En ensaladas, el hinojo te da una sensación de frescura y un sabor que recorre tu organismo, activando tu sistema circulatorio y preparándolo para el postre.

Granada: por su color rojo, siempre ha sido un símbolo de fertilidad, nacimiento y sexualidad. Su elemento es el fuego, que tiene las energías de la creatividad, la prosperidad y la fertilidad. Es considerada un tónico *yin* (femenino), que alimenta los riñones, la vejiga y la sangre. Es alta en vitamina C y potasio, y es buena para rejuvenecer. Aseguran que tomar media granada al día incrementa tu fertilidad. Su color y sus semillas son perfectas para decorar ensaladas o sopas; su color y su textura darán un beso a tu lengua.

Granos: contienen ambas energías, la masculina y la femenina, y son símbolos universales de la fertilidad y la abundancia; por eso, al salir de la iglesia, se acostumbra aventar arroz a los novios. Ayudan a regular los niveles de azúcar en la sangre, que nos van a calmar y a reducir el estrés para tener un buen momento de pasión. Contienen vitaminas C y E. Consume arroz integral, quinoa, avena, amaranto y *soba noodles.* Como parte de tu plato fuerte, los granos te darán la energía necesaria para que tu cena termine en desayuno.

Higos: muchos sospechan que vienen del jardín del Edén. Esta fruta muy delicada es dulce, alcalina y sube la temperatura del cuerpo; aumenta los niveles de energía y ayuda a la fertilidad y la libido. Son altos en vitamina B, ácido fólico, calcio, hierro, magnesio y potasio. Un higo abierto se parece al órgano femenino, y dicen que comerlo frente a una mujer es un acto muy erótico (partirlo con los dedos le dará un toque aún más sexy). Por su color, esta deliciosa fruta apantalla a cualquiera; disfrútala sola o como ingrediente especial en tu ensalada o en tu guisado.

Jitomates: les llaman las manzanas del amor. Se comenta que son eróticos, ya que son jugosos y tienen mucha textura. Contienen vitaminas C y E, así como minerales como potasio, que ayudan a generar el impulso nervioso y la actividad muscular. Comerlos ayuda a mejorar tu sexo, calman los nervios y contribuyen a controlar los músculos. Una ensalada de jitomates con sal, pimiento y aceite de oliva es un platillo ligero e ideal para abrir el apetito, y no sólo el estomacal.

Mango: es regido por el elemento fuego y por las energías del amor, del sexo y la protección. Alto en flavonoides, vitamina E, potasio y hierro. Es un tónico *yin* (ayuda a los fluidos del cuerpo), baja la temperatura, es diurético y auxilia en el tratamiento de la anemia, además de que calma las emociones y promueve la excitación sexual. En el sur de Asia, los mangos eran un regalo que simbolizaba estatus. En India prescriben mangos para aumentar la virilidad (se decía que parecen testículos). Un suculento mango frío después de hacer el amor te dará energía; deja que su líquido caiga sobre tu pareja y juega con ella.

Manzana: la fruta prohibida de Blanca Nieves y de Eva; su imagen fue utilizada en un logotipo por los Beatles (para su sello discográfico), así como por la empresa más grande del mundo: Apple. Como icono en el mundo es poderosa, pertenece a las rosas. Es alcalina y alta en fibra y vitaminas B y C, hierro, potasio y fósforo. Consumirla activa la salivación; limpia los dientes y las encías, y permite que se despierte tu sensibilidad en los besos, además de que los hace más dulces. Pedazos de manzana en tu ensalada, plato fuerte o postre, te recordarán que hoy es un buen día para pecar.

Miel: era la medicina que ayudaba a curar la impotencia y la infertilidad en Egipto. Las seductoras de los tiempos medievales preparaban a sus amantes una bebida basada en miel, la cual tenían que beber por cierto tiempo; por eso se llama "luna de miel", ya que endulzaba la vida. En el este de Europa se pone una cucharada de miel en la palma de la mano de los novios, la cual tienen que chupar de su amado porque así descubrirán de qué forma se tocarán por siempre. Es un placer líquido. Sentir unas gotas en la boca te provocarán un gran deseo; úsala para divertirte o para añadirla a tus platillos, en especial al postre.

Menta: Shakespeare la inmortalizó, recomendándola como un Viagra natural. Esta hierba se multiplica muy rápido y consta de diferentes tipos que provocan diferentes sabores en tu boca: desde la hierbabuena hasta la menta más dulce. Su uso medicinal se practica en países como India. Combinada con otros alimentos afrodisiacos, logra un momento refrescante. Toma un té con mucha menta antes de dar un beso a tu enamorado, o úsala en el sexo oral y verás cómo se despierta el placer.

Mejillones: según la mitología, Afrodita nació en el mar en una concha de callo de hacha, de ahí que a los crustáceos se les considere afrodisiacos. El rey Enrique IV tenía una sopa de crustáceos en la cocina para cuando se le antojara el sexo. Su alto contenido en cinc aumenta la estamina y el deseo sexual de los hombres. Los mejillones contienen compuestos químicos que activan las hormonas del sexo, como la testosterona y el estrógeno. Deleita tu paladar con los mejillones y siente su textura y su sabor en la boca; con una suculenta salsa sentirás un placer instantáneo.

Mostaza: es una de las especias más antiguas, ya que data de hace 3 000 años. Ayuda a combatir gripes y fortalece el sistema circulatorio, que ayuda a que la sangre fluya de mejor forma por tus genitales (estimula las glándulas sexuales y aumenta el deseo). Contiene calcio, magnesio y potasio. Utiliza esta semilla en tus salsas y desatarás los deseos escondidos en tu pareja.

Nueces y semillas: la palabra nuez viene del latín *nux,* que significa "alimentar". Técnicamente, todas las nueces son semillas. Son altas en vitaminas B, D y E, en calcio y en proteínas. Las pepitas, semillas de girasol, son altas en cinc, que protege la próstata y es componente del fluido vaginal y el semen. Cuando las consumimos, nos alimentamos de toda esa energía necesaria para que algo crezca. Las nueces incrementan el deseo sexual, la fertilidad y son buenas para nuestros músculos. Diviértete utilizándolas en todos tus platillos; puede que una caiga en algún lugar deseado de tu pareja y es buen pretexto para darle un mordisco.

Olivas: su elemento es el aire; tienen las energías del sexo, la paz, la sanación y la espiritualidad. El árbol de olivas ha sido siempre un símbolo de paz y hasta ahora lo es en las Naciones Unidas. Contienen ácido linoleico, ácido oleico y lecitina. Son altas en proteínas y antioxidantes. Unas olivas antes de comenzar la comida o la cena serán el incentivo ideal para unos momentos de romanticismo magnético.

Ostiones: fueron utilizados como afrodisiacos desde la antigua época romana, según las *Sátiras* de Juvenal. En éstas se describen las formas seductoras de las mujeres después de tomar vino e ingerir ostiones; otra hipotésis es que se parecen a los órganos genitales de la mujer. Son muy nutritivos y altos en proteínas, cinc, selenio y fósforo (los altos niveles de este último elemento intoxican de forma breve la sangre, lo que hipersensibiliza sobre todo las mucosas, la boca, la lengua y el *yoni*). Los ostiones tienen un sabor fuerte y único que mandará señales a tu cerebro para un sexo pasional.

Piñones: los romanos los utilizaban en su cocina para despertar pasiones. En la época medieval se consumían en los festines organizados por los reyes. Son el alimento más alto en cinc, esencial para tener alta la libido. Tostados, en ensaladas o en galletas, acompañados de un buen café *expresso,* te darán ánimo para que el festín no llegue a su fin.

Pistaches: ayudan al sistema circulatorio, creando deseo en todo tu cuerpo. Son altos en cinc, magnesio y fósforo, y contienen muchas proteínas. Una galleta de pistache, o espolvoreados en tu ensalada, invitarán a dar el siguiente paso.

Pepitas de calabaza: tienen un alto contenido en minerales, incluyendo cinc, que promueven una mejor salud sexual. Con este mineral, los hombres llenan su próstata, produciendo semen y aumentando su cuenta. Su aceite previene problemas cardiovasculares; además, activan el triptófano, lo que hace sentirnos felices. Son un elemento que alegra cualquier ensalada; su textura conforta tu boca.

Piña: es rica en vitamina C. Se usa como tratamiento homeopático para la impotencia. Ayuda a la circulación sanguínea y combate la retención de líquidos. Originaria del trópico, invita a sentir ese estado sexy que nos provoca una playa, el mar y un cielo estrellado. Úsala como bebida en una piña colada, para vivir tu isla del deseo en compañía de tu amante.

Plátano: en las bodas de la India se le considera un símbolo de amor, dinero y espiritualidad. Un rito islámico cuenta que Adán y Eva comenzaron a cubrirse con hojas de plátano y no de higo, como se dice. Es alto en ácido fólico, potasio y vitamina B, que te ayudan a crear las hormonas del sexo. Por su forma fálica, nos recuerda a un *vajra*, y eso simplemente nos hace sonreír. Un plátano con chocolate te llevará a pensar en los besos de tu boca, recorriendo todo el cuerpo de tu hombre hasta llegar a tu lugar imaginado.

Regaliz: los chinos usaban el licorice como medicina. Su esencia es 50 veces más dulce que el azúcar; morder piezas de licorice aumenta el deseo de amor y lujuria, sobre todo en las mujeres. Así que dale un dulce a tu mujer y seguramente tendrán un pasional encuentro.

Sandía: corresponde a las energías del agua, la salud, la energía y la sexualidad. Es antibacterial, diurética y antioxidante. Es alta en vitamina C, potasio y betacarotenos. Ayuda a combatir la "cruda" y es buena para la desintoxicación. Sus semillas ayudan a los riñones y alimentan la energía sexual. Toma agua de sandía o muerde un poco de ella durante tus besos; los intensificarás y te refrescarás.

Shiitake: los hongos son del elemento tierra y sus energías son la conciencia física y el sistema inmunológico. En la medicina oriental se dice que los hongos *shiitake* hacen que las mujeres sean más abiertas al amor. Se le considera un afrodisiaco, un tónico para la energía (*chi*), el cual rejuvenece. Es alto en aminoácidos, vitaminas C, D, B2, B12 y minerales; además, estimula tu sistema inmunológico. Un poco de hongos con mantequilla, así como con especias, levantará no sólo el deseo sexual de tu pareja, sino grandes ideas.

Trufas: los griegos y los romanos las consideraban afrodisiacas. Su aroma estimula y sensibiliza el tacto; contienen una hormona parecida a la que se encuentra en los testículos y que también es creada en las mujeres cuando entran en calor. Son ricas en minerales y en hierro. Prepárale un platillo con trufas a tu pareja; el deleite tan único que sientes al comerlas hará sentir a tu amado de la misma forma.

Uvas: tienen la energía de la fertilidad y la prosperidad. Son dulces, ácidas y frías. Los griegos las comían en sus festines, lo cual los incitaba al placer. Contienen vitaminas B y C, calcio, magnesio, potasio y ácidos cítrico y oxálico. Ayudan a la memoria y a la claridad mental. Son antioxidantes y reducen los síntomas de las alergias. Algo tienen que nos hacen sentir juguetones y nos divierten. Lleva esa energía a tu noche y será un éxito garantizado.

Vino: ha formado parte de nuestra cultura desde hace cientos de años. Fomenta el romance y la seducción; es el compañero de una buena comida. Un vaso o dos de vino nos relajarán y estimularán nuestros sentidos, convirtiéndose en toda una experiencia erótica. Disfruta su color y su cuerpo, y saboréalo en pequeños sorbos, como lo haces con tu amado.

Zanahoria: estimula el órgano sexual del hombre. Su forma fálica ha sido asociada con la estimulación desde hace cientos de años. Las familias nobles del Medio Oriente la usaban para seducir. Alta en vitamina C, ayuda a aliviar cólicos y a eliminar gases. Comienza el arte de la seducción con un poco de zanahoria en tu plato fuerte; también un buen pastel hará el truco.

LA BOTICA ERÓTICA

Anís: es muy popular en el mundo culinario. Los griegos y los romanos lo utilizaban por tener poderes especiales que aumentaban el deseo. Ayuda a prevenir cólicos menstruales y pesadillas. Úsalo como refrescante después de la comida o la cena.

Azafrán: es la especia más cara y rara en el mundo. Los árabes y los romanos la utilizaban para darle un buen olor a los baños. Los caballeros de Arabia creían que su uso era efectivo en las conquistas. Las mujeres persas lo utilizaban para atraer a los hombres y se marcaban un beso en la mejilla, simulando el beso del sol. Vuelve las zonas genitales más erógenas y sensibles al tacto.

Asafétida: es una hierba utilizada en India e Irán. Tiene un sabor fuerte parecido al ajo. Estimula el deseo sexual; tiene propiedades sedantes que ayudan a relajar los nervios y a combatir la ansiedad. Regula la menstruación.

Cardomomo: los griegos y los romanos lo utilizaban y en India se elaboran con él los deliciosos currys. Forma parte de la misma familia del jengibre y se usaba en las culturas orientales para preparar pociones de amor. Disminuye los cólicos y los dolores de estómago, y refresca el aliento.

Pimienta cayenna: es originaria de Panamá y de México. Incrementa la circulación y la temperatura del cuerpo. Estimula la producción de endorfinas, que ayudan a la relajación muscular. Es ideal para expulsar el exceso de moco en el cuerpo y prevenir gripes, carrasperas y asma.

Canela: ayuda a aumentar la temperatura del cuerpo y es ideal para personas friolentas. Se utiliza para tratar la disfunción eréctil, el lumbago, las várices y la mala circulación. En aceite, se aplica para masajes que ayudan a calentar el cuerpo y estimula tus sentidos, volviéndote más sensible al tacto.

Clavo: los chinos lo utilizaban para combatir el mal olor de la boca. Es un remedio para mujeres que han perdido la libido por problemas psicológicos o de estrés; en los hombres, previene la eyaculación precoz, especialmente cuando se prepara en cremas. Estimula la circulación y calienta el cuerpo; ayuda contra la depresión, los gases, la candidiasis y apoya la digestión.

Coriandro: es originario de Europa, donde se usó como ingrediente en las pociones de amor en la Edad Media. Ayuda contra la ansiedad, los cólicos, la cistitis y los gases. Tonifica el sistema nervioso.

Comino: es una planta de protección. En la Antigüedad afirmaban que aumentaba la fertilidad. En Alemania se planta para ahuyentar a los malos espíritus del bosque. Aumenta la circulación en el cuerpo, incluida la de en los genitales. Ayuda a prevenir la inflamación de los testículos, aumenta la producción de leche materna y regula la menstruación.

Cúrcuma: significa "tierra amarilla". En India la utilizan en las bodas para ofrecer protección a los novios, para el mal de ojo y para limpiar las energías. Es antioxidante, antiséptica y aromática. Ayuda a restaurar tu sistema después del parto; combate la candida; alivia eccema, gases, colesterol alto y traumatismos. Es excelente para desinflamar tu organismo.

Jengibre: te hace sentir muy sexual y *kinky*. Es una raíz que sube la temperatura del cuerpo; es un estimulante del sistema circulatorio que ayuda a la oxigenación, lo que contribuye a tener más energía para el sexo. En las pociones mágicas, atrae el amor, la prosperidad y el éxito. En India, para curar la impotencia, se revuelve el jugo de jengibre con huevos y un poco de miel.

Nuez moscada: se ha usado en las pociones mágicas para atraer al amor, ya que contiene un aceite esencial llamado miristicina, similar a 3,4-metilendioximetanfetamina (MDMA, conocida como la droga del amor); en exceso puede producir un efecto alucinógeno. Un poco de esta especie en una sopa de camote puede darle sazón a tu noche.

Maca: ha sido cultivada en los Andes del Perú desde hace 2 600 años. Según la leyenda, los guerreros incas la consumían antes de comenzar una guerra para sentirse fuertes, mas la prohibían después para proteger a sus mujeres de un "excesivo deseo sexual". Combate la anemia, la fatiga crónica, la depresión, la infertilidad, la falta de memoria, el cáncer de estómago y el estrés; ayuda a enfrentar el síndrome premenstrual y fortalece el funcionamiento del sistema endocrino y del tiroides. La maca se puede utilizar en cantidades mayores que otras hierbas y alimentos. Puedes agregar una cucharada a tu bebida favorita, mezclarla en postres o con chocolate. ¡Es deliciosa! Como mujer, te recomiendo alternar los días en que usas maca: si tu constitución es muy delgada y nerviosa, reduce tu porción a media cucharada. Se puede comprar en polvo, en gotas o en pastillas (mi recomendación es en polvo). Los quechuas, descendientes de los incas, siguen cultivando la maca a una altitud de 2 700 a 4 300 metros, lo que la hace la raíz de cultivo más alto del mundo. La maca es de la familia de las crucíferas, que incluye la col, el brócoli y la coliflor. Tiene 59 por ciento de carbohidratos, 8.5 por ciento de fibra y 10 por ciento de proteínas; es rica en calcio, selenio, manganeso, silicio, vitaminas B1, B2, C y E.

Perejil: hierba originaria de los países orientales. Es antioxidante, diurético y antibacterial. Eleva los niveles de estrógeno, que propician el deseo sexual y reduce los síntomas de la menopausia. Si lo comes fresco, te ayuda a mejorar la fertilidad; fortalece tu visión y refresca el aliento.

Romero: te da foco y claridad. Reduce la inflamación y ayuda a la digestión. Popular en Francia y España, fue denominado "intoxicante" por madame de Sévigné. Las perfumerías utilizaron su aroma para cautivar; te llevará a recordar los momentos de pasión que viviste en la cama, despertando el deseo. También es utilizado para la protección y la limpieza de los espacios sagrados. Además, ayuda a la circulación sanguínea; disminuye los cólicos menstruales, el estrés y la depresión; es diurético y rejuvenecedor.

Vainilla: Moctezuma la utilizaba en sus pociones para dar placer a su harén de 50 mujeres. Un estudio realizado en Alemania, en 1762, probó que los medicamentos basados en vainilla curaban la impotencia. Se dice que el aroma y el sabor de la vanilla aumentan la lujuria. Es muy buena para subir la temperatura del cuerpo en invierno y para relajarte. Según la leyenda totonaca, la planta nació de la sangre de una princesa en el lugar donde ella y su príncipe, que la había secuestrado por amor, fueron capturados y decapitados por unos sacerdotes. Él reencarnó en un vigoroso arbusto y la princesa en una liana de orquídea que abrazaba a su amante. Los totonacas llaman a la vainilla *caxixanath*, que significa "flor casada", o de manera más breve, *xanat*.

LOS MATAPASIONES

Creas o no en la comida afrodisiaca, lo que es un hecho científicamente comprobado es el poder de la alimentación respecto de cómo afecta tu libido y, sobre todo, la calidad de tus orgasmos. Por ejemplo, en los templos budistas, en la comida de los monjes se usa mucho el tofu y el cilantro, ya que ambos tienen propiedades que suprimen los deseos sexuales.

En la *ayurveda* usan la mejorana porque, además de suprimir los deseos sexuales, tiene propiedades benéficas para aquellos que sufren deseos sexuales atípicos.

Comer algunas piezas de regaliz no te afectan, pero su consumo en exceso puede traerte cambios hormonales que reducen tu libido. Ahora entiendo por qué se consumía tanto este dulce durante los meses de la posguerra en los países nórdicos.

En la actualidad, con la gran cantidad de comida procesada y rápida (véase el caso de Estados Unidos), los niveles de libido han bajado considerablemente, ya que la mayor parte de la energía se encuentra trabajando en el sistema digestivo, y la falta de ejercicio provoca que la estamina, la energía, la flexibilidad y la disposición para el sexo hayan disminuido.

Por la falta de energía, el sexo rápido y la masturbación han llegado a ocupar el lugar de aquellas largas horas de sesiones eróticas. De ahí la importancia de una buena alimentación a base de frutas, verduras, nueces, semillas, legumbres; además, de ocuparte de tu cuerpo a través de ejercicio por lo menos cinco veces a la semana (ejercicios cardiovasculares, de resistencia y flexibilidad), lo que se reflejará en un buen sexo. Éste impactará a la vez en tu buena salud, no sólo de tu cuerpo, sino de tu mente, emociones y espíritu.

A continuación presento una breve lista de poderosos antiorgásmicos, por lo que hay que pensarlo dos veces en consumirlos:

Tabaco: interfiere con la serotonina y la dopamina, que son las hormonas del sexo. Su consumo provoca trastornos vasculares a nivel de los órganos genitales y hasta impotencia. Dejar de fumar incrementa la sensibilidad de tus papilas gustativas, por lo que los sabores serán más intensos y los besos más deliciosos. El tabaco disminuye la oxigenación del cuerpo, lo que afecta también la capacidad de respirar profundamente, uno de los tres pilares para lograr orgasmos cósmicos.

Cafeína: tomar una taza de buen café puede estimular varias partes de tu cerebro, que ayudan con la excitación; pero su consumo en exceso causa ansiedad, irritabilidad y depresión. La cafeína disminuye la producción de melatonina. En las mujeres, aumenta el PMS, la osteoporosis y los bochornos; en los hombres puede aumentar los problemas de la próstata. La cafeína baja tu libido, ya que provoca fatiga suprarrenal, que causa cansancio e inflamación.

Alcohol: el vino rojo y la champaña son bebidas a las que tradicionalmente se les ha relacionado con el deseo y el sexo. Se han inventado un sinfín de bebidas con nombres que nos prometen acción y hacen despertar nuestras fantasías: como *sex on the beach* y otras mezclas que suenan muy exóticas y nos hacen pensar que seremos los reyes o las reinas de la noche. Al contrario de lo que se nos ha vendido, más de dos copas de alcohol causan sexo sin conciencia, además de retrasar el orgasmo y, en muchas ocasiones, el llamado síndrome del *whiskey dick* o del pene fláccido que no llega a una total erección. El alcohol se convierte en azúcar, lo que desbalancea tus niveles de insulina y causa fatiga. Si quieres una noche de acción, bebe con moderación.

Gin tonic: es la mezcla antiorgásmica perfecta, ya que el exceso de alcohol y la quinina pueden reducir los niveles de testosterona, lo que baja la libido, además de que tus erecciones serán más difíciles de obtener.

Medicamentos: las medicinas para el dolor pueden detener los orgasmos; los sedantes reducen la libido debido a que calman sustancialmente el sistema nervioso y los neurotransmisores del cerebro; los antidepresivos se han vuelto muy populares porque ayudan a activar la serotonina, pero quienes las venden no te informan que reducen la libido y la capacidad de tener orgasmos. Entre 30 y 70 por ciento de las personas experimentan problemas sexuales. En el hombre han causado disfunción eréctil, y en la mujer, resequedad vaginal.

Corn Flakes: John Harvey Kellogg, creador de este famoso cereal, era promotor de la abstinencia, ya que creía que la masturbación y el sexo eran el origen de las enfermedades, pero consideraba que la comida picante y la dulce aumentaban las pasiones. Se dice que inventó las *flakes* por accidente y las perfeccionó al crearlas blandas e insípidas, como una mezcla para calmar los deseos.

Soya: en las culturas asiáticas, el frijol de soya es orgánico y se utiliza en varios platillos como tempeh y tofu. En la actualidad, la leche de soya y una gran cantidad de productos hechos con soya transgénica han desvirtuado sus propiedades reales; asimismo, las cantidades en que se consumen han causado trastornos a nivel hormonal, como desajustes en el organismo y disminución del deseo sexual. La soya posee altos contenidos de estrógeno, el cual se recomienda consumir con moderación. Recuerda que es un complemento, mas no un alimento completo.

Comida rápida: es la que mejor contribuye a la obesidad y a la adicción. Sus ingredientes, proteínas de mala calidad, harinas blancas, grasas transgénicas, exceso de azúcar y mucha sal, la hacen la mezcla perfecta para crear enfermedades y deprimir tu sistema inmunológico, lo cual te lleva a sentir debilidad a la hora del acto sexual.

Comida alta en grasa: te causa problemas cardiovasculares porque contribuye a la acumulación de placa en las venas del pene, lo cual disminuye la circulación de la sangre y provoca problemas de disfunción eréctil. Las dietas altas en grasas saturadas pueden crear insensibilidad en el sistema nervioso.

Azúcar refinada: me atrevo a decir que es igual al veneno que te va intoxicando lentamente, produciendo una muerte silenciosa. La encuentras en diferentes formas en la mayoría de los productos procesados que hay en el mercado, incluyendo salsa de tomate, cereales, yogurt, barras energéticas y, ni se diga, en los refrescos de cola, los cuales contienen de ocho a 15 cucharaditas de azúcar. Tan sólo en Estados Unidos, cada persona consume 27 bolsas de 1.81 kilogramos al año. El azúcar no sólo afecta tu cuerpo físico, sino que causa enfermedades mentales o psicológicas, como la falta de atención y de memoria y el autismo, y se le ha relacionado con el Parkinson. ¿Cómo afecta en el sexo? Se ha comprobado que altos niveles de fructosa y glucosa reducen las hormonas del sexo en mujeres y hombres. Los azúcares simples son metabolizados por el hígado (un órgano esencial en el sexo) y su exceso se convierte en grasa, bajando igualmente las hormonas que controlan la testosterona y la serotonina.

Harinas blancas y carbohidratos refinados: su ingestión excesiva provoca un desbalance en tus niveles de insulina y agotan tu sistema suprarrenal. Después de una comida alta en harinas, sientes cansancio, se nubla tu claridad mental y lo único que quiere tu cuerpo es descansar y recuperar la energía perdida. La vitalidad es importante para una buena vida sexual. Evita este grupo de alimentos que te provocan pereza, flojera y cansancio.

Una dieta extremadamente vegana: en la cultura hindú, en especial en la vida diaria de los monjes, es importante mantener la energía sexual para llegar a la iluminación y, con base en una dieta vegana, en la cual no se consumen productos animales ni alimentos como la cebolla, el ajo o los picantes, se logra bajar la libido, transformando la energía sexual en espiritual. Si no tienes pareja o estás en proceso de detox, esta dieta es recomendable; si sigues la dieta vegana, pero quieres aumentar tu libido, la maca, la espirulina, los chiles y los picantes te darán el balance necesario.

Alimentos transgénicos

Se conocen como alimentos transgénicos aquellos elaborados a partir de especies, generalmente vegetales, en cuyo genoma (información genética característica) se ha introducido parte del propio de otra especie.

Las industrias agraria y de la alimentación emplean especies vegetales transgénicas en las que se ha insertado la información necesaria para que:

- resistan determinados virus o plagas, mediante sustancias que repelen insectos;
- toleren herbicidas, por medio de enzimas que los degradan;
- aumenten la calidad organoléptica (que se percibe por los sentidos) del producto;
- se modifique su contenido, por ejemplo, incrementando la proporción de ácidos grasos poliinsaturados, que mejoran el patrón de colesterol en el organismo, o bien disminuyen la cantidad de sustancias indeseables.

Efectos por el consumo de alimentos transgénicos:

- Problemas de alergias.
- Activan los radicales libres, lo que provoca enfermedades como el cáncer.
- Aumento de toxinas en el organismo.
- Menor contenido nutricional.
- Son tóxicos para el planeta.

DIETA ORGÁSMICA PARA MUJERES

Aumenta la libido, haciendo que los orgasmos sean más fuertes e intensos. Su proceso debe ser poco a poco para las mujeres, ya que se regulan las hormonas. La dieta te hará sentir más relajada y desinhibida, y te ayudará a mejorar los orgasmos de clítoris y vagina de diferentes formas.

Esta dieta tiene un balance de 30 por ciento de proteína, 40 por ciento de carbohidratos y 30 por ciento de grasa. Es alta en proteína vegetal y animal, baja en carbohidratos y moderada en grasas. Los secretos son los siguientes:

Proteínas: consume carne orgánica de buena calidad, pollo o mariscos, que también proporcionan una dosis de EPA y DHA. Si eres vegano o vegetariano, incorpora en tu dieta diaria alga azul marina o espirulina.

Grasas: aceite de oliva, aguacate, aceite de coco, así como quesos, carne y pollo aumentarán tu nivel de testosterona.

Carbohidratos: come muchas frutas y verduras; aléjate de los alimentos con almidón. Consume arroz integral, quinoa, millet, amaranto y *noodles de soba.*

Así también, si consumes altas dosis de cinc y magnesio, aumentarás la testosterona. El chocolate amargo aumenta la dopamina, un neurotransmisor elemental para el placer sexual. Toma una pieza diaria, pero ten cuidado de no exceder la cantidad, ya que el chocolate tiene cafeína, que es antiorgásmica. De la misma forma, si eliminas la cafeína lograrás balancear ambas hormonas.

Aceite de pescado: es la fuente de omega 3 más alta que existe. Contiene ácido decosahexaenoico (DHA), que ayuda a mejorar el funcionamiento del cerebro y ataca los problemas en las articulaciones, y ácido eicosapentaenoico (EPA), que regula la inflamación y el sistema inmunológico, y previene que no se formen coágulos en la sangre; además, mejora la circulación. Consumir omega 3 eleva los niveles de serotonina y dopamina, que regulan la libido y la función sexual. Ayudan a mejorar el sistema cardiovascular y a reducir la depresión y la agresividad. El aceite es una buena alternativa, ya que el pescado, sobre todo si es salmón o atún, no es bueno consumirlo más de dos o tres veces por semana. El aceite de pescado tiene que ser purificado y de muy buena calidad para eliminar el mercurio. La dosis es muy importante porque puede impactar tu libido y adelgazar la sangre (si llegas a herirte, revisa que no sangres más de lo normal; si es así, reduce su consumo). No juegues con las dosis. Te recomiendo tomar el aceite acompañado de alimentos, ya que el sabor es muy fuerte y puede ser agresivo para tu sistema digestivo, más si estás en ayunas. Comienza tomando una cápsula e incrementa a dos después de dos semanas, hasta llegar a tu dosis. Si llegas a tomar seis cápsulas, toma dos en cada comida.

Dosis:
   60 kilos: 1 700 EPA 1 300 DHA
   80 kilos: 2 500 EPA 2 000 DHA
   90 kilos: 3 400 EPA 2 600 DHA

No consumas aceite de pescado si estás tomando un medicamento para adelgazar la sangre. Se puede presentar un aumento del colesterol LDL, que puede prevenirse con suplemento de ajo. Asimismo, puede provocar un poco de náusea, reflujo y eructos; interfiere con muchos medicamentos para el dolor y no es recomendable para gente alérgica a los mariscos.

Tips:
- Toma mucha agua y bebidas con electrolitos, como agua de coco.
- Si comes mucho salmón, baja su consumo a no más de dos veces a la semana, debido al exceso de mercurio.
- Las mujeres embarazadas o que estén lactando, no deben consumir más que una pequeña dosis de omega 3.
- El propósito de la dieta es balancear la dopamina y la serotanina, que ayudan a producir la libido.
- Procura llevar una dieta balanceada y no excederte en el consumo de carbohidratos.
- Consume alimentos altos en calcio, magnesio y cinc en conjunto, ya que aumentan la libido y mejoran la circulación.
- Toma un multivitamínico.
- Come una pequeña pieza de chocolate amargo todos los días; procura que sea 70 por ciento cacao y, de preferencia, endulzado naturalmente y sin leche. Te ayudará con el deseo y la libido.

Evita:
- Aceites vegetales.
- Cafeína, ya que la dopamina interfiere con el aceite de pescado.
- Soya, debido a que tiene mucho estrógeno e interfiere con el balance hormonal.
- Bebidas energizantes.
- Píldoras anticonceptivas, porque destruyen las hormonas de la libido.
- Aceite de hígado de bacalao (*cod liver oil*).
- Margarina o aceites vegetales.

Para mayor información acerca de esta dieta, consulta el libro *La dieta orgásmica*, de Marrena Lindberg

COCINA ERÓTICA, ¡A COCINAR!

Barriga llena, ¡corazón contento!

La cocina siempre ha sido el centro de la unión familiar. Nuestras abuelas y nuestras mamás cocinaban mientras les hacíamos compañía y platicábamos de la vida. Es un lugar acogedor, donde nos sentimos cómodos, protegidos, y donde todo se comparte. Sin embargo, este estilo de vida se ha ido perdiendo en estos tiempos debido al exceso de trabajo, que nos deja poco tiempo y nos lleva a tomar soluciones vertiginosas como salir a comer a restaurantes y a sitios de comida rápida.

Es una lástima que se pierda este gran motivo que nos ilumina los días y que perdamos la oportunidad de nutrirnos con la comida casera, tan deliciosa y fresca. Aunque sea el mejor restaurante, no hay nada mejor que una buena sopa casera y un guisado sencillo lleno de sazón. En lo personal, cada día me tomo más tiempo para cocinar en casa, ya que los ingredientes, la intención con la que cocino y la preparación, las hago con mucho cuidado y amor. Una de las primeras recomendaciones para mis clientes es que coman en casa, ya que las personas que así lo hacen son más sanas.

Una de las formas de demostrar mi cariño o mi aprecio a alguien, es cocinándole. Disfruto y me llena de amor compartir mi conocimiento, elegir los alimentos y las combinaciones para lograr despertar sentimientos lindos en mis amigos o en mis amores, así como también disfruto darles bienestar y medicina a través de la comida.

Cuando cocino, pienso en irradiar de energía todos los órganos del cuerpo, en hidratar nuestra sangre y nuestra piel, en apapachar al sistema digestivo con alimentos puros, orgánicos y sanos; pero, sobre todo, pienso en llenar a mis seres queridos de buena energía y amor para que se sientan vibrantes a través del placer.

El arte de la seducción también comienza en la cocina. Tiene un elemento muy sexy, ya que es uno de los pocos lugares donde despertamos poco a poco todos nuestros sentidos; lo veo como un romance en el que cada momento cuenta y vas disfrutando desde la primera vez que te tocan, cuando te besan, el momento en que toman tu mano; todo a su ritmo, en su momento perfecto y con ilusión. Además de usar los sentidos al cocinar, utilizamos la energía creativa, nuestra intención y sobre todo la intuición. Los momentos no planeados, las recetas no prescritas, nos abren ese espacio para ser inventivos, para crear, lo cual despierta nuestra luz, irradiándola en nuestros platillos y en nuestro amado. Aprender a despertar tus sentidos en la cocina te volverá un ser más sensual. Esto lo puedes aplicar en cualquier situación de la vida, lo que te hará experimentar tu cuerpo, tu mente y tusemociones en un nivel mucho más consciente y multisensorial, y vivirás una vida más intensa, sensual y llena de placer.

Cocinar con todos los sentidos

Intuición: es la percepción directa de la verdad, independientemente de cualquier proceso de pensamiento. Ser intuitivo es una habilidad que vamos desarrollando al tomar decisiones sin mucha información; es aprender a confiar en esa corazonada. La guía intuitiva ya desarrollada te puede dar la herramienta para leer tu energía y la de los que te rodean, así como captar los mensajes y la vibra de la gente. En la cocina, usar tus corazonadas para ser creativo, divertirte y experimentar, te ayudará a desarrollar este sentido que tenemos muy dormido. ¡Usa tu "me late" sin cuestionarte tanto!

Vista: dicen que de la vista nace el amor. Ir al mercado o al súper para elegir los ingredientes es un placer para este sentido: los colores, las formas, las texturas. Nuestra creatividad comienza al preparar nuestros platillos y en la forma en que los presentamos. La atracción nace de la vista. A través de ella te das cuenta si te gusta alguien; de la vista nace el antojo, activando el cerebro, mandando la información a tu sistema digestivo. Incluso los carbohidratos comienzan su proceso de digestión al verlos, antes de probarlos. De ver se nos hace agua la boca, de ver nace la atracción, de ver comienzan las fantasías.

Tacto: tocar los alimentos, sus diferentes texturas y formas puede llegar a ser muy sexy. Cada alimento despierta sentimientos: si cortas una cebolla, notarás que es suave pero dura y difícil a la vez; una zanahoria es un poco ruda y fuerte; el aguacate es duro por fuera, pero cremoso y tierno por dentro; el pepino es fácil de cortar, además de que te remite al *lingam*; la papaya te muestra su nobleza una vez partida y te recuerda al *yoni*.

Las manos tienen sus propios ojos; confía en ellas y síguelas en su tacto, jugando con las formas; permite que los líquidos del tomate escurran por tus manos; deja que el aceite de oliva frío recorra tus brazos y, "sin querer", suelta unos paletazos de chocolate a tu pareja y límpialos con tu lengua.

Olores: algunos nos remiten a la infancia; nos recuerdan la sopa favorita de la abuela, nos dan paz o nos ponen cachondos. En la aromaterapia se ha comprobado que un olor puede activar tu cerebro hacia cualquier dirección, para hacernos sentir bien, relajarnos, activarnos e incluso sanarnos.

El olor que emana de una mujer o de un hombre logra desatar la química. Si no te gusta como huele una persona, será difícil lograr una intimidad con ella. El olor es lo que hace que te acerques cada minuto más y termines haciendo el amor durante muchas horas.

Los olores de los alimentos también nos hacen viajar en el tiempo y nos incitan a ponernos románticos, como con el olor de la vainilla o el chocolate; cachondos, como con el olor de los chiles y los pimientos; o que nos den esa sensación de bienestar cuando hervimos en la estufa o guisamos en el horno. El olor despertará tu sistema digestivo, que estará listo para un delicioso momento de placer.

Sonidos: el romance comienza con las palabras, que nos dan confianza y nos hacen sonreír. El poder de las palabras vibra hasta el centro de tu ser. El sonido, la intención y la entonación pueden despertar la dulzura, la pasión o la más grande excitación.

No hay nada más sexy que el sonido de un guisado con aceite en una sartén, o el de la cacerola en el horno. En mis clases para chef, recuerdo haber preguntado a mi maestra: "¿Cuándo va a estar listo el platillo?" Su respuesta fue: "Cuando lo oigas; él te va a hablar a través del sonido".

Presta atención a tu oído y aprende a escuchar en la cocina. Ya verás qué estimulador puede ser, además de que tus guisados saldrán a la perfección.

Sabores: el gusto es uno de los sentidos que mayor placer nos dan. Es delicioso besar a alguien que tenga un sabor rico, fresco o dulce. Cada sabor nos despierta y nos provoca ciertas experiencias y emociones en nuestra mente y en nuestro cuerpo.

El sabor agrio nos estimula rápidamente. Es cuando ponemos la típica cara de niños haciendo berrinche; nos nivela, nos da balance y claridad mental.

Cuando comemos algo salado, sentimos un cosquilleo recorrer nuestro cuerpo. A mí me provoca risa o una sonrisa.

Los sabores ácidos nos ponen un poco serios, con cara de "¿qué está pasando?" Si quieres enfriar las cosas porque a la mera hora no quieres romancear, este sabor lo logrará.

Lo picante nos activa; despierta y sube la temperatura del cuerpo. En cantidades moderadas, nos pone cachondos y favorece la circulación sanguínea al bajar a nuestros órganos sexuales, por lo que comenzamos a tener ganas de algo más que cocinar.

Por último, lo dulce aumenta esos sentimientos de comodidad, confianza, amor y bienestar. Por eso, en una buena cena es importante cerrar con un buen postre que incite en tu pareja estas cualidades y caiga rendida a tus pies.

Meditación de sabor

En mi viaje a Bali, en el curso que tomé con Margot Anand, tuve la oportunidad de conocer a Michael Hallock, líder y creador de retiros holísticos y maestro de watsu, quien nos guió en varias meditaciones para hacernos más conscientes de nuestros sentidos, despertando nuestra sensualidad para lograr vivir los momentos intensamente en el presente.

Hubo una meditación que llamó mi atención en especial, la cual quiero compartir. Ésta logrará cambiar tu percepción acerca de cómo enfocas su energía al comer; hará que disfrutes cada bocado y te producirá no sólo mayor placer, sino tener un sentido de saciedad y aprender a conocer lo que su cuerpo quiere.

Consigue dos piezas de algo que puedas comer con las manos, que sea sano y nutritivo, como unas pasas, unos arándanos o unas uvas. En este ejemplo usaré las pasas.

Colócate en una postura cómoda en la que estés relajado y ten presente tu respiración. Observa el color y la textura de la pasa, las variaciones de sus tonos y sus formas. Te darás cuenta de que la saliva comienza a llenar tu boca y de que tu deseo por comerla empieza a aparecer y aumenta.

Llévala a la boca sin morderla, para que sólo sientas su textura. ¿Qué te parece? ¿Es dura o suave? ¿Qué sientes en la lengua? Comienza a mover la pasa en tu boca. ¿Dónde la sientes? ¿Qué sientes? ¿Va cambiando su sabor y su textura? Sigue teniendo presente tu respiración.

Muerde la pasa. ¿Qué sensación te dio? ¿Qué pasó con su sabor? ¿Cómo está recorriendo tu boca? Deja que la pasa se desintegre en tu boca hasta que desaparezca, sin que te des cuenta de que la tragaste. ¿El sabor sigue ahí o se fue?

Durante esta meditación puedes darte cuenta de muchas cosas: si experimentaste placer, prisa, frustración, satisfacción, distracciones. ¿Qué ideas o pensamientos surgieron?

La idea de despertar tu conciencia y tu presencia no tiene un fin en sí mismo; lo importante es que te des cuenta de lo que está pasando y que aprendas a estar más presente y viviendo una experiencia al máximo.

Si quieres convertir esta experiencia en algo sensual y divertido, puedes crear un juego con tus amigos o con tu pareja, en el que se den de comer mutuamente, cerrando los ojos y llevando este nivel de presencia. A mí me encanta jugar con unas ricas trufas de chocolate y hacer presentes las distintas gamas de su sabor.

Cocina con intención

Nuestra mente es más poderosa de lo que creemos. Así como somos arquitectos de nuestro destino, pensamos y ponemos en acción nuestros deseos y nuestras metas; asimismo, nuestra energía e intención a la hora de cocinar impacta los alimentos. Crear tus platillos con conciencia es importante porque será la energía que transmitirás a los demás. Si cocinas con amor, éste se reflejará en el bienestar de tu familia; si cocinas enojado, no dudes que la comida le pueda caer de peso a alguien.

Nuestra energía se plasma en el arte. Cuando escuchas música, puedes sentir si la composición fue creada desde la tristeza, la ilusión o la felicidad. De la misma forma, a la hora de cocinar se reflejan tus estados de ánimo y tus pensamientos.

Dale intención a tus platillos desde el corazón, pensando en el bienestar de tu pareja o de tus amigos. Además, ten cuidado con lo que pides, porque se cumple. El cocinar con gusto es un lenguaje del amor, en el cual tú representas tus ganas de complacer, seducir, enamorar, hacer feliz y compartir con la gente que quieres.

Cocinar en pareja

Ésta es una de las experiencias más sexys, divertidas y que mejor te pueden hablar de la persona con quien estás. La sinergia que se desarrolla en una cocina es como el fluir de una relación. Observa cómo se mueve la energía; si te sientes cómodo o medio atropellado; si es algo interactivo o alguien es más pasivo o activo que el otro; si es divertido, juguetón o un poco estresante.

Fíjate cómo se comparten los momentos; si tu pareja te ayuda o no; la educación, la creatividad o su espontaneidad en la cocina te dicen mucho sobre quién es.

Cocinar crea una intimidad y un sentido de comunidad y equipo, ya que es increíble cómo en esos momentos no existe el ego. Es una forma padre de compartir, ayudar y crear en conjunto. En la cocina estás tan en el presente que te metes por un momento en tus ideas y en tus pensamientos y las cosas sólo suceden. Cocinar en conjunto reflejará qué tan cercanos están el uno del otro; si los une más la amistad o sólo están en una relación basada en la pasión, o si eres suertudo en ambos casos.

Te invito a que al menos cocines una vez al mes con tus amigos, con tu prospecto o con tu pareja. Verás cómo te diviertes, además de aprovechar para seguir las pistas y conocerlos aún más.

RECETAS

Comer es uno de los más grandes placeres, de los que menos trabajo nos cuestan; siempre aceptamos un buen platillo o un delicioso postre. Sin duda, la comida es una de esas tentaciones de la cual puedes escapar fácilmente.

Se acostumbra tanto ir a restaurantes que nos olvidamos de las cenas caseras, que son las más deliciosas, en las que puedes crear tu propio ambiente; que puede acabar con sorpresas, fiestas, con una gran plática o, las más románticas, en momentos de placer increíbles.

La siguiente selección de recetas eróticas son experimentos con ingredientes sanos y afrodisiacos, que nos preparan para la seducción y para hacer el amor, así como algunas otras para revitalizarnos después de largas horas de sensualidad. Las recetas demuestran que el camino más corto que conduce al dormitorio pasa siempre por la cocina.

Algunas recetas contienen elementos que harán que tus niveles de energía sean más sutiles y sensibles; otras servirán para que sean más dulces y aterrizados, para que te sientas en confort y apapachado; o recetas que lograrán que tengas una sesión pasional más activa.

Por otra parte, la sobremesa es de vital importancia, ya que te ayudará a terminar el proceso de digestión, cuando toda la energía se direcciona hacia el estómago y los intestinos. Después de un par de horas, estarás listo para que tu libido y tu capacidad sensual estén en un punto óptimo y logres enfocar tu energía en seducir y amar eróticamente a tu pareja... durante horas.

Pociones mágicas

Se han utilizado por cientos de años, ya sea por curanderos o brujos, o por burgueses y reyes, con el fin de conquistar y enamorar a la persona deseada. En lo personal, creo en el libre albedrío, en que nadie debe ser forzado a amar, o en atraer a alguien que no quiera estar con nosotros. Las pociones que aquí preparo son una forma de darle intención a una bebida para dar amor a tu pareja y despertar ciertas energías o atributos que quieras en ese momento.

Con la mezcla de ciertos ingredientes y con tu intención, estas pociones serán pura magia, ya que tu mente es muy poderosa y lo que piensas lo creas. Utilízalas de forma positiva para inducir sensaciones de bienestar, sensualidad y energía; para lograr el balance, regalar amor o, al prepararlas en pareja, para darle intención a tu sesión romántica de la noche o la mañana. Puedes utilizar estos conjuros para darle un ingrediente mágico extra.

Bálsamo de amor

> Mi alma navega dentro de tu ser, guiada por tu dulce olor a miel que va derramando gotas de amor por mi triste corazón.

2 porciones

1/2 taza de leche de coco
1/2 taza de agua de coco
1/2 taza de piña
1/4 taza de plátano
1 pizca de pimienta cayenne o chile piquín
1/8 de cucharada de canela
1/2 cucharada de jugo de limón
1/2 cucharada de ralladura de limón
1/2 cucharada de miel
hielo al gusto

Preparación: se licua todo y se sirve frío en un vaso con hielo escarchado, con un poco de canela y azúcar mascabado o piloncillo; se puede decorar con una rebanadita de piña.

Éxtasis divino

Mi cuerpo se fusiona con el tuyo en el oleaje del deseo que se impregna en mi ser como la sal en el coral. Tu corazón late en el vasto infinito del océano, acariciando mi oído, susurrándome con cada latido tus palabras de amor que van endulzando mi sentido. Una ola gigante, llena de pasión, rompe en mi ser y me lleva a descubrir el sentido de tu existencia.

1 porción

1/2 taza de agua de coco
1/2 taza de manzana verde con cáscara
1/4 taza de hinojo
1/4 cucharadita de sal de mar
1/2 cucharada de miel
1/2 taza de té de manzanilla o de jengibre con limón

Preparación: se licuan todos los ingredientes y se fusionan con el té en una olla por unos cinco minutos. Puedes servirlo en un vaso de vino escarchado con sal de mar.

Fusión erótica

El olor a tierra mojada que desprendes me hace suspirar y siento tus raíces arraigándose en el más profundo rincón de mi vientre. Tu mirada fija hierve mi sangre como la más pura miel de agave que poco a poco me invade. Mi calor se desborda, envolviéndote con mi luz y abrazándote como la resaca volviendo al mar.

2 porciones

1 taza de leche de coco
1/2 cucharada de cacao

1/8 cucharadita de canela en polvo
1/8 cucharadita de cardamomo
1/8 cucharadita de comino
1 pizca de nuez moscada
1/2 cucharada de miel de agave o azúcar moscabada
1/2 cucharada de chía

Para la infusión:
1 taza de agua
hierbabuena

Preparación: hacer una infusión con la hierbabuena y el agua; calentar un poco de leche de coco; agregar la chía al gusto; añadir cacao; ir agregando más leche de coco; adicionar poco a poco las especias: canela, comino, nuez moscada y cardamomo; añadir la miel de agave; agregar un poco de la infusión de hierbabuena. Durante todo el proceso se debe ir agregando leche de coco y, si se desea, más cacao. Se puede pasar por un colador antes de servir.

Explosión de placer

Me derrito de deseo en tu presencia, como un volcán libre y explosivo. La deliciosa luz mandarina que irradia mi cráter recorre el vasto azul del cielo, provocando una sonrisa compartida con la existencia del cosmos.

2 porciones

1 taza de granada
1/2 taza de jugo de mandarina
1/4 cucharadita de maca
1/4 cucharadita de espirulina
1 cucharada de avena

1/3 taza de leche de almendra
1 cucharada de miel de agave

Preparación: se licuan todos los ingredientes, se cuelan y se sirven en una copa con unos granos de granada.

Delirio de placer

Inundas mi cuerpo a besos con el húmedo tacto de tus labios, que me hacen olvidar mis lamentos. Me tocas con el suave movimiento de tus manos que me llevan a volver a pecar en vano con el dulce olor a cacao. Tu respiración provoca un delirio de placer que va incendiando cada poro de mi ser, mientras grito tu nombre y me uno al vasto océano del éxtasis.

2 porciones

1/8 cucharadita de maca
1/2 cucharadita de cacao
1/2 taza de leche de arroz o de almendra
1/8 cucharadita de extracto de vainilla
1/8 extracto de menta
1/2 cucharada de crema de almendra
1/2 cucharada de miel de agave
2 hojas de menta

Preparación: en una olla se calienta la leche y se le incorpora la maca, el cacao, los extractos y, finalmente, la crema de almendra y la miel de agave. Listo para servir en una taza con una hoja de menta, que le dará un toque placentero.

Elíxires de amor

Son bebidas para acompañar cualquier ocasión y dar un toque romántico y sensual. Si te aburriste de la copa de vino, estas son buenas opciones para sorprender a tu amado o a un grupo de amigos y crear una atmósfera érotica y sensual. Son alternativas más sanas y sensuales, hechas con mis favoritos que son el sake y el vino rojo; también puedes utilizar el mezcal.

Saket to me!

2 porciones

3 tazas de melón
1 higo
1/4 taza de té de jengibre frío
1/4 taza de jugo de limón
1 copa de sake
2 hojas de menta

Preparación: licua todo y sirve con una hoja de menta.

Sangre de amor

2 porciones

1 botella de vino rojo
1 taza de manzana
1 taza de mandarina o naranja
1/2 taza de piña
1 taza de fresas
1/2 taza de plátano
1 taza de moras
agave o estevia al gusto

Preparación: en una jarra añade todas las frutas, picadas en cuadritos, con el vino; déjalo reposar durante unas horas para que agarre sabor. Añade hielo y sirve.

Besándote fresa

2 porciones

2 copas de sake
8 fresas
2 hojas de albahaca
2 cucharaditas de jugo de limón
2 cucharadita de miel de agave

Preparación: licua todo, refrigera durante 10 minutos y sirve.

Néctar divino

2 porciones

4 piezas de durazno
6 hojas de menta
2 cucharaditas de cúrcuma
1 copa de sake sin filtrar
1 copa de agua de coco
2 cucharadas de miel de agave

Preparación: mezcla todo en la licuadora; cuela y sirve en una copa martinera con una rebanada de durazno como decoración.

Derritiéndote

La primera impresión nunca se olvida. Preparar el entremés es un buen preámbulo para tu cena romántica. Elige el tema desde el comienzo, con elementos que logren expresar tu intención de la noche.

Uvas con almendras y jengibre

6 porciones

1 taza de almendras sin cáscara
1/4 cucharadita de comino
1/4 cucharadita de pimientos cayenne
1 cucharadita de miel de agave
1 pieza de queso crema
1/2 cucharadita de aceite de coco
2 cucharadas de jengibre
10 a 20 uvas verdes sin semillas

Preparación: tuesta las almendras con el comino, los pimientos cayenne y la miel de agave en una sartén; coloca a un lado para empanizar las uvas. Con el aceite de coco, fríe el jengibre hasta que llegue a un color café claro y esté caramelizado; remuévelo. En un tazón, mezcla el jengibre con el queso crema y las almendras y envuelve cada uva. Refrigéralas durante 15 minutos y estarán listas para servir.

Alcachofas con dip de menta y vinagreta de mostaza

6 porciones

6 alcachofas
1/2 taza de vino blanco
1 pieza de apio
1 hoja de laurel
1 ramo de tomillo
1/2 taza de menta
1/2 taza de cilantro
1/4 germen de alfalfa
1/2 chile jalapeño

1 1/2 cebollas amarillas
1 cucharada de vinagre de manzana
1/4 taza de yogurt o queso crema
2 cucharadas de mostaza Dijon
2 cucharadas de miel
1/2 taza de aceite de oliva
4 cucharadas de vinagre blanco
sal de mar al gusto
pimienta al gusto

Preparación de las alcachofas: salteamos la cebolla y el apio y vertemos las alcachofas con agua y un poco de vino blanco. Cubrimos con agua y las dejamos cocer a fuego bajo, junto con tomillo y hoja de laurel.

Preparación del dip de menta: en una licuadora se mezcla el cilantro, la menta, el germen de alfalfa, el chile jalapeño, el vinagre y el yogurt. Se agita y está listo para servir.

Preparación de la vinagreta de mostaza: se mezclan la mostaza, la miel, el vinagre, la sal y la pimienta en el tazón, mientras vas incorporando lentamente el aceite de oliva.

Ensalada de granada y hojas verdes

4 porciones

4 tazas de lechuga mixta
1 taza de granada
1/2 taza de pistaches
1/2 taza de semillas de calabaza tostadas con sal

Aderezo:
2 cucharaditas de vinagre de umeboshi o de arroz
1 cucharada de crema de maní
1/4 taza de jugo de limón
sal
pimienta

Preparación: se mezcla la lechuga, los piñones, las semillas de calabaza y la granada en un tazón. En una sartén, se tuestan los pistaches con alguna especia de tu elección y finalmente se añaden a la ensalada.

Ensalada de arúgula, durazno y menta

4 porciones

4 atos de arúgula
1 durazno en juliana
1/4 taza de menta cortada en tiras
1/4 taza de moras o arándanos (opcional)

Aderezo:
8 jitomates deshidratados
3 cucharadas de crema de almendra
1/2 taza de agua de coco
1 cucharada de soya
1/2 jugo de naranja
1 pizca de cayenna
sal al gusto

Preparación: se hidratan los jitomates y se licuan todos los demás ingredientes. Se añade a la ensalada y se mezcla.

Sabor a mí

Platillos llenos de belleza, de romance, donde estarás viendo las estrellas en los ojos de tu amado, mientras haces el amor dulcemente, saboreando cada momento de la experiencia.

Noodles glaseados en salsa de tequila al dátil

4 porciones

1 paquete de *vermicelli* o *soba noodles*
2 cucharadas de aceite de coco
2 dientes de ajo
1 taza de setas
1/2 taza de ejotes
1 taza de zanahorias
2 cucharadas de salsa de soya
1/4 taza de cebollín
1 chile poblano
2 cucharadas de tequila
6 dátiles
1/4 taza de piñones tostados
1 pizca de sal

Preparación: en una olla se ponen a hervir los *noodles* con un poco de sal hasta que estén *al dente*. En una sartén se pone el aceite de coco y el ajo, después se agregan las setas, los ejotes y las zanahorias y se añade la salsa de soya; luego se agregan los dátiles y el tequila; se deja evaporar la mezcla durante unos tres minutos y está lista para vertirse en los *noodles*. Se incorporan el cebollín y los piñones. Se rostiza el chile poblano, se le quita la piel y se desvena; se parte en tiras y se añade al final.

Arroz con piña y shitake

4 porciones

1 1/2 tazas de arroz
3 tazas de agua

1 cucharadita de aceite de oliva
1 echalote
2 dientes de ajo
sal al gusto
1/4 taza de leche de almendra
1 cucharada de cúrcuma
2 cucharadas de menta
1 taza de piña fresca
1 taza de piña cocida
1 cucharada de canela
1 cucharada de azúcar mascabado
1/2 cucharada de miel de agave
3 cucharadas de piñones
1 cucharadita de paprika
1/3 taza de menta fresca picada

Preparación: en una olla se sudan los dientes de ajo y el echalote; se incorpora el arroz y se tuesta ligeramente; se agrega agua, aceite de oliva y sal y se hierve. A fuego medio, se deja el arroz hasta que esté cocido (de 40 a 50 minutos). Después de 20 minutos, incorpora la taza de piña fresca, la cúrcuma y la menta; déjalo hervir. En una sartén pon aceite de oliva, leche de almendra, piña cocida, canela y azúcar, salteándolo. En otra sartén, tuesta los piñones ligeramente y muélelos después en el procesador de comida hasta que queden como migajas. Saca el arroz e incorpora la piña y los piñones. Agrega la miel de agave, la paprika y la menta. Incorpora todo y listo para servir.

Shitake y portobello

2 porciones

1 taza de portobello
1 taza de shitake

1 taza de cremini
2 cucharadas de aceite de oliva
1 cucharadita de sal
1 cucharada de soya
2 cucharadas de crema de almendra o de maní
1 cucharadita de miel de agave
1 cucharadita de pimienta cayenne
2 cucharaditas de jugo de naranja
1 cucharada de sherry u oporto (opcional)

Preparación: en una sartén saltea los hongos con sal y aceite de oliva hasta que comience a salir líquido. Agrega en ese momento la soya, crema de maní, pimienta cayenne, el jugo de naranja y la miel de agave. Opcional, el sherry o el oporto. Déjalos unos cinco minutos hasta que la salsa se espese ligeramente.

Pasta al pomodoro

2 porciones

pasta linguini o penne
1 lata de tomates San Marzano
1/2 cebolla amarilla
2 dientes de ajo
1 cucharada de sal
1 cucharadita de pimienta
1 cucharada de miel de agave o azúcar mascabado
1/2 cucharada de peperoncini o pimienta cayenne
1 taza de albahaca fresca

Preparación: en una olla se saltea el ajo y la cebolla; se agregan los tomates, la sal y se deja hervir por 20 minutos; luego se añade la miel de agave o el azúcar mascabado y el peperoncini o pimienta cayenne; se deja hervir durante 10 minutos. Se incorpora la albahaca por dos minutos y se saca todo. Deja que se enfríe y licua. Regresa a la olla y déjalo reposar a fuego bajo por unos 15 minutos. En una olla, coloca agua con sal y una cucharadita de aceite de oliva, deja que hierva y añade la pasta (utiliza linguini o penne, ya sea en pasta integral o de quinoa), baja a fuego medio alto y deja de 12 a 24 minutos (checa lo que se dice en el paquete de la pasta). Cuando esté *al dente,* sácala y enfríala con agua para que no se siga cociendo; incorpora la salsa y listo.

Timbal de arroz de jícama con verduras en salsa de coco y curry

4 porciones

Para el arroz de jícama:
6 tazas de jícama
1 taza de pistaches
1/2 taza de almendras
3 cucharadas de aceite de oliva
1/4 taza de aceite de avellana o almendra
1 cucharadita de comino
2 cucharaditas de cardomomo
1/2 cucharadita de cúrcuma
1 pedazo de jengibre
2 chiles jalapeños
1/2 cebolla amarilla
1/2 taza de arándanos
sal de mar
pimienta

Para la salsa de coco y curry:
2 tazas de leche de coco

1 cucharadita de comino
1 cucharadita de coriandro
1 cucharadita de cúrcuma
1 cucharadita de curry
1 cucharada de sal
pimienta

Para las verduras:
3 tazas de zucchini
3 tazas de zanahorias
1 pepino

Preparación: se dejan remojando el zuchini, la zanahoria y el pepino en un poco de agua con limón y vinagre. Colocar la jícama en el procesador y picarla hasta que
parezca arroz. Poner la jícama en una toalla de cocina y
secarle el exceso de líquido (ponerla en un tazón). Procesar
los pistaches y las almendras hasta que queden como migajas y añadirlas al tazón. En una licuadora mezclar aceite de
oliva, avellanas y especias; remover en el tazón y al final
añadir el resto de los ingredientes. Licuar todos los ingredientes de la salsa. En un plato, formar un espejo con la
salsa. Formar un timbal con el arroz. Colocar encima las
verduras.

Ensalada gado gado

4 porciones

1 1/2 cucharadas de aceite de coco
1/2 echalote
1 diente de ajo picado
1 cucharadita de cayenne o chile piquín
1/2 cáscara de limón

1 cucharada de jugo de limón

1 cucharada de azúcar mascabado

1/2 cucharada de soya

1/2 cucharada de sal de mar

6 onzas de leche de coco

1/3 de taza de crema de maní

1/2 pepino cortado en trozos

1/2 taza de ejotes

1/2 taza de germen de alfalfa

1/2 taza de coles de Bruselas

1/4 taza de zanahoria

1/4 taza de cacahuates (opcional)

1 paquete de pasta soba

Preparación: licua 1/2 cucharada de aceite de coco, echalote, ajo, cayenne, cáscara y jugo de limón, azúcar, soya, sal de mar, leche de coco y crema de maní, hasta que alcance una consistencia cremosa. Blanquea y *shockea* los ejotes (esto es, mételos en agua hirviendo por 30 segundos y pásalos a agua con hielo durante un minuto, para que no sigan cociéndose) y corta las coles de Bruselas en mitades; parte también las zanahorias en juliana y revuelve con el pepino y el germen de alfalfa; pon todo en una sartén con una cucharada de aceite de coco. Aparte, en una olla pon agua con una cucharadita de sal; cuando hierva, añade la pasta; cuando vuelvan a salir burbujas, incorpora una taza de agua; repite el procedimiento tres veces; revisa que la pasta esté lista, sácala y enjuágala en agua muy fría. En la sartén con las verduras, incorpora la salsa y, por último, la pasta, y a servir.

Decadencia de placer

Estos platillos te llevarán a tener momentos de placer, fuego y sexo más pasional.

Pescado en salsa de cacao y chile morita

2 porciones

2 filetes de pescado blanco
1 limón
sal al gusto

Salsa:
1 cucharada de almendras molidas
3 cucharadas de cacao
1/4 cucharada de paprika
1/4 cucharada de pimienta cayenne
1/4 cucharadita de sal de mar
1 cucharada de miel de maple natural o de arce canadiense
1 chile morita
1 taza de leche de coco
1 hoja de romero

Preparación: incorpora todos los ingredientes en la licuadora y después en una olla; añade una hojita de romero. El pescado se fríe con un poco de aceite y se le va añadiendo un poco de la salsa. El resto se incorpora a la hora de servir, bañando el pescado.

Ostiones al curry

6 porciones

24 piezas de ostiones *blue point*
1 cucharada de mantequilla o aceite de coco
2 echalotes
1 taza de vino chardonnay
1 taza de leche de coco

1 cucharadita de mezcla de curry
1 cucharada de cúrcuma
1 cucharadita de comino
1 cucharadita de harina
1/4 taza de limón
sal al gusto
pimienta

Preparación: quitar el agua a los ostiones y reservar el líquido. En una sartén a fuego medio, saltea los echalotes, agrega el vino y el jugo de los ostiones; pon a fuego bajo y deja durante ocho minutos, hasta que se reduzca a la mitad. En una olla pon la leche de coco, el jugo de limón, el curry, la cúrcuma y el comino; deja reposar la infusión. Agrega una cucharadita de harina para espesar el curry. Hornea los ostiones (sazonados con sal y pimienta) de tres a cuatro minutos con salsa en cada uno.

Chile relleno de quinoa

4 porciones

1/2 taza de quinoa
2 tazas de agua
1 pizca de sal
1 cucharadita de comino
1 cucharada de jengibre
1/2 taza de jugo de naranja
1 cucharadita de miel de agave
1 taza de arándanos
1 cucharadita de aceite de coco
1 cucharada de aceite de oliva
1/3 taza de almendras sin piel
1 manojo de perejil
4 chiles

Preparación: lavar la quinoa y ponerla a hervir con agua, jugo de naranja y una pizca de sal. Incorporar las especias y dejar a fuego medio durante cinco minutos. En una sartén, tostar las almendras con el aceite de coco. Ya que la quinoa esté lista (aproximadamente en 15 minutos), colar e incorporar los arándanos, el aceite de oliva, el perejil y las almendras. Revolver bien. Rellenar con la quinoa los chiles, que fueron previamente asados, desvenados y sin piel.

Camarones en curry de chile poblano

4 porciones

16 camarones medianos, limpios y desvenados
sal
1/3 taza de leche de coco
1 1/2 chiles poblanos desvenados y sin piel
1/4 taza de agua o caldo de verdura
2 cucharadas de jugo de limón
1 cucharada de garam masala (mezcla de anís estrella, comino, coriandro y cardamomo)
1 cucharadita de comino
sal al gusto
aceite de coco

Preparación: licuar todos los ingredientes y después calentar en una olla. En una sartén o al grill, cocinar los camarones con un poco de aceite de coco y sal, e incorporar el curry.

Salmón en salsa de tamarindo y mango

4 porciones

4 piezas de salmón
4 cucharadas de aceite de oliva
1 cucharadita de sal de mar
1/2 taza de tamarindo
1/2 taza de mango
2 cucharadas de azúcar mascabado
1/4 taza de jugo de naranja
1/4 taza de agua
1/4 cucharada de paprika
1/8 cucharada de pimienta cayenne
1/4 cucharada de jengibre
1 cucharada de soya
sal de mar al gusto

Preparación: se mezclan todos los ingredientes en la licuadora. En un pyrex se colocan los trozos de salmón en papel para cocinar con dos cucharadas de aceite de oliva, sal y la salsa (reserva la mitad de ésta, que vas a hervir e incorporar al final). Calienta el horno a 130 °C y después cocina el salmón durante 20 minutos o hasta que esté a tu gusto.

Revitalizantes

Después del sexo, de los orgasmos y de la eyaculación, nuestros niveles de energía bajan debido a que activamos muchos músculos que normalmente no utilizamos, como la pelvis, la cadera y los glúteos. Nuestro corazón se acelera y la presión arterial sube; quemamos un nivel calórico alto y estamos tan en el presente y enfocados en una sola acción, dando mucha energía a nuestra pareja. En el caso de que estés explorando tu cuerpo o el de tu pareja, estás moviendo niveles de energía muy altos y completos, lo que también es recomendable.

El semen descarga muchos nutrientes del cuerpo, por lo que, para los hombres en especial, las bebidas que a continuación detallo son muy importantes para subir los niveles de energía y revitalizar el organismo. Te ayudarán para volver a nutrir, refrescar e hidratar tu cuerpo.

Smoothie C

Lleno de vitamina C y antioxidantes que te darán energía.

2 porciones

1 vaso de jugo de naranja o de agua de coco
1/4 taza de piña
1/2 plátano
1/2 taza de moras
2 cucharadas de miel de agave
2 tabletas de vitamina C (opcional)

Preparación: se licuan los ingredientes y se sirven.

Qué mango

2 porciones

1/4 taza de almendras remojadas durante ocho horas
1 taza de agua de coco
1/4 taza de leche de coco
1 mango
1 cucharadita de vainilla

1 cucharadita de canela
1 cucharadita de cardamomo
1 taza de jugo de naranja

Preparación: se licuan los ingredientes y se sirven.

Sangre tuya

2 porciones

2 manzanas rojas
1 pieza de jengibre
1/2 taza de betabel
1/4 taza de agua o de agua de coco
1/4 taza de jugo de limón
1 pizca de pimienta cayenne
1/2 cucharadita de miel de agave

Preparación: se licuan los ingredientes y se sirven.

El mineralizante

2 porciones

1 taza de espinaca
1/2 taza de piña
1/2 taza de agua de coco
1/2 taza de germen de soya
1 manojo de perejil
1 cucharada de jugo de limón
1 apio

1 manzana verde

1 manojo de menta

1 cucharada de espirulina

Preparación: se licuan los ingredientes y se sirven.

Shots

La energía es necesaria para cualquier actividad que desarrollamos. Antes de una sesión de sexo, es importante que nuestros niveles estén en balance, limpiar nuestras energías negativas y que le demos un *shot* de vida a nuestro organismo con alimentos como la clorofila, las algas de lago, el cacao y la maca.

Tomar un *shot* antes de una sesión, cuando no tengas tiempo de preparar una cena romántica, hará que tus niveles estén altos y en balance.

Shot caliente

2 porciones

1/2 cucharadita de cacao

1/4 cucharadita de maca

2 pizcas de pimienta cayenne

2 pizcas de paprika

2 cucharadas de aguacate

4 cucharaditas de leche de arroz o almendra

1/2 cucharadita de miel de agave

Preparación: se mezclan los ingredientes en una olla y se sirven.

Shot energético

2 porciones

1/4 cucharadita de maca
1/8 cucharadita de espirulina
1/2 taza de agua de coco
1 cucharadita de miel
5 hojas de menta
1/2 cucharadita de cacao

Shot sensual

2 porciones

2 cucharaditas de mezcla de especias *chai:* clavo,
    comino, cardamomo, jengibre
1 taza de leche de almendra
1/2 taza de té de jengibre
2 cucharaditas de miel
1/2 taza de moras

Los pecadillos

Puedo resistir todo, menos la tentación.

Oscar Wilde

Los postres, chocolates y merengues son los elementos de placer más utilizados como regalos en las fiestas o en los momentos románticos. En el *Kamasutra* se habla de los postres como lo más sensual. En las cortes francesas, los reyes consumían con gula una gran cantidad de estas delicias a las que aquí llamo "pecadillos", que los incitaban a embriagarse de placer, creando una fiesta de excesos. A principios del siglo pasado, el dulce se convirtió en un elemento que se consumía esporádicamente. Películas como *Chocolate* describen a la perfección el significado de endulzarnos la vida. En las guerras, los chocolates fueron un antídoto para la tristeza, que devolvía la sensación de bienestar y romanticimo en las parejas.

En la actualidad, el dulce se ha desvirtuado. Llegamos a una época de excesos —como en la época de los franceses—, pero ahora no sólo son los reyes los que lo consumen, sino la población en general, sin moderación y con ingredientes como la harina blanca, el azúcar refinada y los colorantes artificiales, que perjudican nuestra salud y, más que incitar al placer, bajan tus niveles de energía y te provocan enfermedades.

A continuación les comparto mi lista de pecadillos consentidos, los que me despiertan esas sensaciones de romance, cachondez, bienestar y dicha profunda, todos creados en casa y con ingredientes muy sanos.

Almendritas juguetonas

6 porciones

1/2 taza de pistaches
1/2 taza de almendras
3 cucharadas de aceite de coco o de oliva
1/2 cucharadita de aceite de almendra
2 cucharadas de cacao
1 cucharadita de vainilla
1/2 cucharadita de comino
1 pedazo de jengibre
4 dátiles sin hueso

1/2 taza de arándanos
1/2 naranja en gajos
sal de mar

Preparación: se ponen los pistaches y las almendras en un procesador; una vez que la textura sea pegajosa, en migajas medianas se incorporan el resto de los ingredientes. Ya que esté listo, se saca y se forma un cuadro de uno o dos centímetros de ancho. Se meten al horno a temperatura baja, de 10 a 15 minutos. También se pueden refrigerar y consumirse sin cocinar (*raw*).

Macarrones de placer

8 porciones

1/2 taza de chocolate semidulce sin azúcar
2 claras de huevo grandes
1/2 taza y 2 cucharadas de azúcar mascabado
3/4 taza de agua
1/8 cucharadita de sal de mar
1/2 cucharada de extracto de vanilla
1 taza de coco rallado finamente
3 cucharaditas de polvo de cacao espolvoreado
1/4 cucharadita de jengibre
1/4 cucharadita de maca
1/4 cucharadita de canela

Preparación: precalienta el horno a 180 °C y coloca una charola con papel para hornear; en una olla con agua hirviendo, coloca arriba un tazón y derrite el chocolate; ya que esté listo, mezcla con las especias y deja en el tazón a un lado para que se enfríe. En otro tazón mediano añade la sal y las claras de huevo y bátelas, incorporando el azúcar poco apoco a punto de nieve. Usando una espátula, mezcla la vainilla y el coco y añade el cacao y el chocolate ya frío. Usando una cuchara de helado, haz bolitas pequeñas y colócalas en el papel para hornear; cuida que estén separadas, ya que la galleta se ensancha al calentarse. Déjalas en el horno de 15 a 20 minutos, y ¡listo!

Besitos de coco, almendra y chocolate amargo

10 porciones (aproximadamente)

500 g de coco rallado natural
3 claras de huevo
50 g de azúcar rubia
200 g de chocolate amargo sin azúcar (70 por ciento de
    cacao)
150 g de almendras picadas y tostadas

Preparación: batir las claras con el azúcar rubia y, a punto de turrón, mezclar con el coco rallado y las almendras; formar bolitas y hornear a 80 °C durante 18 minutos; dejar enfriar. Derretir el chocolate a baño María y sumergir las bolitas en el chocolate para decorar; colocarlas en papel encerado y refrigerar durante 10 minutos.

Trufas libidinosas

20 porciones (aproximadamente)

500 g de chocolate amargo rallado sin azúcar (70 por ciento
    de cacao)
100 g de cocoa
300 ml de agua

3 g de azafrán
1 pizca de sal de mar
1 cucharada de manteca de cacao natural

Preparación: poner a hervir el agua, agregar el azafrán y el chocolate rallado de golpe, y retirar del fuego; mezclar poco a poco hasta que se espese; agregar una pizca de sal y una cucharada de manteca de cacao derretida; enfriar en el refrigerador una noche, tapando la mezcla; formar bolitas, espolvoreándolas con cocoa.

Dátiles de pasión

20 porciones (aproximadamente)

10 cucharaditas de cacao
1/4 taza de miel de agave
1/4 taza de aceite de coco
1/4 cucharadita de sal de mar
1/4 cucharadita de comino
1/4 cucharadita de cardamomo
1/8 cucharadita de clavo
1/8 cucharadita de jengibre
8 dátiles sin hueso
2 cucharadas de crema de almendra o de maní

Preparación: en un tazón se mezcla el aceite de coco con la miel de agave, las especias y la sal. Poco a poco se va incorporando el cacao hasta lograr una textura cremosa y densa. Toma un dátil cortado a la mitad, coloca un poco de crema de almendra en el centro y hazlo bolita; después báñalo con el cacao. Colócalos en un plato y refrigéralos; después de 15 minutos estarán listos para dar placer a tu boca.

4. PUNTO D: *DATING,* EL MUNDO DE LAS CITAS

EL JUEGO DEL AMOR

Si estás abierto al amor, siempre estará ahí. Descúbrelo en sus diferentes formas.

Desde que somos niños, comenzamos a crear nuestra personalidad, nuestras creencias y nuestros valores. Absorbemos todo lo que nos rodea porque aún no tenemos la capacidad de discernimiento. En la adolescencia ocurre algo similar, ya que nos dejamos influenciar por el qué dirán y nos olvidamos de tomar nuestras propias decisiones, lo que tiene un impacto en nuestra forma de ser.

De la misma forma, el juego del amor comienza desde que somos niños; ya queremos ser amados y aceptados. ¿Recuerdas cómo reaccionabas cuando te molestaban en la escuela? ¿Los ignorabas? ¿Te hacías el fuerte o la víctima? En ese momento es cuando comenzábamos a utilizar nuestras formas de defensa: los enfrentábamos o salíamos corriendo. ¿Te suena familiar cómo lo haces ahora en tus relaciones?

Nos sentimos cómodos cuando estamos en control, cuando nos sentimos protegidos y todo parece estar en orden, cuando pretendemos ser, cuando nos sentimos fuertes; si no, volvemos a reaccionar como cuando éramos niños.

El juego se vuelve algo cotidiano, confortable, fácil. Cuando jugamos, nos metemos en un caparazón que nos protege del rechazo, el sufrimiento o la decepción. Nos volvemos personas frías, desconectadas de nuestras emociones; evitamos enfrentar las situaciones; culpamos a los demás o tomamos el lugar de la víctima al no responsabilizarnos de nuestras acciones; nos volvemos expertos en jugar a ser lo que se espera que seamos; jugamos a ser sarcásticos; hablamos entre líneas, no somos directos; pretendemos ser para buscar la aceptación, y fingimos ser duros para que la gente nos respete.

Cuando salimos, nos llevamos todas esas historias y ponemos nuestro sistema de protección más alto; jugamos el juego, ése que ya dominamos y con el que nos sentimos en control. Pero, ¿qué pasa cuando te enamoras o realmente te gusta alguien? Comienzas a confiar en esa persona; te sientes cómodo y automáticamente vas eliminando ese sistema de protección, hasta que llega un momento en que, cuando tenemos relaciones sexuales o un grado de intimidad más fuerte, decidimos quitarnos ese caparazón y dejamos de jugar; nos volvemos vulnerables, abrimos el corazón, confiamos, amamos y creamos relaciones románticas, amistades importantes o relaciones que nos lastiman.

Cuando sufres una desilusión en el amor, este sistema de protección sube aún más su nivel de seguridad por miedo a que te vuelvan a lastimar. Y es muy difícil volver a dejar el juego y regresamos a este ciclo una y otra vez.

Volver al juego nos hace racionalizar el amor. Comenzamos a resistirnos a momentos hechos para darnos felicidad por miedo a que nos suceda lo mismo. Es importante no confundir nuestra mente con las señales y la intuición; éstas son las que debemos seguir, y si llegamos a equivocarnos es porque es una experiencia de la cual teníamos que aprender.

Una relación de pareja es un reflejo de cómo te relacionas contigo mismo. Si estás evadiendo tus emociones con distracciones o pensamientos que digan "estoy bien", harás lo mismo externamente. Es muy difícil expresar tus emociones por diferentes creencias. Por ejemplo: "Soy una persona fuerte, no me tomo nada en serio; no es para tanto, no me quiero hacer la víctima".

Es más fácil evadir las emociones y vivir sin que las situaciones nos afecten, pero la vida misma se encarga de enseñarnos a hacer lo contrario y comenzamos a atraer situaciones y personas a nuestras vidas que nos abren el corazón y nos hacen sentir, lo cual termina siendo doloroso y a la vez liberador.

¿Te ha pasado que de repente lloras, te deprimes o tristeas y no tienes idea por qué lo haces? Son esos momentos en que se destapan sentimientos y emociones que has tenido guardados y reprimidos por tanto tiempo, que salen a la superficie por diferentes situaciones en tu vida.

Si guardamos esas emociones, comenzaremos a enfermarnos por cosas tan simples como gripes, dolores de cabeza, problemas estomacales o musculares, los cuales te avisan que algo está pasando y que es tiempo de liberar. En *El arte de la vida sana* expongo el impacto que tienen las emociones en tu cuerpo y de qué forma evitar que se conviertan en algo tan serio como el cáncer.

Ser vulnerables no significa que seamos débiles, chillones o emocionalmente inestables; al contrario, ser así nos hace fuertes porque estamos en nuestro centro y sintiendo.

Las emociones son la herramientas más potentes para dejar ir. Úsalas si sientes rabia, coraje, tristeza y nostalgia; utilízalas para sanar, viviendo intensamente el momento, pero sin apegarte a él.

SOLEDAD

No estamos solos, sino conectados. La sensación de soledad se da cuando no encontramos a alguien que entienda nuestra verdadera naturaleza. Pero, ¿estar solo es lo mismo que la soledad? Me considero una persona independiente y a la cual le encanta estar sola. Puedo viajar, ir al cine, comer o ir al museo sin compañía, y disfruto mucho esos momentos en que decido pasarla sola por convicción.

Estos espacios son buenos para conectarte contigo misma, para reflexionar y tomarte un respiro en la vida; para enfocarte en lo que quieres, en realizar tus sueños, divertirte y nutrir tu alma.

En cambio, la soledad te toca sin que haya sido tu elección, ya sea porque enviudaste, porque te dejaron o porque llevas mucho tiempo en búsqueda del amor. La soledad también es interna; es un sentimiento que te invade. Por más rodeado de amigos o de parejas que estés, te sientes solo en el mundo. La soledad es una desconexión de tu ser, del planeta y del universo.

En mi vida siempre he estado acompañada. Desde los 18 años de edad he tenido novios con los que mantuve relaciones de dos, cuatro o siete años, sin más de tres meses de separación entre una y otra. Convivir en pareja era algo familiar, cómodo, con lo que me sentía segura y en mi elemento.

Desde que me separé, en noviembre de 2008, he estado sola, lo que para mí ha sido una forma de aprendizaje muy fuerte, ya que siempre había estado acostumbrada a compartir mis sueños, risas, ilusiones, miedos, fantasías y pasiones. El haberme salido de mi área de confort y vivir las lecciones de una vida de soltera no ha sido fácil, pero me ha hecho aprender a conocerme mejor y a abrir mi corazón.

Durante los primeros meses de mi separación, no sentí tanto la soledad porque llevaba una vida sumamente ocupada, estudiando mi carrera como chef en Nueva York y estaba muy enfocada en ello. Esos meses fueron de duelo y ni ganas tenía de establecer una relación ni de conocer gente. Después de unos meses, ya de regreso en Los Ángeles, tuve la inquietud de experimentar socialmente la vida de soltera. Fue una etapa muy divertida: arreglarme, salir y conocer a personas nuevas, algo que nunca había realizado. Durante ese tiempo viví experiencias mágicas, y otras que me lastimaron; pero sobre todo hice grandes amigos, quienes ahora están muy cerca de mi vida y de mi corazón, y eso no lo cambio por nada.

Seguramente los solteros me entenderán cuando digo que llega un momento en que ya crece una inquietud por querer compartir tus momentos con alguien, con quien exista atracción, conexión y valores similares, y es cuando el *dating game* se vuelve más aburrido: comienzas a ser más selectivo porque estás buscando una relación más profunda... y así me sucedió.

Unos meses después, comencé a salir con un chavo en el cual identifiqué muchas cualidades que admiraba; había química y una conexión muy fuerte. En un viaje que hicimos, desee extender esos momentos para siempre; comencé a ver la posibilidad de vivir algo más serio; me ilusioné, abrí mi corazón y me sentí lista para dar el siguiente paso: tener una relación con él. Pero, como se trataba de la vida real y no de una película de Hollywood, él eligió no estar conmigo. Me desilusioné y sentí una tristeza profunda.

Sin embargo, decidí ver esto como una gran oportunidad y aprovechar que mi corazón ya estaba abierto y así aprender de la situación en lugar de resentirla. Lloré unos días y elegí no conectarme con el miedo y seguir con el corazón abierto. Tengo la esperanza de que mi pareja perfecta llegará en el momento correcto; por lo pronto, ya le agarré el gusto a la vida de soltera y vivo feliz, enamorándome de mí misma y experimentando relaciones que me han dado intimidad, conexión y sexualidad desde que inicié mis prácticas de tantra.

En esta etapa comencé experimentando momentos de angustia, ansiedad y tristeza, por tener tanto que compartir y no poder hacerlo; ahora he vivido los mejores momentos, conociéndome, creciendo, haciendo amigos increíbles y siendo totalmente libre. Siendo yo.

El saber que soy amor, que no necesito de una pareja para complementarme o sentirme amada, y que tengo la capacidad de compartir amor con muchas personas, aunque no sea a nivel romántico, me ha ayudado a elevar esa frecuencia de amor universal y también me ha dado la oportunidad de ser feliz porque me hago feliz. Sé que cuando llegue la verdadera pareja, será porque quiero compartir sin esperar a que me dé lo que ya tengo dentro de mí, ni esperando que llene mis carencias.

La soltería es una gran oportunidad para hacer crecer tu amor propio, enfocar tu energía en expandir tu luz, y poder compartirla con el mundo.

NECESITO SABER POR QUÉ LA GENTE ME AMA

¿Por qué quieren las personas estar conmigo? ¿Por qué necesito saber por qué me aman? Imagínate lo ocupada que estaría tu mente si todo el día estuviera pensando y dando vueltas buscando respuestas y tratando de sacar conclusiones del porqué de las cosas, con la constante inquietud de lo que piensan los demás.

Lo que piensan, las respuestas, nada importan, porque todo es un reflejo de lo que piensas de ti. Pregúntate por qué te amas. ¡Piénsalo!

Cuestionarte por qué se enamoraron de ti, qué es lo que les gusta de tí y qué no, o qué hiciste bien o mal, te llevará a gastar energía innecesaria en algo que no es real. Estás dando tantas vueltas, creando historias que no son ciertas para validar tu mente y tu ego.

Soy una persona que sueña despierta y de repente me encuentro futureando, fantaseando y creándome historias cuando estoy pasando momentos de tristeza o sufrimiento, porque me hacen sentir mejor y me ayudan a tener esperanza. Pero, cuando vuelvo a abrir los ojos, me doy cuenta de que sigo en mi realidad y que, por más que a través de mi mente y mi imaginación quise adelantar el tiempo o evadir mi situación, regreso al mismo instante en que estaba y lo único que tuve fue un momento de gratificación instantánea.

¿Qué pasaría si ocupara todo ese tiempo que utilizo en soñar despierta para enfrentar mi realidad y aceptarla? La vida sería más fácil y simple; sería como es.

En las relaciones sucede que conoces a alguien y comienzas a proyectar tus necesidades, tus inseguridades y tus deseos, y comienzas a crear historias que van complicando tu relación porque no estás viendo lo que es. La realidad nunca va a competir con la imaginación, por lo cual surgen las expectativas y la frustración de que las cosas no están sucediendo como creías.

Deja que las cosas sean simples y como son. Cuando sientas esa necesidad de saber qué es cierto y qué no —como dice Byron Katie—, pregúntate si realmente lo que piensas es verdad o es tu historia. Si tu respuesta es que es verdad, acéptala; pero si tu respuesta es que es tu historia, déjala ir. Eso te dará paz y liberación. Si aún así sigues pensando que es verdad, cuando sabes que no lo es, lo único que te causará será estrés y que te cierres al mundo de las posibilidades. Sé honesto contigo mismo.

DATING GAME

Una persona soltera es suficientemente fuerte para
vivir y disfrutar de la vida sin depender de otros.

El mundo de los solteros no es tan divertido como nos hacen creer en las películas y en las novelas románticas. Puede llegar a provocarte muchas desilusiones y estrés. Estar en un territorio desconocido, lidiando con gente que no está en tu mismo canal, que sigue jugando a conquistar y a pretender, en vez de ser sinceros y directos, puede llegar a ser algo cansado.

Este mundo se convierte en un juego: la seducción, la cacería, la atracción, el sexo. Nuestra meta es mostrar que eres la persona que más les conviene, utilizando la manipulación, los chantajes, las mentiras y las estrategias para lograr lo que quieres y salirte con la tuya, sin ningún compromiso o respeto por la otra persona; sólo pensando en ti.

Por tu gran necesidad de validación, y para complacer al que te gusta, comprometes tu integridad y aceptas cosas que no van contigo con tal de ganar el afecto. Esa falta de honestidad, respeto, confianza e incertidumbre son las que te van afectando emocionalmente, cerrándote al amor.

Cuando te metes a ese juego, sabes desde el inicio qué posibilidades hay con quién y los términos de cada cita. Logramos externar al mundo lo que queremos y, desde un nivel muy sutil, la otra persona recibe esa información; así que en la mayoría de los casos la intención es clara, siempre y cuando sepas leer las señales. De ahí la importancia de ser muy transparentes en lo que queremos porque, si no, mandamos señales equivocadas y después salimos lastimados.

Continuar con la esperanza de conocer a tu pareja y enviar las señales correctas es importante para hacer que fluya el amor.

Tips para antes de una cita

Estos tips ayudarán a conectarte con tu intuición y a abrirte al amor con honestidad para atraer a la persona que quieres y mereces:

1. Sé muy claro en las cualidades y valores que quieres en una pareja. Escribe con detalle todo lo que quieres.
2. Desarrolla tu intuición a través de los momentos de soledad, meditación o reflexión.
3. Ten claro con qué tipo de persona quieres salir para no decepcionarte. Si llegas a conocer a alguien que te atrae, pero sabes que no es lo que quieres, prepárate para asumir las consecuencias.
4. Hazle caso a tus corazonadas. Sabes perfectamente cuando una persona te vibra y puede llegar a algo más. No dejes que tu mente te engañe haciéndote un lavado de coco.
5. Sé honesto y auténtico. Muéstrate como eres para que se enamoren de ti. Así, desde el comienzo te aceptan como eres y vives una relación desde la verdad, la confianza y la honestidad.
6. Si no es lo correcto, no lo hagas; si no es lo cierto, no lo digas. No prometas lo que no vas a cumplir y no seas *chorero*. Así solamente estás comprometiendo la honestidad contigo mismo. Recuerda que existe el *karma*: toda acción tiene su reacción.
7. Sé responsable de tus actos. Si sabes a lo que vas, después no te engañes pensando que era otra cosa.
8. Entiende que en ocasiones tú no mandas sobre tu corazón y que las cosas pasan sin que te des cuenta hasta que tienes novio o novia o te mandan a volar.
9. Cuando realmente se trata del amor, confía en la sabiduría irracional de tu corazón.

10. No hay que planear las respuestas ni las acciones pensando en el resultado. Nada es para siempre. Lo que tenemos es desde que decimos "hola" hasta que nos despedimos. Tratar de recrear lo que sucedió en ese momento, es lo que llamamos expectativa, y eso tampoco es real.

11. Sé claro con la persona acerca de tus intenciones desde el principio. El ser derecho y honesto no interfiere con la seducción o la conquista. Si quieres estar con alguien, dilo; pero recuerda que el resto se lo tiene que ganar.

12. No trates de apantallar. Nos han condicionado a gastar dinero que no tenemos en cosas que no necesitamos para causar impresiones que nunca duran en gente que ni siquiera nos importa. No seas *blofero*.

Señales

Las señales son una manera que tiene el universo de guiarte en tu camino. Siempre están presentes en nuestra vida, pero de nosotros depende si decidimos verlas o no. Cuando comenzamos a salir con alguien nuevo es importante reconocer las señales, meditar sobre ellas, lo cual nos dará suficiente información para tomar una decisión.

Hace no mucho tiempo conocí a un chavo con el que tuve conexión, magia, química. En nuestra primera cita hubo un par de detalles en los cuales vi que sus valores sobre una relación eran diferentes a los míos. Decidí involucrarme sabiendo que no era para mí, simplemente porque tenía que aprender una lección y sabía cuál era el precio a pagar: podría enamorarme y que me rompiera el corazón. Las señales están para ayudarnos. Se vale verlas y tomar la acción opuesta, siempre y cuando estemos conscientes de ello y no queramos cambiar el juego; si crees que no puedes lidiar con ello, te vas a ahorrar mucho sufrimiento. El propósito de las relaciones es la preparación, el crecimiento y despertar el amor en ti mismo.

Riesgo

> No cambiaría toda una vida de certeza con otro,
> por un momento de incertidumbre contigo.

¿Hasta dónde llega tu riesgo? ¿Te gusta vivir el momento o vas a la segura? El que no arriesga no gana. Las relaciones de pareja son como la ruleta: algunas veces le vas a atinar, otras no. El juego del amor tiene su base en el riesgo. Cuando comienzas a salir con alguien, tienes que ver, de acuerdo con lo que estás experimentando, qué riesgos puedes correr y si puedes asumirlos para crecer, para encontrar el amor verdadero, y hasta dónde puedas lidiar con ellos.

El siguiente ejemplo te puede ilustrar al respecto. Yo quería participar en una carrera de 10 kilómetros, aunque tenía una ligera lesión desde hacía dos meses, por lo que estaba llevándomela leve con tal de sanar. Mi inquietud y mis ganas me llevaron a tomar el riesgo y comencé a entrenar antes de tiempo, por lo que la lesión se agravó; pero me hice responsable de las consecuencias porque sabía que eso podía ocurrir; y tuve que regresar al punto en que me encontraba antes. Comencé mi rehabilitación con más paciencia y ahora, después de cuatro meses, estoy lista para correr los 10 kilómetros.

Lo mismo pasa con las relaciones. Ve qué riesgos corres, y si asumes tu responsabilidad, camina hacia adelante; si no, retírate antes de que te lastimes.

Alerta roja

Dicen que el amor es ciego. Cuando empezamos a relacionarnos, todo se ve maravilloso: nuestra pareja es el hombre o la mujer perfectos; te sientes en las nubes y piensas que todo será increíble, hasta que de repente te dicen: "¿Sabes qué?, no eres tú, soy yo, no va a funcionar", y te mandan a volar…

Cuando entras en una relación, debes hacerlo con una gran claridad y con tu equipaje emocional vacío, para que así puedas comenzar desde cero y crear la relación de tus sueños. Si quieres una relación con futuro, las alertas rojas son esas señales que te ayudarán a ver más allá de tus velos de ilusión; evitan ese sufrimiento o esa desilusión innecesarios, a menos que estés dispuesto a correr el riesgo y que, como en la ruleta, tengas suerte y salgas ganador.

Identifica las siguientes alertas rojas:

1. *Confusión:* cuando sales con alguien que está confundido e inestable, y que no está seguro de lo que quiere, ¿cómo crees que va a estar seguro de estar contigo? En ese caso corre, porque cualquier decisión que tome la tomará en un estado de confusión, lo que hará que pueda cambiar de opinión repentinamente y sin explicaciones.

2. *Colgados del ex:* en el amor, así como en las lesiones, necesitas tiempo para sanar y dejar ir. Si automáticamente entras a una relación sin haberte dado tiempo y sin vivir un proceso de duelo o de pérdida, lo más seguro es que le cargues a la siguiente relación toda la problemática de tu ex, o que decidas volver con tu ex de un momento a otro. Así que, si decides quedarte con esa persona, hay riesgos que debes correr. Si realmente te gusta, dale espacio y pídele que te busque cuando ya no esté colgado de su ex, o cuando haya pasado un tiempo considerable.

3. *¡Mucho ojo!:* desde las primeras citas puedes ver qué tan educado y respetuoso es, así como los valores que tiene. Fíjate cómo trata a los demás y en los detalles que te dispensa; si ves que es prepotente, irrespetuoso, mal educado o le grita a los demás, eventualmente lo hará contigo, porque así está educado.

4. *Ojo alegre:* si en tus primeras citas o en los primeros meses de relación te das cuenta de que tu pareja ya anda coqueteando con otras u otros, y que no tiene consideración hacia ti, significa que es de ojo alegre. ¿Lo vas a aceptar? Si no. ¡córreleeee!

5. *¿Es neto o neta?:* ¿cómo saber si la persona es auténtica, si te está hablando con la verdad? No nos queda otra que conectarnos con nuestra intuición y observar qué emociones y sentimientos percibes a la hora que te dice algo. Si sientes paz y bienestar, seguramente está siendo honesto; si sientes un poco de ansiedad o incredulidad, puede ser que no sea tan honesto. Es importante recordar que lo que vemos en otros es parte de nosotros, así que observa qué tan auténtico eres antes de juzgar a tu pareja.

Estas alertas no aplican para todos. Son experiencias propias, teorías que he comenzado a practicar y me están funcionando. En el mundo existen muy buenos actores y excelentes mentirosos, así que utiliza ese sexto sentido que tienes dormido. Sigue a tu corazón, aunque a veces te diga algo que no quieres oír o hacer.

A LIGAR SEGÚN LA *KABBALAH*

> Las relaciones que busques deben reflejar tu nivel de conciencia.

La *kabbalah* es una de las principales corrientes de mística judía. Es el conocimiento de las cosas celestiales mediante el estudio y el cumplimiento de algunos preceptos. Según sus enseñanzas, el universo funciona de acuerdo con ciertos principios poderosos que, entendiéndolos y actuando de acuerdo con ellos, te harán vivir con plenitud y realizar lo que viniste a hacer al mundo, que es compartir tu luz.

La *kabbalah* menciona la existencia de la luz en el universo; el hombre es el canal y nosotras la vasija; los hombres necesitan ese recipiente para poder direccionar su luz en el mundo y nosotras tenemos que elegir con qué hombre relacionarnos, porque nuestro trabajo como mujeres es apoyarlos y motivarlos para que expresen su mayor potencial como seres humanos, ya que así podrán expandir su luz al mundo.

Éstos son algunos preceptos para una mejor relación y para recordar que siempre hay algo que está pasando en la persona, aparte de aquello que ves en su superficie. Para mayor detalle, puedes encontrar estos preceptos en el libro *The Spiritual Rules of Engagement: How Kabbalah Can Help Your Soul Mate Find You,* de Yehuda Berg.

Comienza una relación con calma

Contrata lento y despide rápido. Igual debe ser en una relación de pareja. Imagina que tienes un negocio y quieres contratar a alguien; te tomas tu tiempo, checas su currículum, pides recomendaciones, platicas con la persona dos o tres veces hasta que finalmente decides contratarla; para despedir a alguien no te tomas tanto tiempo, simplemente, cuando ya no te da resultados o no funciona, la despides.

Hay que tomarse su tiempo para enamorar, pretender, conocerse, jugar a la conquista y, sobre todo, para ganarse la confianza, la amistad y la lealtad. Cuando esos cimientos están bien establecidos, lo que suceda después es ganancia y, si intentas algo más y no funciona, siempre puede quedar una buena amistad.

La resistencia

La *kabbalah* habla de la resistencia, de ese momento en que tienes la decisión de resistir un deseo. Desear es lo que nos lleva a querer recibir. La resistencia ocurre cuando está el lado positivo y el lado negativo del foco, y existe esa línea tan fina que divide a los dos de una manera sutil para que no hagan cortocircuito. Esa línea se ejercita con voluntad, y una pareja tiene que trascenderla, donde todo y nada se dice.

Aprende a escuchar

Éste es todo un arte. Vivimos en nuestros pensamientos y en nuestras fantasías y cuando estamos con alguien nos resulta complicado escucharlo sin comenzar a relacionarnos con la plática o comenzar a escuchar nuestra cabeza. Estar presente con tu pareja y escucharla ayudará a que la comunicación sea mejor en tu relación.

Nunca creas en lo que un hombre dice y no trates de descifrarlo

Los hombres son más simples que las mujeres. Rigen su vida con acciones y no tienen necesidad de expresarse como lo hacemos nosotras, a través de la comunicación verbal. De qué sirve que tu hombre te prometa, te baje el sol, la luna y las estrellas, si no te demuestra nada. Los hechos son los que cuentan. Si le interesas a un hombre, te llama; si no, no lo hace.

Tratar de descifrar lo que pasa por la mente de los hombres sólo nos llevará a enfocar nuestra energía en historias que son nuestras. Los hombres son mucho más simples, así que deja de descifrarlos, todo está en los hechos.

Elige a un hombre que puedas apoyar

Si no te gusta su trabajo y su personalidad, o simplemente no puedes con sus defectos, no vayas a estar con esa persona. El trabajo de la mujer es ayudar a que el hombre saque su mayor potencial como ser humano, apoyando su lado creativo, impulsándolo en su trabajo y siendo paciente y tolerante con sus formas que no son tan perfectas.

Si comienzas a salir con alguien y te choca que sea doctor, que tenga que ir a una cirugía en medio de la noche, no lo hagas, y elige a un hombre del cual aceptes su vida como es.

Cuando dejamos de aceptar a los hombres como son y comenzamos a querer cambiarlos, vamos apagando su luz, lo que representa vivir con un muerto que no está llevando su luz al mundo y, en consecuencia, tampoco lo harás tú, ya que el canal no está transmitiendo la luz al recipiente, que eres tú.

Si no puedes apoyar más a tu hombre, significa que esa decisión la tomaste a un nivel espiritual y ya no tienes nada que hacer ahí, y que tu corazón ya no está en el juego. Si te interesa conocer más de la *kabbalah,* te invito a visitar la siguiente página en internet: http://www2.kabbalah.com/spanish/11.php.

NUESTRAS HISTORIAS

> Sé consciente de tus pensamientos, que te pueden traicionar.
>
> OBI-WAN KENOBI

Tenemos que ver a las personas como son y no como esperamos que sean. Cuando nos enamoramos, ¿realmente de quién lo estamos haciendo? ¿De la persona o de nuestra historia de la persona?

Tenemos la increíble capacidad de crear historias y fantasías; nuestra imaginación es ilimitada. Cuando conocemos a alguien y tenemos ganas de enamorarnos o de tener pareja, comenzamos a idealizar o simplemente empezamos a construir nuestra historia de amor en la mente. ¿Entonces qué tan real es el amor?

Cuando conozcas a alguien, te invito a que hagas una lista de lo que quieres y otra de lo que es esa persona; pero, ya que nos hemos convertido en buenos para autoengañarnos, invita a alguien para que vea la relación desde fuera, con otra perspectiva, ya sea una amiga, tu mamá, un *coach* de salud, un psicólogo, o alguien a quien le tengas confianza. Escribe en una columna lo que quieres de esa relación; en otra, lo que él o ella te dan realmente. ¿Es real o no?

No podemos seguir viviendo sólo dentro de nuestra mente; tenemos que aprender a conectarnos con lo que es y ver a las personas como son.

INTELIGENCIA EMOCIONAL

Nunca tomes una decisión permanente basada en sentimientos temporales.

La inteligencia emocional es clave para que funcionen tus relaciones, ya sea en tu trabajo, en tu casa, en la sociedad o con tu pareja.

Una de las creencias más falsas es la siguiente: "Necesito llegar al punto que quiero ahora mismo y lo más pronto posible; yo controlo la situación". Vivimos en un mundo donde todo pasa tan rápido, y donde todo tiene que ver con la gratificación inmediata, que buscamos respuestas y soluciones rápidas; deseamos resolver las cosas urgentemente, lo que hace que la vida no trabaje de nuestro lado y que perdamos oportunidades maravillosas de aprendizajes importantes. Tomamos lo más fácil, que no necesariamente es bueno, y no esperamos a que llegue lo mejor, lo que merecemos.

Conocer a alguien toma tiempo. Ten paciencia si realmente te interesa tenerlo en tu vida, ya sea como pareja o como amigo. Si sientes la urgencia de estar en otro lugar que no te corresponde en ese momento, o en hacer *fast forward* a tu vida, quiere decir que estás resistiendo, y eso te hará perder el control y la paz.

Las emociones son como un sistema de navegación. Imagina que vas remando en una balsa y que tus emociones son el timón; si vas a contracorriente, toparás con muchos obstáculos, sentirás que todo representa un gran esfuerzo, pesadez, frustración, ansiedad, miedo y enojo. Estás tan necio y apegado a donde quieres llegar, que el timón se te sale de control y el camino cada vez se vuelve más complicado; te caes y levantarte tomará un tiempo.

Sin embargo, si vas con la corriente todo comienza a fluir: la embarcación es ligera, sientes que todo pasa por una razón y sólo utilizas el timón para hacer pequeños movimientos de ajuste. Las emociones de paz, claridad, certeza, amor, bienestar, aceptación y felicidad son aquellas que nos hacen sentir que vamos en la dirección correcta. Esta corriente es sabia y conoce exactamente dónde y en qué tiempo tienes que desembocar.

Cuando sientas que vas a contracorriente y experimentes emociones negativas, deja de remar y haz que tu bote voltee hacia donde fluye la corriente. No tenemos necesidad de aferrarnos a pensamientos que nos hacen sentir malestar.

Chopra dice que una persona emocionalmente libre no tiene deseos de convencer, insistir, rogar, seducir, manipular o controlar. Así serás libre de amar realmente.

En las relaciones de pareja es básico usar tu inteligencia emocional. Cuando nos sentimos solos o perdemos la fe, estamos fuera de balance. Si tomamos decisiones por miedo, por comodidad o para darte chance, seguramente terminarás en el mismo lugar. No hay que tomar decisiones permanentes basadas en sentimientos temporales que normalmente son el enojo, el miedo y la euforia; esas emociones en las que no estás en tu centro. La decisión de formalizar una relación, de terminarla o de volver, hay que tomarla por las razones adecuadas, que partan de lo que quieres y del amor, no de lo que no quieres o por miedo.

Tendemos a dar demasiadas vueltas a las cosas; nos obsesionanos creando 10 escenarios diferentes, futuros que sólo están en nuestra mente; sobreutilizamos nuestra mente cuando hablamos del corazón, lo que muchas veces nos lleva a creer que lo correcto es lo que nos dicta la sociedad, lo que nos dicen nuestros amigos, y entra el mitote en tu mente. El mitote, según la cultura tolteca, son los millones de voces que lo único que logran es sacarnos de balance y nublan nuestro pensamiento, sin lograr que tomemos acción.

En materia del corazón, no hay nada como ver realmente lo que sientes. ¿Te ha pasado que conoces a alguien y sientes cómo se te sube el corazón a la garganta y un calor muy especial recorre tu pecho, o sientes una confianza y una paz inmediatas? Ésas son las señales correctas, lo que sientes.

Somos responsables de la forma en que respondemos ante las situaciones pero no de cómo reaccionan los demás. A veces nos entra el miedo y dejamos de hacer caso a lo que sentimos, porque es una lotería y nos puede ir bien o mal; es un riesgo, pero cualquiera que sea el desenlace, es la lección que te tocaba aprender y que te ayudará a crecer.

Los rompimientos son más fáciles cuando vemos el aprendizaje y tomamos la responsabilidad de lo que nos corresponde, dejando de culpar o tratando de descifrar la mente del otro. Tomar tu responsabilidad te ayudará a olvidar lo que quieres y a recordar lo que mereces.

¡A VOLAR!

> Ámame u ódiame, ambas están a mi favor. Si me
> amas, siempre estaré en tu corazón; si me odias,
> siempre estaré en tu mente.
>
> SHAKESPEARE

¿Qué se siente que te rompan el corazón? Éstas son respuestas que recopilé gracias a la ayuda de mis *followers* de *Twitter*:

- Impotencia, dolor, angustia.
- Yo no creía que eso se sintiera a nivel físico, y sí se siente y sí duele. Es horrible esa sensación.
- Es como si un elefante te pisara el pecho.
- Se siente cañón, un vacío inmenso y una sensación extraña en el pecho, como si faltara el aire.
- Siento que se me cayó el mundo y perdí la fe.

Una de las razones por la que me gusta tanto mi trabajo como *coach* de salud y conductora es la posibilidad de conocer gente nueva, de nutrirme de diferentes ideas y puntos de vista, de meterme a otro mundo que no es mi planeta Karina. Después de mi divorcio, conocer gente nueva fue una faceta increíble, porque es de las cosas que más disfruto en la vida; esa conexión, descubrir, entender y hacer amigos.

Creo que estamos en este mundo para conectarnos con cierta gente que ya estaba inscrita en nuestro destino; muchas veces lo haremos por minutos, otras por horas, meses o años, pero todas son personas que nos marcan. Recuerdas su cara, sus gestos, algunas conversaciones; se trata de personas que te ayudaron a inspirarte, a crecer, que tocaron tu vida de una u otra forma, por breve que haya sido el encuentro.

Imagina que estás en una pastelería en la que hay 10 pasteles; de repente uno llama tu atención: se ve increíble y decides darle una probadita y te gusta; pides una rebanada y te encanta; pides una segunda porción y te dicen que ya no hay, y te quedas con ganas de haberlo saboreado más o te sientes satisfecho.

Así son las relaciones: a veces nos toca una probada, en ocasiones una rebanada y a veces todo el pastel, que es con el que nos quedamos y nos encanta, o el que termina por empalagarnos después de un tiempo de saborearlo.

En lo personal, mi curiosidad me ha llevado a ser un poco golosa y siempre quiero más. ¿Te ha pasado en tus relaciones? Seguramente muchos sienten la misma fascinación por la gente; por eso que los manden a volar no es fácil. Aceptar y disfrutar cada momento al máximo es lo único que podemos hacer, y estar agradecidos por lo que las personas nos regalaron en ese tiempo, ya sean buenas, excelentes o malas experiencias, porque de todas aprendemos.

El rechazo

No me dejes caer si no planeas cacharme.

Lidiar con el rechazo es uno de los aprendizajes más fuertes. Desde niños nos rechazan de equipos deportivos, de escuelas o de grupos de amigos a los que queremos pertenecer. En la adolescencia nos rechazan de quienes nos estamos enamorados; se burlan de nosotros: nos dan muestras de interés y después nos botan. En los estudios presentamos solicitudes para varias universidades y no nos aceptan. En el trabajo rechazan nuestras ideas, nos niegan la promoción que merecemos y nos despiden sin justificación. Ahora entiendo por qué tenemos tanto miedo al rechazo, uno de los golpes de la vida que más lastiman al ego.

El rechazo es una constante en nuestra vida, por lo que cada día trabajamos en aprender a lidiar con él de la mejor manera posible, sin comprometer nuestra estima ni lastimar nuestra integridad como personas. El rechazo nos enseña a ser humildes, a entender que a veces lo que queremos no es para nosotros, a aceptar nuestro presente y nuestra responsabilidad, a comprender que en ocasiones el destino ya está escrito.

Las relaciones nos mueven a luchar o a comprometer nuestra esencia porque queremos aceptación, quedar bien y que no nos rechacen; pero cuando nos rechazan sufrimos y no es necesariamente por la circunstancia en sí, sino porque vuelven a abrirnos esa herida que ha sido lastimada una y otra vez desde que somos niños.

El rechazo nos marca tanto que nuestros caparazones se vuelven cada vez más potentes; nos cerramos y no nos permitimos comenzar una nueva relación, por más que ahí esté el hombre o la mujer de nuestros sueños.

El rechazo te lleva a terminar una relación para que no te lastimen, para protegerte. Si te han mandado a volar recientemente, ya sea después de unas citas, de meses o de años, los tips que se dan en las siguientes secciones te ayudarán a sentir mejor y a dejar ir de una manera más fácil.

Abrir tu corazón

Se vale sentirte un poco asustado; eso significa que tienes el corazón abierto.

Lo que más miedo nos da para involucrarnos sentimental y emocionalmente es que nos manden a volar. Entregar nuestro corazón toma tiempo, mientras las relaciones se vuelven estables y más seguras. Tenemos que entender que éstas, como la salud, se cultivan día a día, sin que tengamos nada asegurado. Cuando una relación tiene que terminar, simplemente termina.

Permanecer en una relación es una elección cotidiana. Ya sea que lleves años que, o formes parte de un matrimonio que se conoce perfectamente y todo vaya fluyendo de maravilla, de repente la gente se separa o se divorcia y a veces sin grandes motivos.

También pasa que cuando conoces a alguien, algo te dice que existen grandes posibilidades: te inspira confianza, existe una conexión que no tienes con nadie más, decides abrir tu corazón, te enamoras de volada y simplemente cruzas los dedos para que no te vayan a mandar a volar, y pasa.

Cuando las cosas no se dan, cuando no fluye, no puedes forzar el amor; nada de lo que hubieras hecho habría cambiado nada; las cosas simplemente son como son. La persona que quiere estar contigo lo hace, y se da la oportunidad, y la que no, es porque simplemente ya no está enamorada de ti, porque busca otra cosa o tiene pánico de que la mandes a volar primero.

El enamorarte no es una decisión, pero el desenamorarte sí. Esta situación no es fácil, mas es una inmensa oportunidad para aprender a abrir tu corazón, para compartir y vivir intensamente un momento. Si te mandaron a volar, seguramente vas a sufrir, a enojarte, a deprimirte, a comenzar a cuestionarte "el hubiera". Está bien que te sientas así, se vale. Libera todas esas emociones y cierra tu ciclo pronto; no te quedes con esa historia semanas, meses o años, porque eso es estar viviendo en tu pasado y, como tu mente está tan ocupada en ese pasado, no abres espacio para lo nuevo y maravilloso que viene en camino.

Así que vive con intensidad el rompimiento y deja ir esa historia, para así atraer a la persona que realmente quieres en tu vida.

TERRORISMO CIBERNÉTICO

La obsesión es encaminada por la frustración.

Hace poco leí en *Twitter*: "Si amas a alguien, dale *unfollow*; si no te deja de seguir siempre fue tuyo, si te da *unfollow* nunca lo fue". Internet se ha vuelto parte importante en nuestras vidas; el acceso a los demás en *Facebook* y *Twitter*, nuestra manera de expresarnos en las redes sociales, han cambiado el mundo del romance, las citas y las amistades.

Las redes sociales son una manera increíble de estar conectados, de reencontrarnos con gente querida; incluso podría decir que son una herramienta preliminar para saber con quién estás saliendo o con quién te estás llevando, ya que en los estatus y en las fotos te puedes dar cuenta en qué rollo andan. A la vez, creo que somos seres tan complejos que tendemos a juzgar a la gente muy rápido, cuando en estos sitios muestras apenas 1 por ciento de lo que realmente eres.

Me gusta mucho estar conectada en estas redes cuando tengo algo que decir, promover, o simplemente para estar en contacto con gente de buena vibra. Las ventajas de internet es que ahora es más difícil que te mientan: puedes investigar sobre alguien antes de salir con él, quiénes son sus amigos, cuáles son sus gustos y su estilo de vida. Eso es algo bueno porque te ahorras muchas *blind dates* (citas a ciegas) espantosas, y a la vez me da tristeza porque le quitan un poco la sorpresa de descubrir a alguien. Así que es importante encontrar el balance al recibir esa información. Eres tu propio filtro.

También internet se puede convertir en un campo para el terrorismo cibernético. Puedes comenzar a obsesionarte, ya sea siguiendo y viendo el perfil de la persona que te gusta o del que te mandó a volar cientos de veces, para ver lo que hace o dice, o con quién sale. Lo único que lograrás con esto es mantenerte atrapado en una relación que ni siquiera existe. No sigas revisando *Facebook*, *Twitter* o *Google+* de la persona que te mandó a volar si no puedes tener control sobre tu impulso de saber de él o ella; te sugiero que los bloquees y le des *unfollow*. Es más sano no estar enterado; bien dice el dicho que ojos que no ven, corazón que no siente.

Debemos tener cuidado con los *stalkers* o gente que aprovecha este medio para dar mensajes mala onda y agredir, o con quienes invaden nuestra privacidad. Como dice Deepak Chopra: "Las redes sociales se han convertido en una gran necesidad en nuestro mundo actual. Los sitios a los que te unas o tu responsabilidad de lo que dices o expresas debe reflejar tu nivel de conciencia".

Ah, y otro supertip: no tomes cuando *twittees*.

DEJAR IR

> Las lágrimas se hicieron para limpiar el alma.

Cuando nos mandan a volar seguimos fantaseando, futureando, viendo qué hubiera sido, repitiendo los momentos que pasamos con esa persona. Vivir en el pasado no nos lleva a nada más que a sufrir, a llorar y a extrañar; vivir en el presente es importante para que nuestro corazón sane con mayor rapidez.

Durante el día, enfócate en lo que estés viviendo; se vale distraerte saliendo a pasear, leyendo o viendo una película; pero, por favor, no te metas a ver una película tipo *notebook* y comiences a llorar como María Magdalena. Vive el presente y cuando comiences a ver que tu mente te lleva a esa persona, regresa al momento.

Esta fórmula es efectiva 100 por ciento, porque dicen que tu sistema nervioso y emocional no sabe reconocer qué está pasando realmente y qué es producto de la imaginación. Es por eso que, cuando recreamos momentos, sentimos como si estuvieran volviendo a pasar. Así que guarda las memorias en el archivo y ábrelas cuando estés lista para recordarlas como una parte de tu vida y no como algo que te va a causar dolor.

Dejar ir una relación no es fácil, sea cual sea al nivel que haya sido. El desapego es fuerte porque te enfrenta con tus inseguridades, con la idea de que las cosas no salieron como creías; que la historia que te creaste en la mente, tus fantasías y tu idealización de la persona, no fueron ciertas. Deja ir tus sueños, tus esperanzas y tus expectativas. Enfrentarte con lo real es importante y difícil, pero es lo que te hace fuerte.

¿Qué es real? Lo que es. La confusión, la frustración y el sufrimiento vienen cuando no aceptamos lo que es, lo verdaderamente real y no tus propias historias. Bien dicen que un rompimiento es como un espejo roto; es mejor dejarlo así, que lastimarte tratando de arreglarlo. ¿Te ha pasado? A mí sí.

Así como evadimos la realidad a la hora de terminar una relación, también la creamos en el momento en que pensamos estar enamorados. Todas son tus propias historias: comienzas a relacionarte con tu mente y no con lo que verdaderamente sientes.

Dicen que las lágrimas son sentimientos que no podemos expresar a través de las palabras. Llorar es sano porque deja ir, sin necesidad de explicarlo, la tristeza y el apego.

¿Por qué lloramos cuando perdemos a alguien? Lloramos porque pensamos demasiado las cosas, porque no encontramos explicaciones lógicas y tratamos de descifrar las razones de la otra persona; lloramos porque en realidad no sabemos si fue nuestra, si realmente fue amor, o por una idea de lo que pudo haber sido y no fue; lloramos porque teníamos una ilusión o porque nunca fue nuestra, y sólo fue nuestra idea de que sí fue.

Muchas veces, cuando llevamos relaciones largas o vivimos en matrimonio, es muy difícil dejarlas ir porque nos sentimos en nuestra área de confort, de familiaridad. Si te fue bien en tu relación todavía es más difícil porque piensas que nadie te va a querer como esa persona; te da flojera el proceso de conocer más gente, y en muchas ocasiones te quedas en la relación aunque seas infeliz, porque es lo más fácil. Pero sabes que vivirás anhelando estar realmente enamorado o descubrir otra parte de ti con otra persona.

Si te sientes ansioso de que alguien te haya dejado, no es responsabilidad de tu alma sino de tu cuerpo emocional. Cuando te dejan, es una oportunidad para redireccionar tu energía y ser consciente de que necesitas cambios para poder crecer.

Las separaciones pueden ser una medicina muy poderosa si sabemos ver su lado positivo y aceptar que todo llegó a su fin. Dicen que el verdadero amor nunca tiene un final feliz, porque el verdadero amor nunca se termina. Dejar ir es una forma de decir "te amo".

DI LO QUE SIENTES

> Decir lo que sientes toma mucho valor, pero guardártelo crea temor.

Vivimos con tanto miedo a expresarnos, y nos han enseñado a decir lo que la gente quiere que digamos para ser aceptados o convencer a la otra persona de que esté con nosotros, que nuestro sistema de comunicación no llega a ser transparente ni auténtico.

He escuchado tantas historias de arrepentimiento por no hablar con la verdad o por no decir lo que sentimos por miedo a la respuesta, que es un ciclo que no termina totalmente limpio. En su momento, hablar y decir lo que sientes es un paso importante para cerrar un ciclo, sanar tu corazón y liberarte.

Cuando tenemos relaciones temporales con alguien con quien has salido varias veces o hasta un par de meses, todavía no llegamos a los niveles de confianza para expresar nuestras verdaderas intenciones, porque estamos en el descubrimiento y no queremos forzar las cosas; entonces la comunicación no es clara.

De la misma forma, si te mandan a volar y te involucraste emocionalmente, es importante que digas lo que sientes para liberar esa energía y abrir espacio para lo nuevo.

MUDANZAS

> Para que un matrimonio o una relación duradera funcione, tenemos que hacer todo por la otra persona, incluyendo dejarla.
>
> Harlan Hendricks

Durante una separación, un divorcio o la muerte de una pareja, la mudanza es una manera de dejar ir, de renovarnos y de sanar nuestro corazón, abriendo espacio a nueva energía. Mudarnos no es tan fácil, pero si puedes hacerlo es lo mejor para cambiar de energía. Si por diversas circunstancias no puedes, lo primero que te recomiendo es sacar el colchón que compartiste con tu esposo o tu esposa, cambiar los muebles de lugar, redecorar con cosas sencillas y crear un espacio que esté más de acuerdo con la persona que eres hoy.

En lo personal, la mudanza después de mi separación fue un momento de gran aprendizaje, por lo que escribí lo siguiente: "Mudanza, un paso para conocerte, reconocerte, reinventarte y dejarte morir."

Tienes que replantearte una vez más qué quieres, cómo quieres ser, qué piensas y qué sueños quieres volver a construir, sabiendo que todos éstos son temporales.

Tienes que soñar despierto, crear nuevas historias, pero ya con una cicatriz que te va cerrando y que te va volviendo duro.

Y debes pensar que crear sueños ya no es tan fácil ni mágico, porque el más grande de tus sueños ya se derrumbó alguna vez.

¿Será ésta la realidad o el pesimismo, la desconfianza y la protección de tu ser o será la falta de fe? ¿Qué es real? ¿Cómo logras que vuelva la magia a tu vida con insensatez e inocencia?

¿Volveré a creer en el amor, en la familia, en el hogar?, ¿o simplemente aceptaré que estoy sola y que fue un camino que elegí y que ahora me toca vivir?

Me conecto de nuevo con mis emociones, las dejo de controlar y me asomo a un mundo real en el que existe el sufrimiento, la decepción y la duda. Hay momentos de tristeza que me van inundando como las cajas que hay en mi departamento, momentos en que todo el polvo sale de mi ser como de mis muebles; momentos de furia y enojo como el reflejo de las hojas marchitas y tristes de mis plantas.

Días interminables de memorias, pensamientos y emociones que finalmente se desbordaron fuera de mí, sin control, como la gran cantidad de cosas físicas que he acumulado a lo largo de mi vida.

Me pregunto qué es lo más importante, qué cosas tengo que conservar, qué cosas ya no necesito, cuáles tienen valor sentimental. Lo mismo hago con mis pensamientos y mis emociones.

Hay días interminables de cuestionar tus pensamientos, de examinar tus reacciones y de experimentar emociones sin control. Días en que me derrumbé y cerré el ciclo abriendo de nuevo mis emociones para experimentar esta mudanza como nunca lo había hecho antes, de fondo, intensamente, con toda la tristeza de mi corazón, para así poder cerrar este ciclo y comenzar con mis maletas vacías un viaje lleno de sueños y anhelos y en búsqueda de paz, realización, sueños y amor.

GRATITUD

La gratitud te conecta con la dicha y la belleza de
la vida.

Éste es el sentimiento que experimenta una persona para
corresponder un favor o un beneficio que alguien le ha con-
cedido. Es el sentimiento que nos obliga a estimar el beneficio o el favor que se nos ha hecho o se nos ha querido hacer
y que nos orilla a corresponder a él de alguna manera.

Podrá existir un sinfín de definiciones de gratitud, pero
para mí es algo que sientes. Me pasa mucho cuando estoy en
la naturaleza o recibo un gesto de amor de la gente que quiero. Experimento una emoción tan poderosa, ligera y radiante, que siento cómo se expande mi pecho; se abre mi corazón
y experimento una paz y una conexión con la magnificen-
cia del universo. La gratitud me conecta con la belleza, con
el amor incondicional y con mi fuente infinita de luz y paz.

Bien dicen que no tenemos que llorar porque algo terminó, sino porque sucedió. Recuerda los momentos lindos, lo
positivo y agradece el aprendizaje que viviste con tu pareja; eso subirá tu frecuencia energética de amor al mundo
y comenzarás a atraer personas que estén agradecidas de
compartir contigo.

ACEPTA TU RESPONSABILIDAD

Nada tiene poder sobre mí, más que a lo que le doy
poder con mis pensamientos.

ANTHONY ROBBINS

Tomar la responsabilidad de tu vida y tus acciones es liberador. La culpa es sólo una trampa en la que quedas atrapado

y la excusa perfecta para no hacer nada al respecto. Aceptar lo que está pasando y saber que el poder para enfrentar la situación y cambiar tu actitud hacia ella está en tus manos, es una forma madura de manejar las cosas.

Debido a nuestra educación, somos expertos en ser víctimas, en sufrir y en culpar al otro. Cuando una relación termina o no funciona es cosa de dos, así que toma la responsablilidad y acepta tu parte en el proceso; así aprenderás tu lección, lo que te ayudará a seguir adelante.

En el momento en que aprendemos de nuestros errores, los integramos y estamos más conscientes de no volver a repetirlos en la siguiente relación. Cuando no asumimos la responsabilidad, seguimos atrayendo al mismo tipo de parejas que nos vuelven a enfrentar con los mismos problemas con que habíamos topado, para que volvamos a trabajar lo que no aprendimos.

Deja a un lado tu inestabilidad emocional, medita, enfrenta tus demonios internos y deja de culpar a los externos. Es la única forma de continuar tu camino sin ataduras.

ACEPTACIÓN

A veces tenemos que hacer paz de no tener respuestas a nuestras preguntas y aceptar lo que no tiene explicaciones. La idea del "yo no sé, es".

En ocasiones, por más que tratemos de resolver nuestros problemas, constatamos que simplemente no tienen solución. Tenemos que dejar ir y aceptar que la relación terminó. En cambio, cuando terminamos, y volvemos y lo intentamos de nuevo un sinfín de ocasiones, nos lastimamos más que dejando las cosas claras y de jalón.

Aceptar que tu relación terminó, aceptar que la otra persona no te ama o que te ama de otra forma, te va a tomar tiempo; regálate la oportunidad de aprender y dejar ir sin crear historias o expectativas que te hagan creer que hay una solución. El amor no se fuerza; acepta las cosas como son; si no, el único que seguirá sufriendo serás tú.

Seguir atado a la creencia de que todo va a mejorar o de que vas a volver, lo único que va a lograr es que tu sufrimiento se extienda por más tiempo y que seas infeliz. Aceptar que tu ex no la pasa bien es parte de la sanación; si alguien escoge sufrir hay que respetarlo, porque no está en nuestras manos cambiarlo. Date la oportunidad de empezar de nuevo; lo mereces.

EL PERDÓN

Perdona y olvida, eso te dará paz.

Perdonar es dejar ir, y la única manera de resolver situaciones o daños es con tu trabajo espiritual como persona. La esencia del perdón nace del entendimiento de que realmente no tenemos nada que perdonar. Nadie te ha lastimado ni lo podrá hacer. Todo es acerca del dejar ir y confiar en Dios. Lo que nos pasa es una prueba para ver si hemos aprendido nuestras lecciones. Si continuamos aferrados o con sentimientos de venganza y rencor, quiere decir que no hemos aprendido la lección.

Suena muy trillado, pero todo pasa por algo y todo tiene una razón de ser. El universo es un espejo en el que se refleja todo lo que estás irradiando; si quieres utilizar un divorcio o una separación como una lección y no como un castigo, verás que el sufrimiento se desvanecerá y la luz y la dicha estarán en tu vida.

¿REALMENTE LOS AMORES SE OLVIDAN?

Los amores no cumplidos son los más románticos.

¿Ustedes creen que los verdaderos amores se olvidan? ¿Sienten lo mismo cuando los ven después de meses o años? ¿Qué sienten cuando los encuentran de nuevo? ¿Hace diferencia verlos si terminaron bien o mal?

Vivir en el presente te hace olvidar fácilmente, pero cuando te topas con alguna ex pareja, en un instante se puede abrir un archivo que te llevará a tu historia. Ese momento es muy valioso porque nos invita a revisar qué pasó con esa situación y esa persona. Observa tus sentimientos, lo que piensas, y te darás cuenta si ya hubo perdón, o si todavía necesitas trabajar en algo, si dejaste ir o simplemente sigues amando; eso no significa que quieras estar con esa persona, sino que el amor está presente. Es el amor universal.

Cada relación es única y en mi vida he vivido diferentes experiencias de las cuales he tenido un gran aprendizaje. Por ejemplo, durante años tuve un amigo que se convirtió en mi amor platónico. Fuimos novios por un corto tiempo y me enamoré perdidamente; nunca llegó a haber una relación más formal, pero sí muy intensa. Con él es increíble que, a pesar de que han pasado más de 15 años, cuando lo veo sigo sintiendo mariposas en el estómago, una atracción muy fuerte y un cariño muy especial; aunque eso no significa que quiera con él o que me guste para pareja. Son sensaciones especiales y únicas que me regresan a ese amor inocente y lleno de magia que viví alguna vez. Dicen que los amores no cumplidos son los más románticos.

Vivo agradecida con las relaciones que he tenido, aquellas que me dieron grandes alegrías y aventuras y que también me hicieron sufrir. Agradezco a mis grandes amores, a los hombres cabrones, a mis mejores amantes, a mis mejores amigos, a los hombres que siguen en mi vida. Todos han cumplido una misión: me han hecho expandir mi luz y me han ayudado a abrir mi corazón.

SÍNDROME DEL DIVORCIO

Cuando salimos de una relación larga o de un matrimonio, perdemos nuestra identidad; no sabemos qué queremos ni hacia dónde vamos. Llega un momento de *rebound* en que uno le empieza a dar vuelo a la hilacha.

Hace poco tiempo un amigo me preguntó: "¿Por qué me enamoro de todas?" Muchos días le di vueltas a esa idea y mi conclusión fue que, cuando salimos de una relación, estamos en la búsqueda de volver a conocernos, de reconstruir nuestra fe, nuestra ilusión y nuestro amor propio. Comienzan a gustarnos todos o todas porque empezamos a descubrir aspectos que tuvimos dormidos o perdidos por mucho tiempo. Uno se enamora porque logra convivir con diferentes personas que espejean nuestras cualidades que quizá nuestra pareja no tenía, y así comenzamos a descubrir cosas nuevas de uno mismo.

Por eso, tener amigos cercanos, con quienes compartas tu initimidad —que sean tus confidentes y con quien tengas una relación cercana, no sexual o romántica— es parte importante de nuestro desarrollo como seres humanos. Cada persona con la que convivimos en ámbitos cercanos espejea cosas nuestras que no podemos ver por nosotros mismos. Si no tenemos esta red de amistades, nos da el síndrome del enamoramiento con todos; es un proceso natural que tienes que vivir para continuar con el siguiente paso.

Llega el punto en que ya no es tan fácil que te guste alguien o en el que te dejan de gustar todos o todas. En este momento ya te descubriste de nueva cuenta: sabes qué quieres y estás tan enamorado de ti que no necesitas estar en la búsqueda porque lo que querías ya lo encontraste y de nuevo llega el balance a tu vida.

No confundas tu búsqueda de amor propio con el amor hacia alguien más, a menos que sea divertido y puedas manejar el enamorarte y desenamorarte sin que te lastime. Por eso, después de cualquier relación larga, entrar inmediatamente a otro romance es un proceso que en la mayoría de los casos no funciona.

Darte ese espacio para volver a enamorarte de ti es necesario. Verás cómo la vida se encarga de mandarte el amor en el momento perfecto y cuando estés listo.

¿OTRA VEZ?

El verdadero amor sólo se encuentra tomando riesgos.

Cuando nos rompen el corazón, nos desilusionamos, dormimos nuestras emociones y nos volvemos emocionalmente no disponibles. Nos cerramos, dejamos de creer en el amor, comenzamos a lidiar con diferentes emociones no relacionadas con el amor, como el miedo, la inseguridad y la falta de autoestima.

Volver a creer en el amor toma su tiempo; te quedas con tanto miedo a que vuelvan a lastimarte, que te cierras para estar, según tú, en control. Tomas la decisión de no enamorarte y de pasártela bien.

Te pregunto: si no crees en el amor, ¿cómo vas a poder darlo? Nuestra naturaleza es ser entes llenos de amor, de dicha; ver al mundo lleno de magia, de aventura. Lo que nos mueve, nos motiva y nos inspira es el amor. La creatividad, la generosidad, la nobleza y la bondad vienen del amor. ¿Cómo no vamos a creer en él, si está en nosotros y en todo lo que nos rodea?

Asumir que ya no crees en el amor, es otra forma de protegerte. Este malestar no dura más que por momentos en tu vida y hasta que lo decidas. A veces estás tan cerrado que repentinamente la vida te vuelve a sorprender; cuando menos imaginas, llega alguien a tu vida que rompe de inmediato esos caparazones que armaste y vuelves a sentir cómo el amor se desborda de tu ser.

Sientes descontrol, emociones que suben y bajan; experimentas cómo tu corazón se llena de ese calor tan especial que te conforta. Lloras o ríes de la emoción y tienes el sentimiento de estar más vivo que nunca. Tu mente empieza a jugar, a tener miedos, a temer al rechazo, y te fabricas historias para sabotear esos momentos en que te sientes vivo otra vez.

Los humanos tenemos esa tendencia a vivir en nuestra mente, pensando y analizando todo, que nos vamos desconectando de nuestras emociones. Cuando volvemos a amar, de un segundo a otro despiertan todas esas emociones que permanecían dormidas. Volver a amar también tiene el riesgo de no ser siempre un sentimiento compartido, de que funcione o no; es una lotería. El amor se siente; no se piensa; el amor es.

Date la oportunidad de volver a amar. El riesgo siempre te dará una recompensa: la de abrir tu corazón. Amar es nuestra misión como seres humanos. Volver a amar y estar en una relación es una maravillosa oportunidad de cambiar tus patrones de pensamiento, de dejar ir creencias y crecer espiritualmente, mucho más que con cualquier libro, terapia o curso.

Las trabas

La creencia de que somos responsables por los sentimientos de los demás nos vuelve adictos. Si continuamos operando bajo esta creencia, nuestra habilidad de sentirnos bien estará ligada a los sentimientos de otros.

PARAMANANDA

El origen de las personas posesivas, autoritarias, desconfiadas y celosas está en el miedo, producto de la falta de conexión con su esencia. Me gusta enfocarme en las cosas positivas y proactivas que podemos hacer para mejorar nuestras relaciones y conexiones. A continuación me gustaría comentar algunos puntos que causan mucho sufrimiento. Existen acciones que nos desconectan de otros y de la luz, expresiones de egoísmo.

Pregúntate cómo te sientes cuando te invaden esos sentimientos; si insistir en salirte con la tuya realmente vale la pena, a pesar de que ocasione sufrimiento y miseria. ¿Qué pasa cuando lastimamos, cuando somos envidiosos, celosos, manipuladores, egoístas e infieles? ¿Qué te provoca? Todas estas emociones están llenas de sufrimiento, de culpabilidad y arrepentimiento. Si continúas lastimándote con ellas es porque culpas a los demás de tus reacciones, en vez de asumir tu responsabilidad. Muchas veces buscas este tipo de situaciones porque tienes que aprender algo de ti, o porque estás programado para sufrir.

Dependencia

Amor con conciencia, no con dependencia.

Cuando necesitas a alguien para lograr tus objetivos en la vida, te pierdes. La dependencia emocional es un patrón de necesidades emocionales que vamos acumulando desde la infancia y que como adultos buscamos a través de relaciones muy estrechas.

Eres dependiente si sufres por el temor a que lo que digas o hagas pueda ofender a tu pareja y por eso te rechace. Por eso te quedas callado. Eres dependiente si dejas tu felicidad en manos de otra persona. Si no te da lo que esperas, te sientes inseguro y con baja autoestima. Si tu pareja está feliz, entonces crees que te hace feliz, aunque en el fondo seas infeliz.

Una relación interdependiente habla de dos personas espiritualmente maduras, que pueden ser autosuficientes y pueden estar juntas; una relación en la que los dos brillan con luz propia y honran su naturaleza, respetando su individualidad, no dependiendo del otro para lograrlo.

Una relación que se basa en la codependencia no es sana, ya que está sustentada en llenar los vacíos y satisfacer nuestras necesidades, usando la manipulación, el control y jugando el papel de víctimas para obtener lo que queremos.

Dejar de ser o pretender, para poder ganar puntos, te va a hacer infeliz a la larga. Dejar de realizarte o de crecer, o depender de otra persona para vivir tu vida, bloqueará tu crecimiento como persona y, sobre todo, inhibirá tu crecimiento espiritual. Nuestra misión en esta vida es la evolución.

Para crear una relación sana tienes que preguntarte qué nivel de madurez espiritual y como persona tienes. Si tu pareja está en tu mismo nivel, podrán caminar juntos; si no es así, te espera un camino de muchos retos.

Celos

> El que ama desde la pertenencia, no ama realmente; necesita.

Los celos son una señal de estar descontento con uno mismo. Están conectados con la envidia y las comparaciones: querer ser igual de bonita que la chava de al lado, querer tener más dinero que tu amigo, desear ser más inteligente que tu jefe. Los celos te alejan de tu verdadera esencia y, cuando te desconectas de ti mismo, tu nivel de inseguridad va subiendo.

Una relación sana no se basa en la posesión. Me da mucha risa cuando mis amigos me dicen que tienen que pedirle permiso a su novia para salir a comer, o cuando una amiga me cuenta que no puede ir a un concierto porque su esposo no la dejó. ¿Es en serio? Si con nuestros papás no nos dejábamos, ¿por qué con nuestras parejas sí?

Es increíble pasar el mayor tiempo posible con nuestra pareja, pero no con esa sensación de necesidad, del tener, de pertenencia. Es sano que cada uno sea auténtico, pues nuestra naturaleza es compartir nuestra luz con más personas. Tener amigos confidentes, ya sean de tu mismo sexo o del sexo opuesto, es sano. No puedes esperar que una sola persona te dé la riqueza y las lecciones que puedes aprender de más gente.

Si eres inseguro, pensarás que no eres lo suficientemente bueno para lograr que tu relación funcione, e inconscientemente asumirás que tu pareja podría abandonarte en cualquier momento. Si eso llegara a pasar, experimentarás sentimientos demasiado intensos porque en el fondo ya tenías arraigada esa creencia de abandono, tan fuertemente, pues fue causada por otros motivos que ahora son los que tienes que trabajar.

En el momento en que poseemos a alguien, vamos apagando su luz y nuestra luz; comienza la manipulación, nos convertirnos en seres posesivos y privamos a la otra persona de su libertad. Cuando esto sucede, las relaciones comienzan a cambiar; la desconfianza y la frustración entran en nuestra vida. Los celos vienen del miedo, no del amor, y toda emoción relacionada con el miedo bloquea nuestra relación, no la eleva.

Si eres celoso, revisa tus creencias acerca del abandono y de tu valor como persona. Si eres seguro de ti mismo y sabes que no tienes responsabilidad de la otra persona, los celos no formarán parte de tu vida y tu relación será más libre y más feliz.

Mentiras

Cuando dudamos en hablar con la verdad es porque nos dan miedo las consecuencias.

Mentimos porque somos buenos para hacerlo. Alguien podrá decir "te quiero" porque ya lo ha dicho tantas veces, que cuando te lo dice a ti no tiene un significado real. Mentir es fácil y cómodo porque desde niños estamos educados para hacerlo: "No importa, es una mentirita piadosa". Así nos salimos con la nuestra.

La mentira fue creada para quedar bien. Vivimos buscando la aceptación de los demás, pues cuando somos demasiado honestos o directos, la gente se ofende, no nos entiende y se siente lastimada.

Byron Katie dice: "Soy responsable de lo que digo, pero no de lo que entiendes". Y es muy cierto, cada uno reacciona de acuerdo con su propia experiencia, y tenemos que darnos cuenta de que la reacción de los demás no está en nuestras manos, y que la verdad, desde una manera amorosa, se agradece más que la mentira.

Los pretextos y las explicaciones son otra forma de validar nuestra mentira o lo que estamos pensando. ¿Por qué damos tantas explicaciones? ¿Por qué tanto choro? Se vale poder responder con pocas palabras o no hacerlo. No tenemos que dar explicaciones a nadie si no queremos.

Es tiempo de crear una nueva forma de comunicación; está en nuestro poder comenzar a hacerlo con nosotros mismos y con la gente que nos rodea. Deja de mentir, eso te hará libre. Si no, seguirás cayendo en ese círculo vicioso una y otra vez para validar tu mente, y eso tarde o temprano creará más telarañas en tu vida. Bien dicen que el que habla con la verdad no tiene que acordarse de nada. La verdad se descubre; la mentira la inventamos. ¿Qué prefieres: ser honesto y feliz o un mentiroso culpable?

Infidelidad

La fidelidad es una elección de todos los días.

La fidelidad es un tema complicado con un sinfín de teorías. Algunas de ellas dicen que no es parte de nuestra naturaleza y ADN, y que por ello no es posible. Otras teorías dicen que es una regla impuesta por las religiones y por la sociedad. Mi conclusión es que la fidelidad es un músculo que se vuelve más fuerte con la voluntad; una elección que hacemos todos los días, basada en un acuerdo, en un compromiso que decides seguir o romper.

La infidelidad es de esos temas que se han desvirtuado. Pero debemos entender que cada relación y cada situación es diferente. Por ejemplo, en las relaciones abiertas se tiene el acuerdo de que es válido relacionarse sexualmente con otras personas, a la vez que se tiene una relación formal. En el matrimonio es considerado adulterio, el pecado máximo y la prohibición mayor. Un gran número de divorcios se deben a esta causa. Así, la gente sigue cometiendo infidelidades por años.

La infidelidad es un reflejo de la autoestima, del poder que tienes de transformar tu energía sexual en energía creativa, de utilizar esa energía sexual para otros fines. La infidelidad es causada por algo que no se obtiene en casa o sigue un simple instinto de tener una experiencia diferente y nueva. La fidelidad puede resultar más fácil para aquellas personas que prefieran lo más familiar, lo conocido; para quienes busquen lo nuevo y las aventuras, es una prueba fuerte de voluntad. Cualquiera que sea tu caso, ve el fondo del deseo y lograrás observar la raíz de la búsqueda de satisfacción a través del sexo. (Más adelante hablaré del sexo y entenderás la importancia energética que tiene y cómo tener varias relaciones sexuales al mismo tiempo te puede quitar energía si no lo sabes manejar.)

Cuando eres infiel por represión, posesión, o como una forma de rebeldía, tienes que arreglar primero la raíz del problema, para así reflejarlo en tu preferencia y decisión de estar con tu pareja. La fidelidad es una decisión desde la conciencia, no desde el cuerpo. Éste siempre va a estar en búsqueda de la gratificación instantánea, de la variedad.

Somos responables de todo lo que pasa en una relación; nadie ni nada puede entrometerse o destruirla al menos que uno dé entrada a otra persona o circunstancia para hacerlo. En *La maestría del amor*, de Miguel Ruiz, se habla de lo natural que es sentir atracción por otras personas y de que cuando ves a alguien que te gusta, des la bienvenida a esas emociones y continúes tu camino sin voltear atrás y sin comenzar a crear historias. Ahí es cuando surgen oportunidades para ser infiel, ya que comienzan a gustarte y a excitarte las historias que estás creando en tu mente, cuando simplemente la mujer o el hombre que viste sacaron tus instintos naturales.

Como dice una frase: "Nadie te va a robar a alguien que no quiere ser robado". Si tu pareja ya es infeliz o no quiere estar contigo, eventualmente saldrá de tu vida.

RAZONES POR LAS QUE TERMINA UNA RELACIÓN

¿Quién soy yo para juzgar a alguien en un momento de debilidad?

En varias encuestas, las siguientes son las razones que sobresalen como causas por las que terminan las relaciones de pareja. Te invito a que hagas una lista de las que te afectaron y veas cómo se relacionan con tu propia experiencia (recuerda que las relaciones de pareja son las que nos van a enseñar mejor quiénes somos):

- Infidelidad
- Distancia
- Monotonía y rutina
- Falta de respeto
- Mentira
- Falta de confianza
- Falta de comunicación
- Dejar de amar
- Agresión
- Ser posesivos
- Problemas sexuales
- Problemas económicos
- Falta de admiración.

5. PUNTO E: ESPIRITUALIDAD EN EL SEXO

> El acto sexual es un saludo que intercambian dos almas.
>
> MACEDONIO FERNÁNDEZ

Lo que me mueve en la vida es el crecimiento personal y espiritual. Todas mis experiencias las veo como una forma de evolucionar, en especial mis relaciones; no sólo las románticas sino las que tengo con mis amigos y mi familia. El mundo espiritual está conectado a nuestra mente y a nuestro cuerpo. No somos el uno sin el otro. Lo que pensamos o hacemos repercute en nuestra energía y frecuencia vibracional. Estamos hechos de energía pura, a la que los vedas llaman *prana*, y los chinos, *chi*. Ésta circula en nuestro cuerpo, llenándonos de vida.

Muchos maestros y diversas filosofías han cambiado mi forma de pensar sobre las relaciones humanas y su impacto en nuestra energía. Por ejemplo, la *kabbalah* dice que la función del sexo es compartir la luz con el mundo y que durante el acto sexual tú y tu pareja intervienen con la fuerza de la luz y se convierten en uno, creando una energía circular que ayudará a despertar un nivel de conciencia y de realidad en el mundo. Eso no significa que no sientas placer o que dejes de disfrutar el sexo. Lo que sí enfatiza es la conexión, la intimidad y el amor con tu pareja para que la intención sea la de traer más luz del mundo, y el único sentimiento que puede lograrlo es el amor.

Krishnamurti dice que en las relaciones nos enfrentamos con nuestros propios problemas, por lo que nos volvemos más conscientes de nuestras reacciones y aprendemos mucho más que en soledad.

Por otra parte, el tantra señala que el sexo es una de las avenidas para lograr el despertar. (El tantra es la ciencia de la iluminación, una de las filosofías más antiguas que antecede al hinduismo y que significa "aquello que extiende la sabiduría". Es la ciencia que nos enseña a acceder al estado de iluminación que ya vive en nosotros y que, a través del trabajo espiritual y del sexo, logramos despertar. Los vedas le llaman al estado natural *sat-chit-ananda,* esto es, la dicha absoluta.)

Osho, uno de los grandes filósofos de la India, logró despertarme una visión alternativa acerca de la sexualidad y las relaciones. Su libro, *Del sexo a la superconciencia,* es muy recomendable. En él habla de cómo las religiones han llegado a satanizar tanto al sexo, que son las culpables de que exista tanta represión, lo que ha llevado a los hombres a generar distorsión, creando pornografía y convirtiendo al sexo en algo lujurioso y sucio.

Los excesos, el afán de ver mujeres desnudas en revistas, las películas xxx y las fantasías eróticas sucias como hubiera sido el sadomasoquismo, son algunas causas de nuestra educación bajo el pecado y la culpa. Si hubiéramos crecido más libres, con una educación en la que el sexo fuera algo natural, o vernos desnudos algo más común, no hubiéramos llegado a lo que el sexo se ha convertido hoy.

El sexo es el puente para alcanzar el *samadhi,* es decir, la iluminación o un estado de superconciencia. Cuando logramos el orgasmo, estamos en ese momento profundo de meditación en el que no hay pensamientos, deja de existir el ego, nos unimos al universo y tocamos ese momento de éxtasis. En cada orgasmo tenemos un destello que, a través de diferentes técnicas y meditaciones, podemos ir desarrollando para extenderlo; ésa es la droga que nos hace adictos al sexo, ese momento en que sólo somos y que nos muestra la realidad; ese despertar de conciencia por unos segundos.

Osho nos recomienda practicar la meditación, porque, por medio de ella, logramos alcanzar momentos como los del orgasmo. El sexo es algo natural y es válido disfrutarlo. La adicción no es positiva, ni querer tener sexo sólo porque sí, ya que éste es la herramienta más sagrada, la que nos acerca a lo que buscamos como seres humanos.

Para que el sexo se convierta en lo que verdaderamente es, Osho recomienda conocerlo, practicarlo, entenderlo y, una vez que lo hagas sin culpas ni limitaciones, podrás utilizarlo para elevar tu conciencia. Es un acto sagrado y lleno de amor.

Para muchos no ha sido fácil entender la visión de Osho y lo han considerado un rebelde. Éstos son algunos puntos de vista, sobre el amor y las relaciones que quiero compartir, para ver cuáles tienen mayor resonancia entre ustedes:

1. El amor está en todas partes. Una relación tiene fin, ya que es repetitiva y te deja de sorprender. Uno decide quedarse en ella para cumplir una promesa, porque es cómodo, acogedor y conveniente; porque si no lo hacemos, es más difícil.
2. Tenemos que aprender a relacionarnos y no a tener una relación. Pero cuando nos relacionamos lo hacemos en el momento, porque no tenemos idea de qué va

a pasar mañana. Por eso el hombre creó el matrimonio, que nos da esa seguridad del poseer para siempre.

3. El gozo del amor es explorar la conciencia. Cuando nos relacionamos, nos conocemos cada día más. Es como vernos de nuevo por primera vez e ir indagando cada vez más adentro, aunque nos resulte incierto.

4. El cuerpo existe en la materia y los hombres crearon el matrimonio para dar estabilidad a la sociedad y, en muchas ocasiones, por una cuestión económica, por arreglos o por conveniencia.

5. Los divorcios son inevitables en sociedades en que el matrimonio es una consecuencia del amor, ya que éste viene del corazón, que es muy inestable.

6. Si para tomar decisiones confías en lo que dice tu mente, seguramente aquélla no durarán, ya que ésta es tan cambiante que hoy quiere algo y mañana otra cosa.

7. El sexo es el principio del amor y la herramienta para conseguir un despertar de conciencia.

Entender cómo nos relacionamos es de lo más complejo, pero es la forma en que se reflejan las lecciones de la vida. Cuando compartimos un camino espiritual en pareja, nuestra evolución como personas se acelera y nos envolvemos en esa sinergia de energías que logra despertar nuestro mejor potencial. Elegir una pareja que esté en nuestro mismo camino o nivel de conciencia es importante para que la relación no sólo sea física, sino espiritual.

A la vez, desarrollar la espiritualidad es trascendental para una relación de pareja y para una buena vida sexual. Entender los centros de energía, cómo utilizarlos y su conexión con el sexo llevará a que tu orgasmo no sólo sea una experiencia intensa, sino a expandir esa energía corporal y transformarla en espiritual, una energía que te conecte con un momento de iluminación.

Nuestra educación sexual se ha enfocado solamente en técnicas y en la experiencia física, con información casi siempre a medias. Saber qué sucede en el nivel espiritual te dará mayores herramientas de placer, así como una mayor intimidad con tu pareja.

ENERGÍA

No hay que ver para creer.

Mi acercamiento con diferentes técnicas de sanación a través de la energía y el yoga comenzaron desde que era niña. Para mí, hablar de la energía, de los *chakras*, de la conexión, la sabiduría interna o la esencia, resulta bastante familiar, a diferencia de otros, para quienes estos conceptos suenan como el "abracadabra".

¿Qué es la energía? Así de sencillo: es la que mueve todo el universo, los movimientos de expansión y contracción, el día y la noche, las estaciones del año o las células de nuestro cuerpo. Todo se mueve por energía. ¿Cuántas veces al día afirmas que ya no tienes o que traes mucha pila, o que se te acabó la energía?

Podemos ver a nuestro cuerpo como una manifestación de energía espiritual. La mente, los pensamientos y las emociones son parte de esa energía infinita a la que podemos acceder cuando queramos y la cual forma parte de nosotros.

Las relaciones humanas tienen un gran efecto en nuestro nivel de energía, dependiendo de nuestro estado mental y de las personas que atraemos. Podemos sentirnos llenos de energía después de convivir o de tener relaciones sexuales con alguien, pero también podemos sentir como si nos chuparan la energía y terminamos cansados o desganados.

Por tanto, es necesario que seamos selectivos al compartir nuestra energía en las relaciones sexuales, porque ello impactará nuestro campo energético —llamado aura— de maneras muy sutiles.

Esta breve introducción a los centros de energía o *chakras* te ayudará a entender mejor lo que pasa con la energía en nuestro cuerpo y cómo podemos armonizarla y balancearla con meditaciones sencillas y pensamientos positivos.

La energía se mueve de diferentes formas cuando trabajamos nuestro ámbito sexual. Su finalidad es elevarse a través de los otros centros de energía hasta nuestra coronilla, para así conectarnos con la energía espiritual y vivir ese momento de iluminación.

En el hinduismo, el *kundalini* es una energía invisible; es la fuerza de nuestra alma, de nuestra conciencia, del cosmos dentro de cada individuo; es nuestra energía creativa. El *kundalini* es representado por una serpiente que duerme enroscada en el *muladhara* (el primero de los siete *chakras* o centros de energía). Se dice que el *kundalini* subirá verticalmente por medio del fluido espinal, atravesando los *chakras* hasta llegar al cerebro, modulando su actividad. Es una energía evolutiva y, según su grado de activación, condiciona nuestro estado de conciencia. La energía sexual estimula esta energía. Cuando tenemos sexo, y estamos conscientes de ello, es mágico, ya que nos perdemos y nos sentimos parte del todo.

Chakras

En sánscrito, significan "rueda de luz" o "vórtex". Los vedas utilizaron este término para denominar nuestros centros de energía, que consisten en energía psíquica que se mueve en círculos a diferentes frecuencias vibratorias. Todos tenemos los mismos *chakras,* los cuales son afectados por cuestiones emocionales, psicológicas o físicas. (Estos centros se conectan con nuestros nervios, hormonas y emociones.) Su localización es paralela a los puntos del sistema neuroendocrino e inmune y tienen cierta relación vibracional con ellos (actúan como transformadores).

Tenemos siete *chakras* principales y varios secundarios, los cuales corresponden a puntos de acupuntura. Cada uno tiene una polaridad, que es la que tenemos que balancear, así como una parte frontal y otra posterior. Son centros de energía que vibran con frecuencias más elevadas y contienen canales de energía llamados *nadis*, de los cuales tenemos más de 72 000 en nuestro cuerpo. Los principales son *ida,* que mueve la energía mental; *pingala,* que controla los procesos vitales, y *sushumna*, el canal en el que se despierta la conciencia espiritual.

Debemos trabajar ciertos puntos para que la energía fluya en los *chakras* y logremos despertar esas cualidades que están en nosotros pero que a veces tenemos bloqueadas o dormidas.

La alineación de los *chakras* tiene una glándula pararela, así que, trabajando estos círculos de energía, estamos a la vez dándole una inyección de vida a las glándulas que rigen muchas de las funciones de nuestro cuerpo que nos mantienen saludables y con nuestra libido activa.

Para balancear o armornizar tus *chakras,* puedes usar diferentes terapias energéticas, como el reiki o la energía universal, el yoga, el *kundalini yoga*, la meditación, la respiración y el tantra. Todas son formas de trabajar tus centros, los cuales están conectados con tu frecuencia vibratoria. Si sufres problemas psicológicos, estrés emocional o *shocks,* afectarán tu sistema energético. Recuerda que es importante tener en balance las diferentes áreas de nuestra vida.

Una técnica que me gusta es la visualización con color, la cual aprendí con mi maestra Chris Griscom. En diferentes teorías se ha afirmado que cada *chakra* tiene un color, pero Chris nos dice que todos los *chakras* trabajan con diferentes colores, dependiendo de lo que nuestro yo interno esté pidiéndonos trabajar ese día. Visualiza y usa toda la gama de colores para activar tus centros de energía. La alimentación también logrará afectar tu nivel de energía o *prana,* así como la función de las glándulas y los *chakras.* Comer sanamente, con alimentos puros y frescos llenos de *prana,* es vital.

Chakras y glándulas

Primer chakra
Muladhara (raíz o fundamento)
Localización: perineo, entre el ano y los genitales.
Órganos que rige: cuerpo físico, sangre, espina dorsal, cadera

Descripción: es el primer *chakra* de nuestra evolución espiritual después del mundo animal. Su relación es la cantidad de energía física y el deseo de vivir en la tercera dimensión. En las relaciones, balancea la dependencia con la independencia. Cuando somos pequeños, se relaciona con nuestro crecimiento.

Despertar la energía de este centro, donde comienza el *kundalini,* es el primer paso para el despertar. Las frustraciones sexuales y la culpa tienen su raíz en el *muladhara,* así que enfrentarlas, cuestionarte y dejarlas ir, es de suma importancia. Nuestros deseos, nuestros apegos a lo material y lo que nos mueve vienen de este centro.

En balance y abierto: nos da seguridad en el mundo, confianza, ganas de vivir en la realidad física, potencia física, presencia de vitalidad y poder generador de energía para ti y para compartir, voluntad de vivir y la capacidad de crear con otros.

Chakra cerrado: desconfianza, impresión de no estar aquí; evita la actividad física, energía baja, falta de estabilidad y de echar raíces.

Enfermedades: problemas en la columna, ciática, artritis, acné, fatiga crónica, fibromialgia.

Asuntos: abuso o abandono de niños, incesto, peleas con los padres, y creencias como "el sexo es sucio", "las mujeres deben servir a los hombres", "soy tonto", "las mujeres deben llegar vírgenes al matrimonio" te van a afectar.

Segundo chakra
Swadhistana (donde uno reside)
Localización: genitales, matriz.
Órganos que rige: útero, vagina, cérvix, intestino delgado, pelvis, vejiga

Descripción: es la capacidad de dar y recibir amor y placer en las relaciones. Es la calidad de amor hacia la pareja. La dinámica de la relación y la definición de acuerdos.

Controla el subconsciente. Esta energía sexual se puede transformar en energía creativa o en devoción.

Es importante trabajar tus deseos y tus pasiones desde este centro y transformarlas en un fin espiritual para elevar tu nivel de conciencia y conectarte con el universo; si dejamos esa energía en este *chakra,* se queda en una cuestión mundana que se arraiga en el poder, el sexo y el dinero. Para iluminarnos, encontrar paz y balance en la vida, hay que trascenderlo.

En balance y abierto: facilita el dar y recibir placer sexual y físico, sientes tu potencial sexual; la capacidad de tener orgasmos, esencia de cualidades maternales, nutrición de comunión y contacto físico; fertilidad, capacidad de crear con otros; desarrolla tu creatividad.

Chakra cerrado: incapacidad para lograr el orgasmo, fuerza y potencia sexual débil, no mucho impulso, temor a dar rienda suelta a lo sexual, represión, falta de creatividad, falta de nutrición a través del contacto físico.

Enfermedades: apendicitis, problemas urinarios, impotencia sexual, dolor en la pelvis o en la espalda baja.

Asuntos: miedo al abandono, seguridad financiera, creatividad, hijos, estatus social.

Tercer chakra
Manipura (la ciudad de las joyas)
Localización: plexo solar
Órganos que rige: abdomen, intestino grueso, hígado, vesícula, estómago, riñones, páncreas, glándulas suprarrenales y espalda media

Descripción: es el centro de la sanación espiritual, del dinamismo, la fuerza de voluntad, la autoestima, la acción, la vitalidad y el placer. Regula los procesos mentales y mueve la sabiduría espiritual y la conciencia de la vida.

Despertar este centro es importante, ya que es la puerta de la conexión humana y de la vida emocional. El *kundalini* que se despierta en el *muladhara* queda normalmente atorado en los primeros dos *chakras;* al llevarlo a este nivel ya comenzamos a tener conciencia de la espiritualidad y es más fácil subir esa energía a los demás centros.

Controla el proceso de digestión y de asimilación, y la temperatura del cuerpo.

Chakra abierto: alta autoestima, vida emocional profundamente satisfactoria y libre de agobios, conexión con el mundo, la naturaleza y el universo; puedes llegar a sentir emociones incontrolables si está abierto en exceso; poder de la conexión, la unión y la fusión; si sientes un fuerte amor hacia tu cuerpo y tienes intención de mantenerlo saludable, este *chakra* se abre: sentimiento íntimo de estar conectados con el poder del universo para que te dé confianza en aventurarte a lo desconocido.

Chakra cerrado: bloquea sentimientos, evade emociones; te aleja de la conciencia de un significado más profundo; autoestima baja y falta de aceptación, rechazo personal, adicciones; agresión o estar a la defensiva; te vuelves territorial, te sientes demasiado responsable; bloqueamos nuestra propia fuerza; búsqueda de estímulos externos, aprobación de los demás y actividad fuera de sí mismos; el exceso de peso es un reflejo del mal funcionamiento de este centro, ya que regula el metabolismo corporal; también apoya el proceso de convertir los alimentos en energía y desechar.

Enfermedades: úlceras, gastritis, problemas del colon, colitis, acidez, diabetes, estreñimiento, diarrea, anorexia y bulimia, hepatitis, problemas en las glándulas suprarrenales.

Asuntos: autoestima, sentirte inferior, creencias impuestas por la sociedad que nos reprimen, culpa.

Cuarto chakra
Anahata (o *chakra* del corazón)
Localización: corazón
Órganos: corazón, pulmones, venas, hombros, pecho, costillas, diafragma, esófago

Descripción: es el centro a través del cual amamos, nos amamos a nosotros mismos y a los demás; desde el cual actuamos en el mundo físico y perseguimos lo que deseamos. Es el centro de la pasión y compasión. Requiere un balance entre tristeza y la felicidad, alegría y serenidad. Despertarlo te hará un ser espiritualmente consciente de que vives bajo el dictado de tu conciencia yóguica y no por las cosas externas de la vida; verás la belleza y la luz interna y se potencializará el sentimiento de amor por ti, por los demás y por la forma en que interactúas con el mundo y la naturaleza.

Controla las funciones del corazón, el diafragma, los pulmones y otros órganos en esa región.

Chakra abierto: pasión, capacidad de sentir, expresar, resolver, perdonar; capacidad de duelo; amor incondicional, profunda paz, equilibrio; estado de flexibilidad, tolerancia, amabilidad, delicadeza; aprecio por lo sagrado y por el amor en todas sus manifestaciones.

Chakra cerrado: dificultad para amar sin esperar nada a cambio; desequilibrio en ausencia de propósito de nuestra existencia; no hay capacidad para establecer relaciones duraderas; desilusión, soledad y sentimientos de desconexión, evasión de emociones, frialdad.

Enfermedades: hipertensión, dolor en el pecho, arritmia cardiaca, cáncer de pulmón, neumonía, alergias, asma, problemas cardiovasculares, problemas de seno, incluyendo cáncer, dolor en la parte alta de la espalda.

Asuntos: tus patrones en las relaciones, tus reacciones o cómo respondes ante una relación; problemas para relacionarte con el mundo.

Quinto chakra
Vishuddhi (centro de la purificación)
Localización: garganta
Órganos: tiroides, tráquea, garganta, boca, dientes y encías

Descripción: es el centro del sonido, de la vibración y la expresión. Es el dominio de la conciencia que controla y crea las comunicaciones. Escuchar, hablar, cantar, escribir; en sí, la creatividad que tiene que ver con la palabra y el sonido vienen de este centro. La telepatía y la clariaudiencia. Representa un estado de apertura en el cual ves la vida como proveedora de experiencias que te llevan al aprendizaje.

Despertarlo te ayudará a vivir la vida, fluyendo y dejando de negar lo que no es tan bueno, y a buscar sólo placer. Ambos, el veneno y el néctar, están presentes en este centro.

Controla el tiroides, algunos sistemas de articulaciones y el paladar.

Chakra abierto: nos despierta la conciencia para dedicarnos a crear lo que necesitamos y deseamos; ayuda a la creatividad; nos da el *timing,* la paciencia, laempatía con los demás, la voluntad; comienzas a entender las vibraciones del mundo y a las personas; ayuda a desarrollar la telepatía (el arte de comunicarse a través del tiempo y el espacio sin recurrir a ninguno de los sentidos normales); adaptación a tu trabajo; atracción gradual de lo que quieres.

Chakra cerrado: puedes ver el mundo de una forma negativa y así comienzas a atraerlo; la comunicación es poco fluida, no hay resonancia con los demás, la creatividad se dificulta; falta de tranquilidad y silencio interior, miedo al fracaso.

Enfermedades: bronquitis, úlceras en la boca, problemas en las encías, dolor en el cuello, hipo o hipertiroidismo, problemas en las cervicales.

Asuntos: le das al mundo lo mismo que recibes, cómo te comunicas; sabes escuchar.

Sexto chakra
Ajna chakra (centro de comando o del gurú)
Localización: entrecejo.
No rige órganos, pero está asociado con la glándula pineal.

Descripción: este centro está relacionado con la capacidad de visualizar y entender conceptos mentales. Define tu moral si eres liberal o conservador; si eres reprimido o desinhibido. Balancea los dos hemisferios de tu cerebro, tu parte racional y tu parte creativa.

Despertar este centro te volverá consciente de las actividades que realizas todos los días y dejarás de actuar en piloto automático; te conviertes en el observador. Te conecta con tu sabiduría interna a través de la meditación; ayuda a que tu percepción sea más real y que tus poderes intuitivos se desarrollen. Aquí logras conectar con otras dimensiones como la astral.

Controla los músculos y el despertar de la energía sexual. En este centro se unen los tres canales: *ida, pingala* y *sushumna nadi,* en un canal de conciencia que sube a *sahasrara chakra.*

Chakra abierto: percepción, claridad de entendimiento, capacidad de visualización, capacidad creativa y de materializar ideas.

Chakra cerrado: las ideas creativas quedan bloqueadas, creencias negativas; la voluntad está cerrada, las ideas no tienen salida en el plano material; frustración.

Enfermedades: tumores en el cerebro, problemas neurológicos, mareos, vértigo, Parkinson, ceguera.

Asuntos: limitaciones por creencias, problemas para fijarte metas.

Séptimo chakra
Sahasrara
Localización: coronilla.
Asociado con la glándula pituitaria.

Descripción: está relacionado con la conexión de la persona con su espiritualidad, con la claridad de su propósito.

Para despertar el *sahasrara,* el *ajna chakra* debe estar abierto; enfocarnos a abrir este centro nos llevará a la iluminación. *Sahasrara* es la conexión directa con Dios.

Chakra abierto: acentúa tu conexión con tu espiritualidad, con tu fe; perceptivo a la energía.

Chakra cerrado: falta de este sentido cósmico de conexión con la espiritualidad, muy presente en esta dimensión sin la apertura a lo inexplicable.

Enfermedades: problemas genéticos, esclerosis múltiple, accidentes en esta vida que te sirven como una llamada para despertar.

Asuntos: tus creencias a la fe; Dios; la falta de conexión con lo divino.

LA ENERGÍA EN EL SEXO

La manera más íntima de relacionarnos es a través del sexo, no sólo a nivel físico, sino energético. Tenemos diferentes cuerpos: físico, emocional y etéreo, entre otros. A nivel físico, cuando hacemos el amor nos fusionamos, nos volvemos uno, conectándonos a través de los órganos sexuales. A nivel emocional, logramos conectar nuestros corazones por medio del calor, la pulsación y la respiración. Nuestro cuerpo etéreo también se fusiona convirtiendo nuestra energía en un círculo que recorre nuestros *nadis* o canales de energía; los *chakras* comienzan a girar en una frecuencia diferente y logramos llevar toda esa energía que no está refinada —la sexual— a estados de éxtasis, convirtiéndola en energía más sutil.

Todos tenemos un aura, que es un campo energético que no vemos porque está en nuestro cuerpo etéreo, pero que podemos sentir claramente cuando nos frotamos ambas manos, las separamos ligeramente y sentimos ese magnetismo y ese ligero cosquilleo. Cuando te vuelves más receptivo, comienzas a sentir esa experiencia al hacer el amor. Nuestras energías se fusionan completamente, así como nuestros cuerpos lo hacen uniéndose.

Nuestras frecuencias energéticas son diferentes. Si eres una persona preocupada, ansiosa, que estás enojada, comes comida chatarra, te drogas o estás intoxicado por exceso de alcohol o de medicamentos, tu energía es más densa y pesada, por lo que necesitas una más ligera y luminosa. En cambio, si tienes una actitud alegre, sonríes, utilizas técnicas como la meditación, la respiración, el ejercicio, el yoga, y consumes alimentos llenos de vida como frutas, verduras y jugos, tu energía es más luminosa y ligera, y tu conexión con la energía sutil es más profunda y fácil.

Imagina lo que pasa con tu energía cuando te unes a alguien. Si estás en otra frecuencia, la vibración y el sexo no serán ideales porque estás conectado a otras emociones y a otras actitudes. Si tu energía concuerda, puedes llegar a esos niveles elevados de amor. Todo lo que conecte con el amor se transforma; así que, si tienes sentimientos de furia, preocupación, ansiedad, enojo, envidia, o si estás intoxicado, puedes transformarlos a través de estas técnicas, para así estar presente y vivir el amor intensamente en el acto sexual. Crear un espacio sagrado, meditar y abrazarse antes de hacer el amor ayuda a que nuestros campos energéticos comiencen a fusionarse y transformen esas densidades.

Ser selectivo con tus parejas, como lo comenté antes, también es importante porque, si apenas comenzamos a entender y a conocer cómo se mueve nuestra energía, podemos absorber esos sentimientos y terminamos sintiéndonos agotados e incluso infelices y vacíos después del sexo.

Existen diversas teorías de maestros espirituales que nos dicen que la energía de la persona con quien estuviste permanece en tu campo áurico durante siete años (otros aseguran que sólo nueve meses). Y si no sabemos limpiar y trabajar nuestra propia energía, podemos hacer nuestras algunas emociones o algunas sentimientos de la otra persona. Si no utilizas protección con condón, es todavía más fuerte. Por eso tardamos en olvidar a alguien y cuando mencionan su nombre sentimos ese impulso de estar con él porque la conexión energética es sumamente fuerte.

El sexo es mucho más que algo físico; es una experiencia sutil en la que te compartes plenamente. Volverte una persona sensual, que puede disfrutar del placer, te hará más selectiva; sobre todo, aprenderás a controlar tus impulsos y a vivir momentos de placer sin necesidad de acostarte con alguien. Así que piénsalo dos veces antes de estar con alguien, de compartir y regalar tu energía a quien no lo merece.

MEDITACIÓN

La meditación te lleva a un momento de observación, a unos minutos de paz y gozo. Ahí puedes conectarte con tu esencia, observando tu mente y tus emociones, llegando a un momento de claridad en el que ves las cosas como son. En la meditación te llegas a conocer mejor.

A lo largo del día tenemos distracciones que nos alejan de la realidad y de lo que somos. Nos identificamos con lo que hacen los demás, con lo que dicen, y direccionamos nuestra energía a las cosas externas; se nos olvida guardar tiempo para nosotros. En la meditación, encontramos respuestas y nos volvemos más conscientes de cómo se mueve nuestra energía, de la sutileza de nuestros movimientos, de los lugares donde sentimos bloqueo o dolor, y de la rapidez y las vueltas que dan nuestros pensamientos. Con la meditación nos echamos un clavado a lo más profundo de nuestro ser y logramos contactar con nuestras emociones y nuestros deseos, con nuestras partes oscura y luminosa.

La meditación te acerca a lo verdadero y auténtico de tu persona; a conocer con mayor claridad tus miedos, tu dicha y tu amor propio, ya que es una gran herramienta para abrir las emociones guardadas, para dejar ir rencores, corajes y miedos. En el momento en que te enfrentas con tu verdadero ser y lo aceptas, automáticamente sube tu autoestima, te vuelves más receptivo hacia el mundo y dejas de buscar respuestas a cosas que se resuelven e integran sin meter a la mente y sin esfuerzo; en ese dejar ir te permites liberarte y estar abierto al amor y al poder de la sanación.

Mientras más libre seas, más receptivo estarás al placer y a la sexualidad.

La luz, así como el amor, te conectan con lo divino; el amor propio va elevando tu nivel de frecuencia y pasa como un *switch* en tu cerebro que rompe patrones y te da la claridad de saber qué cosas quieres y cuáles no. Aprendemos a valorarnos más y a entender que no somos seres reemplazables; que somos únicos y que no debemos aceptar menos de lo que merecemos y que tenemos que entregarnos al amor.

Con la práctica de la meditación, lograrás vivir la vida más conscientemente en el presente, experimentándola en su totalidad, expresándote con todos tus sentidos. La capacidad de ser una persona receptiva al placer sensorial se incrementará; con ella aprenderás a desarrollar esos poderes dentro de ti para conectarte con tu ser y elevar tu energía hacia la iluminación, pasando por momentos de bienestar absoluto que te llevarán a la claridad, a la paz y al amor infinito.

Meditación del corazón

Esta meditación fue uno de los más grandes descubrimientos en mi viaje a Bali, que continué practicando con resultados increíbles que me ayudaron a dejar ir emociones atoradas, a reafirmar mi amor y autoaceptación y, en especial, a escuchar dos palabras que no me había dicho en años: TE AMO.

Escuchar de ti mismo las palabras "te amo" no es tan fácil, ya que pueden causarte conflictos, enojo, lágrimas. Escucha lo que dice tu voz interna cuando hagas esta meditación y anota inmediatamente después las emociones que surjan, que son las que irás trabajando en tus meditaciones. Si alguna emoción fuerte interrumpe tu meditación, déjala ser, sácala y continúa con ella.

1. Procura realizar este ejercicio solo, sin distracciones y en un lugar en donde nadie pueda molestarte.
2. Prepara ese espacio con algún aroma de tu gusto; ilumina con velas o cubre tu lámpara con un velo de color. Puedes hacer la meditación saliendo de un baño de tina, ya que es importante que estés relajado.
3. En posición de meditación, con la espalda recta, puedes colocar tu mano derecha en el corazón y la izquierda en el plexo solar, o las dos manos en *mudra* sobre tus muslos. También puedes acostarte en posición de *savasana* si te sientes más cómodo, colocando la mano izquierda en el plexo solar y la derecha en el corazón.

Savasana

4. Inhala y exhala profundamente en cuatro tiempos y enfoca tu atención en la respiración por unos minutos.
5. Comienza a decirte "te amo, te amo" durante unos tres minutos. Puedes agregar "eres bella, eres bello, me acepto" o cualquier otro adjetivo que refuerce algo que necesites escuchar.
6. Continúa unos tres minutos más. Si sientes alguna distracción, enfócate en tu respiración.
7. Pregúntale a tu corazón qué color necesita para sanar y hazlo entrar por tu coronilla, jalándolo desde el cielo hasta tu corazón y llenándolo de ese color.
8. Inhala y exhala unos tres minutos más.
9. Continúa inhalando y exhalando por tres minutos más; abre los ojos lentamente y verifica cómo te sientes.

RESPIRACIÓN

Cuéntame tu historia a través de la respiración.

La respiración es lo que nos mantiene vivos todos los días. Cuando respiramos de la manera correcta, inyectamos energía o *prana* a nuestro cuerpo. El cerebro se llena de energía y vitalidad; nuestra capacidad pulmonar aumenta, el corazón late a un ritmo más constante y prolongamos nuestra vida. La respiración nos avisa si nuestro sistema cardiovascular está funcionando correctamente, si estamos activando nuestras reservas de emergencia, si está creciendo el estrés en el cuerpo; nos indica si estamos enojados, frustrados, en paz, sintiendo placer, dolor; nos avisa si estamos en nuestra mente o en el cuerpo. Una respiración consciente y profunda nos lleva a mantenernos en el presente y a acceder a otros niveles de conciencia. Salirnos de nuestro proceso mental o de cualquier estrés emocional se puede lograr a través de la meditación y la respiración.

La respiración profunda expande nuetra capacidad de experimentarnos, despertando nuestras sensaciones y percibiendo un éxtasis por la vida. Observar cómo respiramos va a decir mucho de cómo logramos experimentar el placer en la vida, ya que comenzamos a despertar nuestro cuerpo y estamos alertas a nuestras reacciones y sensaciones, ya sea calor o cosquilleo. Nos volvemos conscientes de cada parte de nuestro ser. Respirar correctamente despierta nuestro cuerpo, calma nuestra mente y serena nuestras emociones.

Hay dos tipos de respiración: la que hacemos por la nariz en el yoga y en la meditación, que nos ayuda a estar presentes y a despertar nuestros sentidos, y la respiración holotrópica o por la boca, que nos auxilia para entrar a otros niveles de conciencia, necesaria para que el sexo sea más intenso y para que logremos expresarnos a través del sonido. La respiración por la boca te lleva a conectarte más con las emociones. Dentro de las prácticas de meditación para despertar tus sentidos se utilizan ambos tipos de respiración.

Con la respiración que utilizamos en el ejercicio de relajación, lograrás conectarte con tu sensualidad y estar presente, sintiendo cada parte de tu cuerpo y cómo el aire va despertando tu corazón, tu plexo solar y tus órganos genitales. Este tipo de respiración te hará una persona más sensible y abierta al placer.

Respiración por la nariz

- Este ejercicio lo puedes hacer solo o con tu pareja.
- Elige un lugar cómodo y acuéstate boca arriba.
- Comienza inhalando y exhalando profundamente en cuatro tiempos.
- Coloca una mano en tu garganta y la otra en el pecho, percibe cómo llevas el aire desde tu nariz hasta el pecho y cómo vuelve a subir; respira cinco veces.
- Lleva tu mano al pecho y la otra al plexo solar y vuelve a repetir el proceso.
- Deja tu mano en el corazón y lleva la otra al ombligo; sigue respirando y baja esa misma mano a tu pelvis; respira llevando el aire hasta tus órganos sexuales y respira cinco veces.
- Siente el aire recorriendo cada centro de energía, desde los genitales hasta la coronilla: en la inhalación sube hasta la coronilla y en la exhalación baja hasta los genitales. Respira cinco veces.
- Terminando, vuelve a tu respiración natural, relájate y observa las sensaciones en tu cuerpo.
- ¿Sientes alguna diferencia? ¿Cosquilleo, calor? ¿Algún malestar o alguna incomodidad? ¿Te sientes más relajado, activo?

- Permanece en esa postura unos minutos más; abre los ojos. Ahora es buen momento para regresar a tus actividades o, si están dispuestos, tú y tu pareja podrían comenzar una buena sesión, ya que este ejercicio es una excelente forma de relajarte y despertar tu cuerpo para hacer el amor.

Respiración por la boca

La respiración por la boca, llamada holotrópica —que significa moverse hacia lo íntegro— es una técnica creada por el doctor Stanislav Grof y su esposa, para ayudar a integrar todos nuestros aspectos y llegar a la profundidad de nuestra mente, nuestras emociones y nuestro cuerpo para sanar. La implementó Margot Anand en su Skydancing Tantra, para lograr una mayor conexión con tu pareja durante el arte de hacer el amor y llevar la energía sexual a la coronilla, logrando así el éxtasis y conectarte con lo espiritual.

Esta respiración te ayuda a expresar mejor tus emociones, a utilizar el sonido para guiar a tu pareja y, sincronizando el movimiento y la respiración, a acceder a niveles de sensualidad más profundos.

En el sexo, la respiración es lo que nos conecta con nuestros centros de energía: mientras más profunda, más eficiente será.

Los beneficios de respirar por la boca son las siguientes:
- Te dará una pauta para experimentar diferentes movimientos que te lleven a sentirte más seguro, cómodo, relajado y disfrutando el placer.
- Respirar en momentos en que tu mente entra te ayudará a trascender tus cuestionamientos y tus inseguridades durante las experiencias sexuales y a estar presente en el momento.
- Tu sensación de placer aumenta considerablemente.
- Es una forma de expresarte completamente.

- En el el *foreplay* (juegos preliminares) y en el acto del amor, respira naturalmente por la boca y, conforme te sientas más excitado, profundízala. En el momento del orgasmo, comprueba que estés respirando correctamente, ya que eso te ayudará a liberarte completamente.

DEL TAPETE A LA CAMA

El yoga es importante para vivir una vida sexual intensa. Esta práctica contribuye a despertar tu sensualidad, ya que por medio de la respiración y de las posturas estás presente y te conectas con cada parte del cuerpo, lo que te hará más perceptivo y serás consciente de todas las sensaciones que vivas durante el acto del amor.

Cada detalle que trabajes en el tapete, sean movimientos tan sutiles como colocar correctamente las manos, abrir las caderas o juntar los omóplatos, impactará tu energía y tu enfoque en las posiciones que uses al hacer el amor. La relajación que te brinda esta disciplina se reflejará en tu actitud en la cama, ya que, si estamos en un estado de relajación, damos la bienvenida al placer con mayor facilidad.

El yoga te conecta con tu cuerpo y te enseña a apreciarlo tal cual, lo que provocará que tengas más seguridad con tu pareja; te da estamina y energía para un sexo más juguetón y divertido. Con ella, las endorfinas también aumentan, lo que te pone en un estado de ánimo ideal para jugar.

El yoga aumenta tu flexibilidad; serás más espontáneo e innovador y alcanzarás diferentes posiciones, manteniéndolas por más tiempo, ya que combate calambres y cansancio. Además, relaja tus caderas, las cuales suelen tener bloqueos emocionales que vas a liberar, para expresar tu ser sexual al máximo. Asimismo, el yoga aumenta la circulación sanguínea en tus órganos sexuales, que se llenarán de energía y se harán más jugosos.

Con el trabajo del *mula bandha,* intensificarás los orgasmos, y las posturas, como *upavistha konasana,* liberarán tensión de la pelvis y aumentarán la circulación en esa área esencial para convertirte en un ser multiorgásmico.

La siguiente rutina te ayudará a calentar los músculos, dándote mayor flexibilidad para probar nuevas posiciones en la cama y permanecer en ellas por más tiempo. Es importante darle calor a nuestra espalda baja, mover la pelvis y abrir las caderas. El yoga con movimiento es un ejercicio aeróbico que provoca que la sangre fluya por las arterias, creando ácido nítrico, "la sangre de la vida", que induce a la erección masculina y provoca el deseo.

Practícala, ya sea solo o con tu pareja antes de hacer el amor, y verás los resultados en el aumento de los niveles de placer, previniendo calambres o dolores musculares durante el acto. Será divertido y ayudará a que tu frecuencia energética logre conectarse en el mismo nivel.

En la práctica del yoga, en *kundalini, ashtanga,* y en ejercicios de *pranayama* o meditación, utilizamos tres *bandhas* o candados de energía, los cuales logran mantenerla en nuestros centros durante la práctica. Además, activar el *mula bandha* te permitirá fortalecer tu piso pélvico y será una gran práctica para aprender a elevar tu energía desde el *chakra* raíz hasta la coronilla, subiendo la energía por tus centros. Te recomiendo que incorpores en esta rutina tus *mula bandha* y tu *uddiyana bandha.*

Los *bandhas* son tres.

Mula bandha o llave raíz: es la contracción de los músculos del suelo pélvico; ayuda a que las zonas contiguas permanezcan relajadas. Este *bandha* es responsable de reconducir el *prana* o energía que desciende, llamada *apana prana.* En el hombre se encuentra en el perineo, entre el ano y el órgano sexual, mientras que en la mujer está en el cérvix, donde se unen la vagina y el útero. Ayuda a resolver los problemas digestivos y las hemorroides, tonifica los músculos pélvicos, ayuda a la próstata, controla la eyaculación precoz y la impotencia, e intensifica el orgasmo.

Técnica:
- Siéntate en una postura de meditación confortable, con la espalda derecha y la cabeza alineada, las manos sobre las rodillas y los ojos cerrados. Relaja todo el cuerpo.
- Lleva tu atención a la zona del perineo o del cérvix.
- Exhala y contrae esta zona, tirando y apretando los músculos del piso pélvico; sostén por unos segundos y luego relaja al inhalar.
- Trata de contraer los músculos de esta zona un poco más fuerte.
- Continúa contrayendo brevemente y relajando la zona. Repite un mínimo de 10 a 15 veces.

Estas posturas te ayudarán a fortalecer el *mulha bandha*:

Vrksasana (el árbol)

Utkatasana (la silla)

Arha Padmasana (medio loto)

Utthita hasta padangusthasana (estiramiento de pierna tomando un dedo del pie)

Navasana (la barca)

Uddiyana bandha: es la elevación del diafragma en una forma pasiva. La expansión de la caja torácica. Es un movimiento que, desde abajo hacia arriba, mejora nuestra postura y aumenta la energía en nuestro cuerpo. Te da la sensación de un ligero tirón desde el abdomen bajo hacia el ombligo. Es importante que lo sientas ligeramente y sin forzarlo a la hora de que practicas posturas. En la fotografía se muestra para que aprendas a ubicarlo.

Beneficios: masajea y tonifica los músculos abdominales, aumenta el fuego digestivo, ayuda a combatir el estreñimiento, fortalece los órganos internos.

Técnica:
- Ponte de pie en *tadasana* con las piernas separadas a 30 centímetros.
- Inclina el tronco levemente hacia adelante, con las rodillas dobladas ligeramente; coloca las palmas de las manos sobre la mitad superior de los muslos.
- Inhala y exhala fuerte y totalmente; presiona los muslos hacia abajo con las manos y contrae la región abdominal completa hacia la columna. Tira hacia atrás y ligeramente hacia arriba.
- Sostén la respiración. Pon atención para que no entre aire a tus pulmones. Estira un poco el cuerpo, presionando con las manos hacia abajo.
- Sostén la respiración el máximo de tu capacidad.
- Luego inhala, lentamente suelta los músculos abdominales y vuelve a la postura erguida.
- Relájate en postura de relajación de pie por unos pocos segundos.

- Repite de cinco a 10 veces en la etapa inicial. Aumenta el número de veces después de unas pocas semanas de práctica.
- Los practicantes de yoga avanzados pueden practicar este ejercicio en *padmasana*.

Jalandhara bandha (el cierre de la garganta): se regula el *prana,* que sube más allá del cuello y calma el ritmo de la respiración y el corazón. Es la cerradura que controla la red de *nadis,* que son los canales energéticos. Se forma cuando el cuello y la garganta son contraídos, colocando la barbilla sobre el pecho en el hueco de las dos clavículas, mientras uno está en la postura.

Este *mudra* (postura de manos y gestos con significado de ciertas intenciones que quieras darle a tu práctica) regula el flujo de la sangre y la energía hacia el corazón y las glándulas del cuello. Ayuda a prevenir enfermedades de amígdalas, tiroides, paratiroides, faringe y laringe. En general, este *bandha* se usa sólo en posturas muy específicas en la práctica regular de yoga. El dibujo muestra el ejercicio para que lo ubiques.

Jalandhara bandha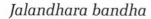

Técnica:

- Colócate en una postura sentada cómoda, con la espalda recta y las manos en tus rodillas, viendo hacia arriba; puedes usar un *mudra.*
- Inhala a través de las fosas nasales y sostén la respiración mientras colocas la barbilla sobre el pecho. Continúa sosteniendo la respiración por unos pocos segundos antes de exhalar y levantar la cabeza a la posición inicial.
- Repite esto un par de veces.
- Al terminar este ejercicio, en la misma postura incorpora los tres *bandhas:* primero contrae el piso pélvico, después jala ligeramente el abdomen hacia tu ombligo y, finalmente, baja la barbilla mientras inhalas; sostén unos tres tiempos y al exhalar libera los tres *bandhas.*
- Repite unas cinco veces.

Cuando realices los ejercicios, no detengas la respiración ni empujes hacia abajo. Lleva tu energía de abajo hacia arriba, como si estuvieras succionando algo y visualiza un color desde la raíz hasta tu coronilla.

Esta sensación es similar a los ejercicios avanzados tántricos para subir tu energía sexual y lograr el éxtasis.

Las siguientes posturas te ayudarán a preparar tu cuerpo para el arte del amor, a darle flexibilidad y a calentar tu columna; le darás más flexibilidad a tu cadera y a tus piernas liberando tensión que es esencial para llegar a un orgasmo más intenso. Dedica a estas posturas cinco a 10 minutos antes de tu sesión.

Continúa rítmicamente con respiraciones profundas hasta que sientas calor en tu columna, lo que significa que ya está más flexible.

La gata y la vaca:

1. Colócate sobre las manos y las rodillas (a gatas), con estas últimas separadas a la medida de los hombros.
2. Inhala mientras flexionas la columna hacia abajo y alzas la cabeza (postura vaca).

3. Exhala mientras arqueas la columna hacia arriba con la cabeza inclinada hacia abajo (postura gata). Mantén los brazos estirados.

4. Continúa rítmicamente con una respiración a medida que la columna se vuelva más flexible.
5. Puedes jugar con tu cadera y realizar movimientos circulares para liberar tensión en las caderas.

Upavistha konasana (flexión hacia adelante con piernas en ángulo)

Siéntate en el piso con las piernas separadas, activa tus piernas y pon tus pies en flex (es un término de ballet que es contrario a la punta). Inhala, y en la exhalación desde la pelvis trata de llevar el abdomen hacia adelante, extendiendo tu espalda baja y tu pecho también hacia adelante con el cuello en línea recta. Permanece en en esa posición respirando profundamente (cinco veces); regresa a tu postura inicial.

Si estás con tu pareja, ayúdense a separar los pies con los tobillos y tómense de las manos; en un movimiento continuo de inhalación y exhalación lleven los brazos hacia adelante y hacia atrás, apoyándose para llegar más adelante.

Baddha konasana (flexión mariposa)

Siéntate con los isquiones bien colocados en el piso y coloca las plantas de los pies juntos; puedes abrirlos ligeramente como un libro. Si tus rodillas están muy alejadas del piso, siéntate en un bloque o almohada. Inhala, y en la exhalación lleva tu pecho hacia adelante, procurando que tu espalda esté recta, y siente cómo su parte baja se alarga. Respira cinco veces. Si estás con tu pareja, colóquense viéndose mutuamente e inhalen y exhalen, mientras con las manos crean un movimiento hacia adelante y hacia atrás.

Los ejercicios de los *bandhas* y estas tres posturas claves te ayudarán a prepararte para tu sesión de amor. Te recomiendo practicar yoga dos veces a la semana como mínimo para trabajar el resto de tu cuerpo y obtener aún más beneficios que podrás llevar del tapete a la cama.

MOVIMIENTOS DE PELVIS

La pelvis es tu motor, el lugar donde generas, guardas y distribuyes tu energía sexual. Es una parte de nuestro cuerpo que normalmente no utilizamos con movimiento y fluidez. La pelvis es una región que te da señales de abandono, un área que somatiza los sentimientos de apego, por lo que moverla es ideal para dejar ir tus miedos y tus creencias en torno a la sexualidad, fluyendo y aumentando tu sensibilidad erótica.

La región pélvica incluye caderas, isquiones, ano, perineo y pompas. En el hombre, esta área está frecuentemente tensa, con la tendencia a no tener tanto movimiento. Y si la pelvis está tensa, los músculos jalan el perineo hacia el cuerpo, impidiendo la circulación del placer en esa área. Cuando la pelvis de un hombre se abre con relajación, yoga, respiración y masaje, estimula el placer e incluso puede alargar el *vajra*.

Estos movimientos, en conjunto con el sonido y la respiración, van a intensificar tu energía, aumentando las sensaciones en los genitales así como tus orgasmos.

Ejercicio
- Párate con los pies separados al ancho de la cadera y siente que estás bien conectado con la tierra.
- Encuentra tu centro y deja las manos al lado del cuerpo.
- Alarga la espalda y relaja los hombros.
- Flexiona ligeramente las rodillas.

- Comienza a mover lentamente la pelvis, inhala moviéndola hacia adelante, tensionando ligeramente los músculos de las pompas; en la exhalación, lleva la pelvis hacia atrás, relajando pompas, piernas y caderas. Repítelo cinco veces de una forma tranquila.
- Ahora comienza a hacer los mismos ejercicios de una forma más vigorosa por cinco minutos; puedes inhalar con el sonido de "¡ah!", llevando esta fuerza a todo tu cuerpo.
- Comienza a relajar tu movimiento por unos dos minutos y siente tu respiración más tranquila y profunda.
- Deja de moverte y cierra los ojos. Observa qué sensaciones sientes en tu cuerpo y en tus órganos sexuales.
- Ahora repite este ejercicio inhalando y enviando la pelvis hacia atrás; en la exhalación hacia adelante, puedes hacer el sonido de "¡ah!"
- Observa cómo te sientes y nota la diferencia con el ejercicio anterior.
- Ya que lleves algunas semanas practicándolo, puedes hacer el mismo ejercicio acostado, con los pies separados a lo ancho de las caderas y las rodillas dobladas.

Rotación circular
- Párate con los pies un poco más separados que las caderas y comienza a jugar y a sentir tu pelvis moviéndose circularmente; comienza de derecha a izquierda y después de izquierda a derecha. Sé creativo y varía la velocidad, la intensidad e incluso el tipo de sonido que tu cuerpo necesita para liberar todas las tensiones.
- Respira con cada movimiento y percibe la fluidez de tu pelvis.
- También puedes hacer este ejercicio acostado, con las rodillas dobladas y los pies plantados al ancho de la cadera

SKYDANCING TANTRA

Mi misión fue crear una nueva conciencia en el planeta para cambiar el contexto sexual y lo logré.

Margot Anand

Yoga es supresión con conciencia, tantra es un gusto con conciencia.

Osho

Skydancing tantra es un método creado por Margot Anand, la primera maestra que enseñó el tantra en Occidente. Durante más de 30 años, a través de sus libros y sus cursos, Margot ha revolucionado el mundo del arte de la sexualidad, enseñando a miles de personas a trascender su energía sexual y llevarla a un nivel espiritual. El método de *Skydancing tantra* ve al acto sexual no sólo como un acto sagrado sino como una forma de arte. Las herramientas para lograr esta conexión son los principios del movimiento, la respiración y el sonido para llegar al éxtasis. La energía sexual es una expresión física de nuestro poder espiritual.

Skydancing tantra te enseña:

- Cómo desaprender, transformar y reacondicionar las reacciones de tu cuerpo cuando haces el amor.
- A refinar tu energía sexual a una energía más sutil para alcanzar estados de conciencia más extáticos.
- Que no hay un mal orgasmo o una forma incorrecta de hacer el amor; sólo actitudes incorrectas.
- Que el orgasmo no es la única manera de lograr intimidad sexual y que hay que aprender a utilizar todo tu cuerpo y tus sentidos para vivir experiencias eróticas y sensuales.
- El coito no es la única forma de amar; lo que en la sociedad se determina como *foreplay* son variaciones muy poderosas de placer.

- Que eres responsable de tu propio placer sexual y éste es el primer paso para aprender el arte del éxtasis.
- Que prolongar la eyaculación es importante para aprender las demás artes que no tienen objetivo y que logran despertar y aumentar tu intimidad, tu sensibilidad y tu erotismo.
- Que para que entiendas el sexo debes explorar todas las artes de hacer el amor.
- A ser totalmente receptivo al placer a nivel multisensorial.
- Que en vez de enfocarse en el final del sexo, los amantes viven una experiencia erótica que se extiende por horas.

Sus libros, *El arte del éxtasis sexual* y *El arte de la magia sexual*, tienen la guía completa, pero aquí te comparto algunos preceptos para que puedas descubrir este mundo del placer y comiences esta práctica contigo y con tu pareja.

El saludo del corazón

En el yoga juntamos las manos en forma de oración en el centro del corazón haciendo una reverencia a la otra persona y diciendo "namaste", que significa "saludo y honro la divinidad que tienes en ti". Con tu amado puedes utilizarlo o igualmente realizando una reverencia diciendo "honro tu aspecto de lo divino o te honro a ti (el nombre de tu pareja) como un aspecto de mí".

Este comienzo abrirá un espacio sagrado y de respeto a tu pareja antes de comenzar a explorar las artes del amor.

Crea un espacio sexy e invitador

El saludo del corazón.

Crear un espacio sagrado es importante para invitar una atmósfera bonita, romántica, sexy o la intención que quieras darle a tu momento. En este espacio, recuerda que vas a darte, al igual que a tu pareja, la oportunidad de desarrollar la confianza; de volverte transparente y auténtico.

Utiliza iluminación tenue o que te inspire: coloca flores, sábanas bonitas, alguna foto que te guste; pon música que los transporte. Ésta es la oportunidad de crear tu mundo sensual y exótico en tu propia casa; procura que sea divertido y romántico, con cualidades como el silencio, la belleza y la armonía. Utiliza este espacio únicamente para practicar el sexo; olvídate de la televisión, del celular y de lo que pase en el resto de la casa. Es tu santuario por un par de horas.

Comunicación

Exigimos comunicación en nuestra relación diaria y procuramos estar en la misma sintonía con nuestra pareja para así evolucionar en conjunto. En el sexo es igual. Tenemos parejas para aprender de ellas; ninguno de nosotros creció con un manual de sexo. Comparte información con tu pareja. El lenguaje para expresar lo que quieres debe ser delicado y amoroso. Comunicar a tu pareja lo que te gusta, y guiarla, es importante para que puedan conocerse mejor. Procura hacerlo de una manera amorosa, ya sea con palabras o conduciendo su movimiento con tu mano.

Cuando hagas el amor, procura fluir en el momento y no convertir el sexo en un ejercicio técnico, dando órdenes sobre qué hacer y cuándo hacerlo. Para eso existen diversos ejercicios en los que tenemos la oportunidad de descubrir a nuestra pareja e intercambiar nuestros deseos. El arte del placer compartido o de los masajes al *yoni* y al *vajra* son recomendables para ello. Con ese nivel de comunicación, aunado al compartir tus deseos y tus fantasías, tu vida sexual mejorará considerablemente.

Experimenta

Lo inesperado es el manjar más afrodisiaco.

Para lograr expandir tu energía sexual a energía divina, es importante vivir el sexo sin culpa y de una forma libre, para que así puedas enfocar tu energía espiritualmente. Por ello, experimentar y practicar las técnicas —masajes eróticos, masajes de exploración personal y meditaciones— es primordial para poder vivir el sexo tántrico. ¡Abre tu mente y experimenta!

Conéctate con tus sentidos

Para lograr una buena conexión, volverte multiorgásmico y energizarte, explora tu sensualidad llevándola a la experiencia de hacer el amor no sólo a nivel corporal sino multisensorial. Vivir así el placer, intensamente y en cada momento, sin ningún plan, es un regalo que nutrirá tu cuerpo, tus emociones y tu alma. Practica los ejercicios para despertar tus sentidos y verás lo que realmente es vivir el éxtasis desde la punta de los pies hasta la coronilla, disfrutando el tacto, el olor, el sonido y la magia llena de colores y de amor que flotará a tu alrededor en cada momento.

Agradece

Agradece al terminar cualquier sesión, ya sea de los ejercicios o cuando haces el amor. Honrar y agradecer la presencia y la energía de tu pareja es una muestra muy bella después de hacer el amor. Puedes hacerlo de la misma forma que al empezar el ritual: con el saludo al corazón. Para más información, consulta la página www.margotanand.com.

PRESENCIA

Estar presente es muy importante para una buena conexión sexual. Aprender a contener el espacio para tu pareja, seguir su ritmo, volverá tu sesión un momento mágico y tántrico. ¿Cuántas veces no están en la cama pensando en sus asuntos pendientes? Su cuerpo está ahí, pero los sentidos y la mente se hallan en otro lado. Por eso la importancia de respirar en conjunto, de mirarse a los ojos y de utilizar la palabra *vinyasa*, que es el matrimonio de la respiración con el movimiento.

No importa si estás con tu amante casual, con tu amigo con beneficios o con tu esposo o esposa; la presencia es el primer paso para lograr una buena conexión sexual: estar en el aquí y en el ahora, apreciando a la persona con la que estás, entregándote, descubriéndote y utilizando cada uno de tus sentidos para estimular el placer corporal. La presencia implica compartir cierta intimidad con nuestra pareja, ya que cuando hacemos el amor la conexión es pura a nivel corporal, espiritual y energético.

Si sientes que tu mente se desvía, regrésala al momento a través de técnicas de respiración; si quieres sensibilizarte más, cocina con tu pareja, apreciando cada uno de tus sentidos, o practica el ejercicio de conexión con tus sentidos.

KAMASUTRA

Kama: amor; *sutra:* lecciones.

El *Kamasutra* es el libro más antiguo sobre el amor. Lo estudiamos desde hace miles de años para descubrir su significado, que sigue siendo un misterio. El *kama* es experimentar el gozo de la vida a través de los cinco sentidos, asistidos por la mente y el espíritu. La condición primordial es estar conscientes del placer, que nace con el contacto del sentido, a lo que se le llama *kama*.

El *Kamasutra* nos invita a vivir el arte del amor y nos habla de cómo sus formas son más profundas de lo que se ven en la superficie. A través de sus textos nos enseña a utilizar nuestro cuerpo para amar de diferentes maneras, haciendo hincapié en aprender a seducir poco a poco, en ir incrementando el deseo. La esencia no está en la pasión, sino en cómo la usamos.

El amor no significa que te sometas o te pierdas a ti mismo, sino que, como un fruto, hay que ir madurando; o como una flor, expandiéndolo en estas artes que te volverán un amante experto.

Posiciones

Las posiciones que utilicemos en el momento de hacer el amor son un gran ejercicio para lograr tener conciencia de la forma en que nos desenvolvemos comúnmente en el mundo.

Eres activo o más *yang*/masculino, o eres más pasivo o más *ying*/femenina. ¿Qué tanto te gusta ser el que controla y domina la situación?, o ¿qué tan fácil es dejarte ir y confiar en tu pareja para que te lleve en el juego? Los dos papeles pueden alcanzar un balance cuando la sincronía convierte al sexo en algo interactivo.

Para las mujeres, recibir placer siempre ha sido más difícil por razones de inseguridad de nuestro cuerpo, miedo a que nuestra pareja no lo disfrute y a dejarse ir y perder el control. Para los hombres, en ocasiones no es tarea fácil dejar de estar en control y permitir que la mujer tenga la iniciativa y la fuerza en el sexo. Aprender a relajarse y dejarse consentir provocará un placer increíble: el de estar solamente recibiendo.

Recibir es más difícil que dar; el sexo es una gran oportunidad para aprender esta lección. Jugar y fluir con los movimientos y las sensaciones, y apoyarte con tu pareja para que el sexo se convierta en un baile amoroso, cómodo, que te llevará al éxtasis.

Dicen que la variedad es el alma del placer, así que deja a un lado tu zona de confort y explora estas posiciones; comunícate con tu pareja y utiliza aquellas en que ambos se sientan bien. Si quieres explorar alguna posición en la que tu pareja tenga reserva, inténtala como ejercicio con ropa; muévanse y sientan cada parte de su cuerpo; descubran si es cómoda, si tu espalda se siente bien, si emocionalmente te sientes seguro y, ya que elijas, comienza con tu sesión de amor.

Hombre arriba la clásica posición del misionero.
Variaciones:
- La mujer se acuesta y lleva sus rodillas al pecho; el hombre se hinca y la penetra, apoyándose en las rodillas de ella.

- La mujer se acuesta, levanta sus piernas y las abre mientras el hombre entra en ella.

- La mujer se acuesta y levanta ambas piernas juntas al techo, mientras el hombre entra.

Mujer arriba. Estas posiciones no son cómodas para muchas mujeres cuando se sienten inseguras de su cuerpo; sin embargo, son una excelente oportunidad de trascender esa incomodidad; así que ilumina tu cuerpo con unas velas y súbete en tu hombre.

- El hombre se acuesta y la mujer se sienta arriba de él, con las rodillas separadas y con el *vajra* en su *yoni*. Aquí se pueden utilizar movimientos de cadera de un lado a otro, subiendo o bajando, valiéndose de los músculos pubocoxígeos (PC) para lograr más estimulación.

- La mujer se sienta arriba del hombre, en dirección contraria, viendo los pies de él.

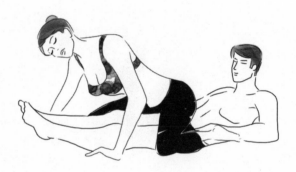

- El perrito: esta posición es muy erótica, ya que saca nuestro lado animal. A los hombres les gusta por los sentimientos de poder y dominación que despierta. Colócate sobre tus rodillas y tus manos mientras tu pareja toma tu cadera y permite que entre el *vajra* al *yoni*. Puedes elegir quedarte en cuatro o acostarte arqueando ligeramente la espalda; si lo deseas, puedes utilizar una almohada bajo tu abdomen.

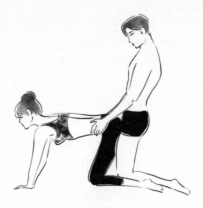

- De ladito: esta posición es excelente para hacer el amor de una forma más lenta y profunda. Cucharea a tu pareja mientras la penetras. Puedes usar movimientos circulares, jugar con la rotación de la cadera, abrir la pierna. Experimenta mientras besas la espalda o el cuello de tu amada.

- El tradicional 69, ideal para darle sexo oral a tu pareja.

- La posición de loto crea una intimidad total con tu pareja. Es la postura ideal para lograr un sexo tántrico, ya que tu columna vertebral está alargada y tu conexión a la tierra y al cielo se alinea para lograr esa expansión energética. Es una posición estupenda por la larga duración en la que puedes permanecer y porque te permite besar, apapachar, tener contacto visual y comunicarte mientras el *yoni* y el *lingam* están conecta(

- Loto invertida: el hombre se sienta en una postura fácil de meditación y la mujer se sienta arriba de él, logrando que el *vajra* entre a su *yoni*, colocando su espalda en el pecho y cruzando las piernas. Es una postura de balance y de gran conexión para lograr un orgasmo cósmico.

En cualquiera de estas posiciones puedes jugar a hacer algunas torsiones; juega con sillas, con diferentes alturas; usa la pared, pero, sobre todo, tu creatividad.

6. PUNTO F: ¡FELICIDAD Y SEXO!

¿QUIERO SER LA MEJOR AMANTE?

> No es suficiente conquistar; uno tiene que aprender a seducir.
>
> VOLTAIRE

Durante muchos años fui una amante por inercia, por experiencia, como seguramente la mayoría de quienes leen este libro. Nunca leí libros sobre sexo ni vi pornografía; jamás experimenté ni aprendí algo que no haya sido lo tradicional. Tomé algunas clases de educación sexual en las que aprendí lo básico; escuchaba a mis amigas hablar de sexo, pero no les ponía mucha atención, además de que me daba pena, ya que para mí era un tabú muy grande. Simplemente no hablaba de sexo y no escuchaba a nadie hablar de él.

Cuando decidí escribir este libro, comprendí que la sexualidad es un tema tan vasto como la nutrición; que existe un gran número de filosofías, posiciones, orgasmos, juguetes e intenciones. Me quedé impactada al darme cuenta de que no nos educamos desde que comenzamos a tener una vida sexual activa, y que nadie habla de la importancia de aprender a ser un buen amante.

De ahí mi pregunta: si nos enfocamos en ser lo mejor, en lo que más nos gusta, ¿por qué no ser los mejores amantes? No tenemos que volvernos expertos ni ser sexólogos para aprender; pero, como todo en la vida, llegar a ser un buen amante toma tiempo, estudio y sobre todo mucha práctica. La constancia es importante; más si tomamos en cuenta la cantidad de distracciones que tenemos. El tiempo para el sexo compite con los compromisos, la convivencia con amigos, las idas al cine, al teatro, a los conciertos; nos olvidamos de darnos ese tiempo para conocernos, ya sea a través de la exploración o de sesiones de sexo con nuestra pareja o nuestros amantes. Darnos ese tiempo forma parte de disfrutar nuestra vida en balance.

Imagina un domingo por la tarde pasar algunas horas en la naturaleza, escuchando el viento, explorando, descubriendo a tu pareja, experimentando con esencias, masajes, besos y sexo oral para, luego de horas de placer, hacer el amor con pasión y tener múltiples orgasmos, y después tirarte junto a tu amante o tu amado y disfrutar de un abrazo; sentir esa energía que recorre tu cuerpo, escuchando lo que su respiración te cuenta, sin historias, en el presente, sin querer estar en otro lugar, viviendo horas de intenso placer. Que el sexo sea algo que haces o se convierta en un ritual y un viaje de placer, ¡está en tus manos!

En mis innumerables pláticas acerca de sexo, escuché a muchas personas, sobre todo mujeres, que me confesaron que les daba igual el sexo, o que no les gustaba y lo hacían como tarea, para complacer a su hombre, o sólo para procrear.

Si no te gusta el sexo, probablemente no te gusta sentir, ni dejar de estar en control. Cuando expresas tu sexualidad te vuelves vulnerable; el placer es una sensación tan fuerte que te va invadiendo hasta que dejas ir el control: sientes, dejas de pensar y te conectas con tu esencia y con tu cuerpo, que te va guiando hacia lo que quiere, a lo que necesita.

Dejar de hacer lo que tu mente quiere no es fácil. Es como la meditación en la que observas los pensamientos y los dejas ir, conectándote con tu esencia, cuando sientes la paz. Deja de escuchar a tu mente y sigue a tu cuerpo; obsérvalo y déjate llevar por su sabiduría interna que te dice qué hacer; al principio, cuando logras esa conexión habrá veces en que, como no estamos acostumbrados a escucharlo, te sorprenderá con gestos, movimientos, acciones, reacciones y expresiones nuevas, como darte extremo placer o llegar a sentir miedo y culpabilidad; entonces te vuelves vulnerable a las opiniones de tu amante.

La cama es el único lugar en el que no nos ponemos máscaras, donde nuestra mente no se inmiscuye; por eso, después del sexo es tan difícil recordar exactamente qué pasó; claro, cuando es bueno y real. Si te acuerdas de cada detalle, seguramente fue porque lo hiciste por ego o con tu mente.

El sexo con conciencia es importante porque en estos momentos nos da la oportunidad de descubrir qué creencias tenemos relacionadas con él. Tu guía es tu cuerpo, tu instinto; si tu mente es más fuerte, trabaja en eso, ya que nos bloquea para disfrutar mejor nuestra sexualidad.

Recuerdo que una abuela me dijo que el secreto de un buen matrimonio era "ser una dama en la mesa y una puta en la cama". Es un dicho fuerte que se ha malinterpretado, pero que descubre la sabiduría de que en la cama simplemente eres, sin involucrar tanto a la mente a los modales; allí sacas tu instinto animal. Dichos como éste nos hacen pensar que expresarnos está mal por lo cual entonces comenzamos a reprimirnos.

Muchas personas sufren disfunción sexual por las ideas que tienen en la cabeza. La humillación, la ansiedad y la desesperación por tratar de complacer a nuestras parejas nos aleja del placer.

Para algunos es muy difícil combinar una enorme potencia sexual con una actitud abierta para dar y recibir en el coito, por lo que esa potencia se convierte en fantasías. Trabajar ese aspecto hará que dejes de fantasear y te pongas en práctica. La vergüenza o el miedo pueden crear sentimientos que bloquean tus sensaciones.

Si tienes un gran impulso sexual y no estás en balance, puedes derrochar esta energía en varias parejas centrándote en lo externo y no en tu capacidad de sentir y de conectarte con tu cuerpo; eso te desequilibra. La sociedad nos ha hecho ver el sexo como algo aislado y no de una manera holística, es decir, como seres sexuales que navegan en el mundo. Así como somos seres espirituales, así también somos seres sexuales.

Con las herramientas de las que hablaremos enseguida, lograrás liberarte y dejar de estar controlado por la mente, así como por las ideas de la sociedad, las religiones, los abuelos, los maestros o los libros. Entender y saber acerca de sexo tampoco tiene que ver con leer todos los manuales y convertir la experiencia en algo sólo técnico, olvidándonos de nuestro instinto y de nuestra espontaneidad. Utiliza los tips como una ayuda extra en un acto espontáneo y sin la intención de la mente, no como una técnica para llevar a alguien al orgasmo. No conviertas el buen sexo en una promesa que te va a cambiar; convertirte en el mejor amante viene de adentro, de trabajar con tu amor propio y de conectarte con tus sentidos. El resto vendrá solo.

Si quieres ser libre, observa y déjate llevar por ese placer profundo, el cual está ahí para servirte. Trascender todas esas emociones, sentimientos y pensamientos relacionados con el sexo, así como liberarnos de la culpa, del enojo y de la frustración, nos harán libres y eso lo expresaremos en nuestro cuerpo, viviendo intensamente nuestra sexualidad de una manera consciente y libre. Al comprender la repercusión a nivel energético, seremos más selectivos y tendremos estas herramientas para disfrutar el sexo de diferentes formas, ya sean casuales, divertidas, juguetonas, animales, sutiles o muy eróticas.

BUEN SEXO

Desear a nuestra pareja es más importante que desear un comportamiento sexual.

El sexo es un baile en el que los movimientos fluyen libremente, con gracia, sin esfuerzo y con un sentido de interacción que compartes con tu pareja. Las figuras están creadas de momentos intensos, algunos sutiles y románticos y otros de recuperación. Fluir con tu pareja y apoyarla en los momentos en que necesite un cambio o un espacio, es una consideración muy importante para que hacer el amor se convierta en un gozo prolongado y lleno de placer, y no en un acto forzado. Complacer en el sexo es una manera increíble de dar amor a tu pareja, siempre y cuando disfrutes igual ese momento; si lo estás sufriendo, no tiene caso. Debe ser un acto recíproco.

Fuimos creados no sólo para dar placer a través del orgasmo o el coito, que es lo que vemos como el gran evento, sino para dar placer también con manos, boca, lengua, cuerpo y mente. Estimular y aprender a usar todos los sentidos te harán un mejor amante. Comenzar una buena sesión de sexo debe tomarte al menos 20 minutos de seducción, en los que puedes tocarte, reirte, dar masaje, bailar y relajarte, para después seguir con el *foreplay*: por ejemplo, tener sexo oral o hacer cualquier actividad que los prenda.

Como en el romance, los hombres deben ser caballeros y dar primero placer a la mujer. Recuerda que, por cuestiones biológicas, ella tarda más en excitarse. Además, si provocas que tenga un orgasmo primero, la ansiedad y la presión que tienes como hombre se disipará y obtendrás más placer. Como mujer, te sentirás a la vez con ánimo para dar una buena recompensa a tu hombre. Esto aplica también para las parejas del mismo sexo, aunque ahí puedes alternar o sorprender a tu pareja sobre quién debe recibir primero.

El buen sexo implica estar presente, en el momento; vivirlo sin culpa y a través del amor. No se trata de hacerle algo a tu pareja sino de experimentar algo juntos e ir variando. Muchas parejas se quejan de que el deseo sexual baja y de que ya no hacen el amor. Para esto, el mejor remedio es hablar del tema y hacerlo, lo que romperá con un posible patrón de conducta. Redescubrir a tu pareja y desearla provocará tu deseo de tener de nuevo un comportamiento sexual. Y el sexo tántrico es el siguiente paso para fortalecer esa unión y esa experiencia sexual en la pareja.

PERVIÉRTEME DULCEMENTE

> Escribir es como hacer el amor. No te preocupes por el orgasmo, preocúpate del proceso.
>
> Isabel Allende

La sensación de descubrir, de jugar y de seducir es de las que nos hacen sentir más vivos. El juego amoroso despierta nuestra creatividad, nuestramotivación y el deseo de estar con la otra persona. El *foreplay* es muy popular (éste es un término que se utiliza para llamar a la acción que antecede al sexo, cuando en realidad este juego del amor comienza durante el día y pasa fuera de nuestra alcoba). Este juego da la oportunidad de crear e ir incrementando el deseo por tu pareja o tu amante.

Las situaciones del día o día, los diferentes escenarios en que nos desenvolvemos, pueden volverse momentos eróticos, sensuales y muy divertidos. Un mensaje de texto sensual, un beso apasionado a la hora en que tu amado sale a la puerta, o alguna travesura en un lugar público, te van preparando para una noche de pasión total. Me encanta recibir un detalle que simplemente me haga sonreír, porque desde ese momento comienza la seducción y el deseo. ¿Recuerdas cuando eras chavito o chavita y te gustaba alguien en la escuela? Te emocionabas con tan sólo pensar en estar con él y tener la posibilidad de tocarlo y de besarlo; te sentías vivo, ilusionado. Lo mismo pasa si nos damos el tiempo para el *foreplay*, o juego amoroso, y no solamente antes del sexo, sino en nuestra vida diaria. Estar eróticamente estimulado por tu pareja no significa que tengas que terminar en la cama, sino que es una oportunidad para volver a enamorarse, conquistar y redescubrirse.

No obstante, el *foreplay* es esencial en la cama. El cuerpo necesita crear tensión sexual para llegar al clímax y a una relajación adecuada. Durante el día estamos muy aislados de nuestro cuerpo y de nuestras sensaciones; con la mente activa y el cuerpo en piloto automático. La meditación y el sexo están ahí para volver a encender nuestra capacidad de sentir. El tacto va estimulando los puntos que activan nuestro sistema nervioso, provocando un profundo placer sensorial, que es el que comenzamos a adquirir poco a poco por medio de los besos, las caricias, los mordiscos y los cosquilleos. Así pasamos de los nervios y el estrés a un estado de relajación y juego; cuando logramos esto, comenzamos a estar presentes, nos olvidamos de las responsabilidades y los quehaceres y simplemente vivimos el momento guiados por las sensaciones de bienestar, placer y amor.

Cuando te permites sentir sin culpa, simplemente dejándote guiar por tu cuerpo, puedes sentir emociones nuevas, divertidas, cachondas, amorosas; momentos que te prenden, en los que no existe nada más que ese placer.

Activar tus sentidos, conectarte a tu cuerpo y estar presente son las formas más materiales que tenemos de la iluminación. El placer te lleva a estados más elevados de conciencia, siempre y cuando sea desde un enfoque espiritual, partiendo de dar placer a tu pareja y no sólo pensar en ti mismo; conectando tus sentidos con la conciencia; no con la inconsciencia del alcohol y las drogas, que simplemente sacan de ti ese instinto animal para sentir la gratificación momentánea que es el orgasmo y la sensación de soltar. Enfocarte en las delicias del placer es la preparación para que tu cuerpo reciba el orgasmo; el sexo ya sería tu recompensa.

El *foreplay* te prepara para el sexo, relajándote, lubricándote, subiendo la temperatura de tu cuerpo, activando tu sistema nervioso y proporcionándole sentimientos de paz, amor, luz y belleza.

La exploración de tu pareja es una de las maravillas de conocer y apreciar a alguien; descubrir su cuerpo, ver su belleza con respeto y admiración, aprender a conocer sus gustos, lo que disfruta, lo que la lleva a ese estado de placer, y apreciar su gesto de gozo, hacen también que esas características se enfaticen y crezcan en ti.

Si das placer, experimentas placer; si das amor, experimentas amor. Hacer el amor y prepararte para llegar al sexo logra despertar todos estos sentimientos y emociones y te hace vivir en un estado en el que nada es más importante que el momento, sin expectativas; vivirlo como un acto de belleza, sagrado, en el que desarrollas todas estas cualidades que te van a elevar como ser humano.

Durante este tiempo, procura no tener contacto directo con los genitales de 10 a 15 minutos; juega con todo tu cuerpo y sumérgete en él.

LOS BESOS

> Un beso no es una prueba de amor, sólo es una manera de expresarlo.

Un beso es el acto de tocar algo con los labios con un propósito a menudo afectivo. Los griegos creían que los besos a los amantes y a los recién fallecidos liberaban el alma; los romanos besaban con mayor frecuencia que los griegos.

Las imágenes cerebrales muestran que cuando parejas de recién enamorados se besan, se activan zonas vinculadas con la adicción. Besar es más íntimo que tener relaciones sexuales. Es la conexión más profunda entre dos amantes.

Recuerdo una plática acerca del amor y de la conexión con la música que tuve con Carlos Santana y Sergio Vallín, sentada en un camerino. Carlos comentaba que lo más increíble que existe, el puente con el mundo, es el amor, ya que es algo que nos mueve a todos por igual. Levantó su guitarra y comenzó a tocarla con esa fuerza e intención que lo han hecho tan grande; le pregunté qué sentía cuando la tocaba, y su respuesta ha sido la descripción acerca del beso que más me ha conmovido: "El momento en el que toco una cuerda y siento esa tensión, es justo como ese momento en que estás a punto de besar a alguien, cuando estás tan cerca que sientes ese calor, esa energía, la tensión divina; en ese momento el amor y la energía se fusionan y de ahí salen las notas antes de llegar a tocar los labios y besar, que ya sería toda la composición".

Al escuchar sus palabras me transporté a mis mejores besos y me invadió la misma sensación que me hace suspirar. Un buen beso te hace sentir como si fuera la primera vez que te besan; la misma calidez, una conexión, un momento que te hace sentir más vivo que nunca, donde nada está pasando más que el beso, donde no hay historias, ni pensamientos; simplemente una entrega total y la intensidad de un momento preciso y mágico. Un beso es la conexión más íntima que podemos tener, porque un beso lo dice todo.

El *Kamasutra* dedica un capítulo entero al arte de besar, ya que no es tan común saber utilizar nuestra boca y nuestros labios en diferente formas para lograr maximizar el placer.

Utiliza diferentes técnicas mientras besas a tu amado: besos pequeños y secos, más profundos y mojados; usa tu lengua y baila con la de tu pareja; incluso, un beso con tus pestañas puede provocar gran placer.

Beneficios del beso:
1. El acto de besar estimula la salivación, que te ayuda a limpiar tu boca de residuos de comida entre los dientes y reduce la acidez bucal.
2. El beso es una herramienta de conexión hacia lo más íntimo y profundo que tenemos.
3. Logras estar en el momento presente.
4. Te das cuenta si hay química y es una herramienta de evaluación para tener relaciones sexuales.
5. Para los hombres, besar es ideal para eliminar el estrés.

La zonas más besables:
- El labio superior de la mujer es una de las zonas más erógenas porque tiene un nervio conectado al clítoris. Se dice que ayuda a transmitir la energía de la sensualidad del beso a esa parte del cuerpo.
- Pechos, oídos, mejillas, columna vertebral, ojos, espalda baja y coxis, cuello, pompas, palma de la mano y genitales.

ABRAZOS

Los abrazos son necesarios para disfrutar una vida feliz. En ellos encuentras muchas cualidades que te hacen sentir confortable, seguro y amado. Con ellos logramos expresar empatía, compasión, amor y paz. Es una forma de manifestar nuestro ser de una forma directa, sin palabras.

Hace poco tiempo comencé a observar cómo se abrazaba la gente y cómo lo hacía yo. Fue un aprendizaje importante porque descubrí que un abrazo te dice mucho de una persona. Por ejemplo, si está abierta al amor, si le da miedo la intimidad o si es generosa.

En una boda fue muy interesante ver cómo después del su baile se abrazaban los novios; me llamó la atención que fue un abrazo muy frío. Le llamo el abrazo de pechito, en el que sólo conectas un poco con el corazón, pero el resto de tu cuerpo está separado, los órganos sexuales lejanos; una distancia entre los dos que me hizo pensar que podían tener problemas de intimidad.

Un verdadero abrazo entre dos amantes conecta el pecho, el plexo solar, el área pélvica y los genitales. Si estás presente en el abrazo, incluso sientes un calor especial recorrer tu cuerpo y un ligero cosquilleo. Margot Anand les llama *abrazos derretidos*. Un abrazo compartido con toda presencia e intención te lleva a experimentar sensaciones de placer, amor y sensualidad.

En los países latinos nos encanta abrazar, ya que nos expresamos a través del tacto. Por ejemplo, el abrazo de compadre es rápido, en el que conectas el pecho y el plexo solar y en el que damos esas palmaditas en la espalda que nos hacen sentir que estamos haciendo las cosas bien; es un gesto de aprecio y aceptación.

El abrazo de amigo es respetuoso, más lento, con una presión media en el que los órganos sexuales no tienen contacto pero el corazón y el plexo solar sí.

Cuando logramos permanecer más tiempo en estos abrazos, abrimos nuestro corazón y logramos experimentar tanto sensaciones como sentimientos más intensos. Experimenta los diferentes tipos de abrazos y observa qué sentimientos emergen de ti; te van a contar tu relación con el contacto físico y con tu capacidad de dar y recibir.

QUÍMICA

El encuentro entre dos personalidades es como el contacto entre dos sustancias químicas. Si hay alguna reacción, ambas serán transformadas.

CARL GUSTAV JUNG

La química entre dos personas es como una corriente eléctrica: con el simple roce de la mano o con una mirada puedes empezar a sentir cosquilleos, incrementarse la temperatura de tu cuerpo, las palpitaciones acelerándose y comienzas a sentir un poco de tensión cuando se te acercan.

La química es una reacción cerebral, neurológica y energética. Alguien te puede gustar mucho físicamente, pero si no hay química no pasa nada; percibes que hay química en un momento lleno de magia; no es algo planeado, tan sólo pasa. Muchas veces nos movemos por la vida en piloto automático, sin percibir la química. Ser más receptivo a sentir, sin necesidad de que tu cabeza esté de por medio, te puede sorprender, ya que apreciarás esa química que antes no habías percibido de alguien que te gusta o de alguna persona que había estado en tu mundo y de la cual ni te habías dado cuenta.

Si no logras descifrar si hay química con la persona que te gusta o con tu pareja, date tiempo de estar más cerca de ella y te darás cuenta de inmediato si la hay. Cuando hay química, comienzas a escuchar tus sentidos que te llevan al beso, al toque corporal y sutilmente empiezan a aumentar estos síntomas. Repentinamente la corriente eléctrica se enciende y el resto ya es historia. La química ocurre cuando dejas de respirar y comienzas a suspirar. Muchas veces existe una buena química y nos gusta estar en la presencia de la otra persona, aunque eso no significa que sexualmente tenga que pasar algo.

El sudor del hombre produce una feromona que atrae a las mujeres, la cual provoca un aura dominante, intimidante y un poco agresiva. La agresividad alfa está asociada con el sexo y con la elección de un buen compañero. Esta feromona crea una vibra sensual y aumenta la tensión sexual. En la mujer, el vello púbico también atrapa su olor, que la hace más atractiva.

Además de la química, existen cualidades que nos hacen más atractivos.

Los factores de la atracción sexual para las mujeres:
- La seguridad en uno mismo: no hay nada más sexy que un hombre que sepa quién es y qué quiere de la vida.
- La altura te da confianza y seguridad, te indica la capacidad de protección que te puede dar.
- El sentido del humor es la mejor herramienta para conquistar a una mujer.
- Una cara linda y simétrica: la forma de la mandíbula te dice qué tanta testosterona tiene el hombre y denota su fertilidad.
- El olor nos dice si el hombre es parecido a nuestra genética y activa nuestro subconsciente para elegir al eventual padre de nuestros hijos.

Los factores de atracción sexual para los hombres:
- La forma del cuerpo, en especial la de las caderas, ya que nos muestran la capacidad energética de la mujer para ser madres.
- Su buen sentido del humor te habla de cómo pueden aligerar, mediar y tomar la vida con la flexibilidad que tiene la mujer.
- Inteligencia: saber que tu mujer puede resolver y moverse en el mundo es importante para saber que está contigo porque quiere y no por ser dependiente.

- Seguridad y humildad: esta mezcla es el balance perfecto para apoyar a un hombre.
- Los ojos: son una ventana al alma, en los que puedes ver el interior de la mujer.

¿Cómo saber si hay química? Experimentándola, dejándote sentir y percibiendo la electricidad que te provoque la otra persona. La química es parte del trabajo que realiza las hormonas y el cuerpo para encontrar a su pareja; la sensualidad y la pasión son cosas que se pueden ir desarrollando en tu relación si la química está presente.

Según estudios de Helen Fisher, de la Universidad Rutgers, las hormonas tienen un fuerte impacto en la química y en la atracción. Atraes a parejas en las cuales predomina la misma hormona que predomina en ti, lo cual se puede sentir por medio de un beso. Por ejemplo:

Dopamina: son más creativos, toman riesgos, son aventureros y les mueven las sorpresas.
Serotonina: son más tradicionales, racionales y ejecutivos.
Testosterona: son analíticos, lógicos y dotados para tareas de ingeniería.
Estrógeno: son imaginativos, compasivos e intuitivos.

ZONAS ERÓGENAS

Conocer las zonas erógenas nos dará un mapa para explorar las diferentes partes de nuestra pareja y disfrutar al máximo esta experiencia multisensorial. Estimula las zonas erógenas de tu pareja con besos, masajes, usando el tacto, o incluso con el roce de una flor.

Las zonas erógenas del hombre son: cabeza, cuello, orejas, hombros, brazos, manos, pecho, pezones, los lados del cuerpo, sus muslos, la parte de adentro de las piernas, los pies, la espalda y las nalgas. Para ellos, el poder de la fantasía puede provocar una erección cerebral, que es la que sucede cuando entran en el estado de sueño, razón que explica por qué amanecen excitados en muchas ocasiones.

Las zonas erógenas de la mujer son: el cuello, los pechos, los pezones, la parte de adentro de los brazos, las palmas de las manos, los lados del cuerpo, la parte del ombligo, la cara interna de las piernas, la espalda, las nalgas, la parte trasera de las rodillas, las plantas de los pies.

AMOR ORAL

> El sexo oral es el acto de extender un beso al acto completo de hacer el amor.
>
> IAN KERNER

> Tienes que ser besado seguido y por alguien que sepa hacerlo.
>
> CLARK GABLE

La manera en que la sociedad ha utilizado el amor oral ha cambiado a través de las décadas. En los años veinte, se practicaba solamente como un gesto especial y muy ocasional entre esposos. En los setenta ya era aceptado y practicado por las parejas, casadas o juntas. En la actualidad es una práctica común y placentera para la mayoría; incluso, es la moda entre los adolescentes antes de tener sexo, para mantenerse vírgenes por más tiempo.

El *Hit Report* de sexualidad femenina considera que el sexo oral es una de las actividades favoritas de la mujer. El 82 por ciento dice que sus parejas las satisfacen oralmente, de las cuales 81 por ciento llega a tener orgasmos. Para los hombres siempre ha sido una forma idónea para alcanzar orgasmos intensos.

Tabúes sobre el sexo oral:

- Es algo obceno, provoca sentimientos de culpabilidad; es una forma vulgar de expresarse.
- A muchas mujeres no les gusta complacer a su hombre de esta forma; sienten una repulsión por el *vajra* y se sienten sucias a la hora de hacer el sexo oral; se sienten mucho más incómodas con la idea de que el hombre eyacule en su boca, e incluso les da pena exponer su *yoni* tan cerca de su amante.
- A algunos hombres no les gusta dar amor oral, ya sea por la textura y el olor del *yoni* o porque se sienten inseguros al no saber complacer correctamente a su mujer, o simplemente piensan más en su satisfacción personal que en darle amor a su pareja.

El amor oral es una oportunidad de tener un acercamiento íntimo y de honrar a nuestros órganos genitales, apreciándolos. Ayuda a nivelar las energías masculinas y femeninas del cuerpo.

Cuando se practica esta forma de amar, uno se vuelve vulnerable por la posición en que dejas ir el control y te entregas al momento. El amor oral es una manera de honrar a nuestra pareja, de aceptarla completamente. Besar un *yoni* o un *vajra* es un acto de amor, una conexión profunda; es placentero nos provoca ese sentimiento de que están apapachándonos, cuidándonos. Es la manera más íntima de decirle a tu pareja que te encanta y te excita.

Ya sabemos que no hay prisa por llegar al orgasmo. Usa esta técnica para dar placer y ve el acto como un proceso único de dar y recibir, de saber y aprender, y sé paciente, respetuoso, sensible y dulce.

Entrégate generosamente y con el corazón, aunque sea una relación casual. El sexo oral es sexo real. Esta forma de amar también se puede prestar para fantasear; es importante mantener la presencia con tu pareja, así que utiliza la respiración cuando sientas que tu mente se va a otro lado y procura mantener el contacto visual.

Ahora entremos en detalles en los siguientes puntos.

El *yoni* es muy sensible y es importante aprender a mover la lengua para no lastimarlo. Muchos hombres son impacientes, muy rudos o no tienen ritmo, por lo que, en vez de ser un acto placentero, convierten el sexo oral en un momento incómodo.

El clítoris está conectado con nuestro cerebro y tiene muchos nervios; estimularlo con delicadeza y ritmo ayudará a que la mujer experimente el placer a su máximo potencial. Debe haber un balance entre movimiento y quietud, acción y reacción.

La posición del 69, o la posición de ella hincada en tu cara son las mejores, por la necesidad de estar cómodos y de poder dar placer enfocándonos en nuestra pareja. Utiliza, antes y después, un enjuague bucal antibacterial de sabor neutro.

La lengua es el músculo más fuerte que tenemos. Cada vez que tragamos tiene un presión de 3.6 kilos. La mayoría de las personas tragan mil veces en un ciclo de 24 horas. ¡Imagina la fuerza que tiene! Úsala de diferentes formas: lamiendo, provocando cosquilleo, con ligera succión, etcétera. Si el hombre utiliza las manos debajo de las pompas de su pareja, logra un mayor placer mientras le da sexo oral.

La duración depende de lo que tarde tu pareja en estar satisfecha o en tener un orgasmo, lo que puede ocurrir de 15 a 45 minutos sin *foreplay*. Expresarte con sonido es una buena herramienta para guiar a tu pareja y hacerle saber que te gusta lo que está haciendo y que estás llegando al clímax. Como mujer, el movimiento de tus caderas es una señal de que lo estás disfrutando. Tener contacto visual por momentos llevará a una conexión más fuerte entre los dos.

La temperatura es parte de la estimulación, por lo que recomiendo tomar agua muy fría o té caliente antes de la sesión. La higiene es muy importante, así que cuida que tu zona sexual esté limpia antes de comenzar a jugar. Si es sexo casual, los hombres deben usar condón y las mujeres látex *(dental dam)*, a menos de que se trate de una relación monógama o segura.

Ellas

La mejor posición para ellas es acostadas, con las piernas separadas un poco y las rodillas ligeramente dobladas; si pones una almohada abajo de sus pompas, les ayudarás a llevar más circulación a la región pélvica.

La ventaja del amor oral es que en éste se utiliza la lengua, de la cual se tiene un control directo y se puede usar con precisión. Es un músculo que contiene nervios con miles de papilas gustativas. Es el músculo más versátil que tenemos.

Nunca subestimes el poder de la primera impresión, así que cuando toques por primera vez su *yoni* o *lingam,* que sea de una forma especial y saboreando el primer momento, como lo haces con un primer sorbo de vino.

Cuando te bajes en ella, puedes apoyar tu labio y tu bigote en el hueso púbico, y tu lengua puede descansar en la entrada vaginal sin problema.

Cierra las piernas de la mujer momentos antes de llegar al orgasmo. La mujeres, en ocasiones, tardan más en lograr un orgasmo por factores como el estrés y la dieta, así que sé paciente y saborea jugando con diferentes movimientos. Las mujeres que se autocomplacen con mayor frecuencia tienen la habilidad de llegar al orgasmo más fácilmente.

Procura no morder ni estimular el *yoni* con firmeza, pues es una zona muy delicada. Si tienes barbita, considera rasurarte, ya que la zona femenina es muy sensible y no será igual de placentero.

Ten mucho cuidado de soplar dentro de la vagina de una mujer, bajo ninguna circunstancia, ya que puede causar embolia o muerte. Puedes respirar o soplar ligeramente en el clítoris.

Ellos

La fricción y la presión son elementos claves para proveer un buen orgasmo. Usando tu boca y la mano al mismo tiempo aplicarás ambas técnicas, que son las más placenteras para él.

La mejor posición para el hombre en el amor oral es acostado cómodamente. No uses tus dientes en tus uñas en la piel del *vajra,* ni apliques más presión que cuando muerdes un malvavisco, ya que puedes lastimarlo. Debes cubrir tus dientes con tus labios para no lastimar a tu pareja.

Una pieza de clavo en la boca te dará frescura, ya que tiene un sabor parecido a la menta, lo que le dará una estimulación extra (también puedes utilizar una pizca de cardamomo). Para que el sexo oral sea muy placentero, usa media cucharada de lubricante de agua.

ORAL Y MANUAL

Cuando utilices tu dedo índice para estimular a la mujer, llévalo hasta que sientas que su mucosa vaginal está un poco inflamada y que se conecta en la parte alta: es el llamado punto G. Aplicando presión a esta área, lograrás estimular a tu pareja. Aquí puedes aplicar más presión que en el clítoris, porque esta zona es menos sensible. Puedes usar dos dedos para estimular; es importante que trabajen en equipo para que el ritmo y la sensación sea más placentera. Puedes usar esta técnica, además de estimular con la lengua el clítoris o masajeando su *yoni* con movimientos circulares.

El éxito de estas técnicas depende de dos factores: el ritmo de tu lengua en su clítoris, la presión firme de tus dedos en su punto G y el apoyo de tu mano debajo de sus pompas.

AUTOPLACER

Si no puedes enfrentar directamente tu sexualidad,
nunca descubrirás tu verdadera espiritualidad.

White Tigress Manual

La masturbación es tener sexo con alguien que
amas.

Woody Allen

Deja que exista el placer y el éxtasis en el mundo y que comience por ti. Darte placer es un reflejo de aceptación de tu cuerpo y de tu lado sexual. Es una forma de descubrir tu cuerpo a través de la sensualidad, para después compartirlo. El sexólogo Alfred Kinsey, en sus famosas encuestas de los años sesenta, descubrió que 94 por ciento de los hombres se masturbaban y que sólo 64 por ciento de las mujeres lo hacían; en los tiempos actuales el porcentaje ha subido y ahora 95 por ciento de las mujeres ha logrado tener orgasmos con la masturbación.

Crecimos con una educación sexual muy pobre, en la que conocernos, explorar nuestro *yoni* o *vajra* era algo sucio o prohibido. Con esos sentimientos de culpa bloqueamos nuestra fuente de poder femenino o masculino y la raíz del placer en el resto del cuerpo. Desde niños somos seres sexuales, algunos más que otros, y tocarse era algo que comenzaba a ser prohibido; en hombres, la educación en este sentido y la masturbación eran parte de un ritual, pero en las mujeres no.

Conocerte, aprender a complacerte, abre las puertas a la aceptación, al placer. Al entender tus sensaciones y tus reacciones ante diferentes estímulos y al estar en contacto con tu cuerpo lograrás expresar esos sentimientos al mundo. El placer que puedes vivir contigo misma lo puedes llevar a todos los contextos de la vida. Tu conexión con los placeres que te rodean será mayor, ya que no relacionarás el placer con la culpa.

El arte del autoplacer te dará las herramientas para explorar diferentes sentimientos, emociones; entonces sabrás qué te gusta y qué no, para que puedas compartilo después con tu pareja. La masturbación es esencial para volverte un ser multiorgásmico y para lograr orgasmos que te conecten con la iluminación y el éxtasis.

Quisiera enfocarme más en las mujeres, ya que la mayoría de los hombres tienen resuelto este tema, sin pena ni culpa, el cual disfrutan completamente. Muchas mujeres creen que no son capaces de ser orgásmicas o multiorgásmicas.

El darte placer es la única forma de lograr convertirte en un ser que viva su sexualidad total. Los bloqueos para alcanzar el orgasmo vienen desde las creencias, los tabúes y la falta de práctica, lo que significa que no te has masturbado lo suficiente. Cuando una mujer sabe tener un orgasmo con sus dedos o usando un vibrador, aumenta sus posibilidades de ser complacida por su pareja, así como su confidencia sexual y el poder de experimentar todo tipo de orgasmos. Existen diferentes teorías en cuanto a explorar el orgasmo sin utilizar vibradores, ya que puedes desensibilizar el clítoris. En el libro *El arte del orgasmo*, Margot Anand ofrece diferentes técnicas para conseguir orgasmos naturalmente a través de la estimulación oral.

Otros libros de sexo te hablan de la importancia de usar vibradores como una forma de conocer tu propio placer y saber tener orgasmos. Te recomiendan inicialmente usarlo un par de veces a la semana, lo que te dará experiencia para llegar a un orgasmo y, conforme vayas experimentando, puedes usarlo todos los días. Una vez que alcances orgasmos, deja de usar el vibrador y explórate con los dedos. Asimismo, cuando logres el orgasmo de esta manera, toca diferentes áreas de tu *yoni,* variando los movimientos; así te volverás una experta, y cuando tu pareja te dé sexo oral o te estimule, alcanzarás orgasmos más fácilmente.

Es importante que dejes a un lado los bloqueos mentales y emocionales para dar y aprender a recibir de ti misma. La capacidad de darte placer es esencial para después lograr que tu pareja lo haga. El poder de manifestar lo que quieres, tus deseos, tus secretos y tus fantasías, florece a través de la propia exploración de tu persona, de tu mente, de conciencia, de tu energía y de tu cuerpo.

Puedes darte placer no sólo a través de la masturbación y de tocar tus órganos genitales. En mi curso de tantra con la maestra Dawn Cartwright, en Los Ángeles, aprendí a que podemos llevar el placer a otro nivel. Ella nos invitó a explorarnos simplemente recorriendo el cuerpo sin necesidad de tocar nuestro *yoni* y nuestro *vajra,* sintiendo cómo la energía se expande por nuestros centros y logrando un orgasmo corporal al usar en conjunto los movimientos PC, la respiración, la visualización de los chakras y el tacto del cuerpo.

Fue una experiencia increíble, ya que no sólo me enseñó a sentir placer creado por mí misma, sino a apreciar mi cuerpo y conectarme aún más con mi propia sensualidad.

¿Cómo respondemos las mujeres al estar excitadas?:
- Muchos químicos y hormonas se liberan en tu sangre y te pones emocionalmente *high.*
- La circulación de la sangre baja por la pelvis y activa los nervios en los genitales.
- Tus senos aumentan de tamaño y tienes los pezones hipersensibles.
- A la vez, todo tu cuerpo se pone muy sensible al tacto.
- El clítoris sale de su escondite.
- La respiración aumenta, y tu ritmo cardiaco y la temperatura suben también.
- Tus músculos se ponen más tensos, en especial los de la cadera y los muslos.

- Tu *labia* menor cambia de color, ya que la sangre llega ahí.
- Tu voz comienza a temblar.
- Miras fijamente a los ojos de tu pareja.
- Tus manos están calientes y la temperatura del abdomen sube.
- Tus oídos se pintan de rojo y tu cara se chapea.
- El pulso de tu vulva se hace más evidente.
- La saliva debajo de tu lengua se seca.
- La sudoración es más abundante.
- Usas las piernas con más presión.
- La secreción es más dulce y más caliente.

EL ARTE DEL PLACER COMPARTIDO

Darse placer en pareja hace una relación más íntima, pues es una forma de aprender mutuamente los gustos, los ritmos, las formas y los movimientos, convirtiendo el aprendizaje en un acto muy erótico

Cuando vayas a comenzar este ritual, ya sea solo o con tu pareja, es importante que crees un espacio sagrado e invitador para que el romance esté presente. Estos tips ayudarán a compartir esta experiencia con tu pareja al máximo:

1. Observa a tu pareja mientras se da placer.
2. Si lo consideras oportuno, saca tu vibrador y date placer mientras lo observas.
3. La estimulación manual del clítoris es importante, ya que le darás tips a tu pareja acerca de cómo te puede estimular.
4. Te va a dar mucha seguridad sexual.
5. No tengas miedo de que te juzgen; sólo se trata de compartir un momento muy íntimo.
6. Aprecia a tu pareja por compartir algo tan privado.

ORGASMOS

Un orgasmo al día mantiene al médico lejos.

Mae West

Las personas que tienen tres o más orgasmos a la semana experimentan 50 por ciento menos riesgo de ataques al corazón y embolias que aquellas que no tienen sexo frecuente. Si quieres saber si tu mujer está fingiendo un orgasmo, aprende a reconocer sus señales.

En sánscrito, al orgasmo se le llama *urja*, que significa poder o nutrición. Se le conoce como la pequeña muerte, debido a que en esos segundos en que sucede no existe nada más y te conectas con lo metafísico e inexplicable, con el todo, despegándote de este mundo, llamado *Maya*, que significa "ilusión". Es un momento alterado de conciencia, lleno de colores, luz y energía.

El orgasmo revitaliza y limpia tu cuerpo; es como un baño que remueve la energía atascada en los centros, llevándola al balance. Emite la energía sexual no sólo a través de sus fluidos, sino también a nivel psicológico y energético. Aprender a usar estas energías te ayudará a absorber sus beneficios para la salud y el bienestar, obteniendo así el balance de nuestro lado femenino y masculino. Lo anterior se ha logrado gracias a las prácticas de filosofías como el tantra, el tao y las enseñanzas de las tigresas blancas de China.

En el orgasmo ocurre una descarga energética muy fuerte, que comienza en tu cerebro y afecta el córtex cerebral. Este sistema nos ayuda a estimular emociones y a mandar señales al sistema nervioso, apoyando la relajación de los músculos, bajando la tensión del cuerpo y enviando al cerebro la orden de crear ondas alfa, que te ayudan a soñar y a desarrollar tu creatividad. Tus niveles de hormonas suben y bajan creando sentimientos de placer, felicidad y paz.

Una forma de ver el orgasmo es como una reacción y no como una acción. Es un acto involuntario que suelta la energía sexual y la tensión que fuiste acumulando. Se ha confirmado que después del orgasmo tu cuerpo se relaja, incrementando el placer.

Durante el orgasmo te conectas con la realidad en 99 por ciento y estás abierto a mover esa energía circular; en el uno por ciento restante, que es la ilusión, vivimos regidos únicamente por nuestros sentidos y por nuestros pensamientos.

¿Cómo intensificamos los orgasmos?

Come bien: tu sexualidad es una expresión de lo que tu cuerpo consume. La alimentación sana te ayudará a expresar toda tu energía y a intensificar tus orgasmos. Cocina con intención, experimenta con diferentes teorías dietéticas, y observa los efectos en tu cuerpo y en tus orgasmos.

Muévete: liberar el cuerpo, mover la pelvis y aumentar la oxigenación y la sangre en los genitales te ayudará a que el placer se vuelva más intenso. Procura practicar los ejercicios y las rutinas de este libro tres veces a la semana o media hora antes de tu sesión para obtener mejores resultados.

Relájate: el orgasmo es como la vida: si estamos aferrados a nuestra meta nos perdemos los placeres del camino. Deja ir y fluye sin expectativas; en el momento en que llegue, ocurrirá sin esfuerzo. Sé paciente y permite excitarte primero algunas veces antes de llegar a él. Tómalo con calma. Esto hará la diferencia en la forma en que lo experimentes.

Kegels: para llegar a los orgasmos es importante mencionar que debemos fortalecer nuestro piso pélvico con el *mula bandha.*

Visualiza: imagina la energía sexual recorriendo tu cuerpo y pasando por los centros de energía, subiendo desde los isquiones y el piso pélvico por la columna hasta la coronilla. Siente la energía vibrando por tu cuerpo y respira profundamente.

Presencia: estar presente en el momento a través de la respiración, la mirada y, sobre todo, con la mente, te llevará a experimentar los orgasmos más intensos. Observa las avenidas del placer a través de tu sensualidad y las sensaciones que van despertando en tu cuerpo.

Alegría: para ser más orgásmicos en el sexo debemos serlo de igual forma en la vida real. Disfruta la vida, ríe, experimenta la aventura y irradia la alegría de vivir en cada cosa que realices.

LOS ANTIORGÁSMICOS

Muy mental: si estás en tu mente, enfocado en el proceso, puedes perderte el momento. Hacer del amor es una conexión de cuerpo y corazón.

Baja autoestima: si no te sientes con el derecho de sentir placer y dejas que intervenga la culpabilidad o el resentimiento, esas emociones y esas creencias bloquearán tu placer.

Falta de comunicación: si ésta no es transparente y óptima a nivel físico y verbal, comienzan los malos entendidos con tu pareja y el placer puede bloquearse.

Estrés: baja tus niveles de intensidad en el sexo y reduce tu libido.

Orgasmos en el hombre

- Duran de 30 segundos a dos minutos.
- La próstata y los testículos se inflaman.
- El piso pélvico se contrae.

- Sale un líquido claro del *vajra,* que significa que está a punto venir la eyaculación.
- Si los ritmos de estimulación cambian, no afectan el proceso orgásmico del hombre.
- Entre más fuertes y mayor sea el número de contracciones, más largos y mejor la calidad de los orgasmos.

¿Cómo describen los hombres sus orgasmos?
- Como una erupción, muy intensos, con cosquilleo en el cuerpo.
- Enfocados en el *vajra,* que van recorriendo el cuerpo con ligeros escalofríos.

Tipos de orgasmos masculinos
- La multieyaculación, en la cual se experimentan una serie de eyaculaciones parciales.
- El orgasmo post: cuando se experimenta un orgasmo y subsecuentemente otro menos intenso.
- El orgasmo seco o sin eyaculación, para el cual se usan los ejercicios PC que ayudan a experimentar contracciones. Aquí la eyaculación se expulsa hacia la vejiga y no por la uretra. Lo utilizan en el *Skydancing tantra* o en el tao del sexo, para reservar su energía.

El hombre está acostumbrado a sentir un nivel de excitación alto y a liberarlo a través de un orgasmo con eyaculación. La importancia de mantener tus líquidos de vida es vital, ya que te mantienen sano y longevo. En ellos se encuentra mucha energía que a través de la eyaculación puede drenarte y hacerte sentir cansado y sin energía.

Existen varias prácticas para lograr el orgasmo seco, una opción magnífica para sentir un placer intenso, pero guardando la energía que podrás utilizar en tus negocios, en tu creatividad y, en general, en la vida. Los principios para lograrlo son la presencia, la respiración profunda, los ejercicios del piso pélvico, técnicas apoyadas en la zona de tu perineo y escroto que te ayudarán a mantenerte relajado. En el momento de la excitación puedes hacer lo siguiente:

- Descansar y enfocar tu energía en la respiración, abrazando a tu pareja.
- Puedes tomar la base de tu *lingam,* comprimiéndola, mientras tu mujer coloca sus nudillos debajo de tu escroto, haciendo presión en el perineo.
- Puedes relajar tu *vajra* en el *yoni* de tu mujer, pero sin movimiento.
- Es importante que las mujeres creen ese espacio de apoyo hacia el hombre, ayudándolo a contener esa energía bajando el nivel de excitación, reduciendo el baile del amor.

Todas las técnicas las encuentras descritas con detalle en libros como *The Multi-orgasmic Man*, de Mantak Chia, y *La senda del éxtasis*, de Margot Anand.

Orgasmos en la mujer

- De 10 a 15 por ciento de las mujeres aseguran no haber alcanzado un orgasmo en su vida.
- La mayoría experimenta su primer orgasmo con la masturbación.
- Sólo 30 por ciento de las mujeres alcanza el orgasmo a través de la penetración.
- La mayoría de las mujeres alcanza orgasmos clitorales y por masturbación con vibradores.
- La mujer es más sensible al orgasmo en sus días de ovulación.
- Cuando una mujer tiene un orgasmo, se vuelve dependiente. Es nuestra naturaleza biológica como mujeres.
- La mayoría usa los muslos para estimularlo.

Tipos de orgasmos femeninos:
- Orgasmo: clítoris o de vulva.
  Nervio: pudendo.
  Emoción: media.
  Músculos: el primer tercio del pubocoxígeo.
  Técnica: rápida estimulación del clítoris.
  Sensación: son más intensos y filosos.
  Eyaculación: difícil o imposible.

- Orgasmo: vaginal
  Nervio: vago
  Emoción: se refleja en nuestro cuerpo a través de sensaciones.
  Músculos: pelvis y pubocoxígeo
  Técnica: estimulación a través de la penetración y el contacto del clítoris con el pubis de tu pareja.
  Sensación: son más profundos y recorren todo tu cuerpo.
  Eyaculación: media

- Orgasmo: punto G o mezclado, ya que también involucra el clítoris debido a que es parte de ese mismo sistema de nervios.
  Nervio: pudendo y pélvico.
  Emoción: media a intensa.
  Músculos: pélvicos y uterinos.
  Técnica: estimulación del punto G, de despacio a rápido.
  Sensación: intensa.
  Eyaculación: fácil.

Durante el orgasmo, las paredes de la vagina y el piso pélvico se contraen rítmicamente durante 0.8 segundos (de tres a 15 contracciones).

Señales de orgasmo:
- El *yoni* y el útero se contraen de 10 a 15 veces, y cada contracción dura ocho milésimas de segundo.

- El recto se contrae de dos a cinco veces.
- Por igual, puede verse la contracción y la liberación de diferentes partes del cuerpo, como brazos, piernas y cuello.
- La velocidad de la respiración aumenta considerablemente.
- En algunos casos, se eyacula un líquido transparente.

EYACULACIÓN

De una a 10 mujeres pueden llegar a la eyaculación y cada día hay más que lo hacen. La eyaculación en las mujeres es algo poderoso, hermoso, muy sano, una respuesta natural del cuerpo. En sánscrito se le llama *amrita* (inmortal), que significa "la medicina de la flor y la luna", o "el néctar femenino".

En la tradición hindú se dice que la mujer estimula y saca el *kundalini* o la fuerza de vida durante la eyaculación, el cual recorre los centros de energía, nutriendo a tu *yoni*, dándole bendiciones a la vida, a ti como mujer, a tu amado y al planeta.

La eyaculación femenina normalmente sucede con la estimulación de su punto G. Es un líquido alcalino parecido en su composición al fluido masculino. La cantidad que eyacula cada mujer depende del tipo de estimulación que recibe, de sus emociones durante el acto, de su experiencia y su confort, de la fuerza de sus músculos pélvicos y del tipo de orgasmo.

La eyaculación no es un reflejo del orgasmo, sino una forma de liberación; es posible aprender a eyacular voluntariamente. Todas las mujeres eyaculan, sólo que sus líquidos suelen confundirlo con la lubricación o con la orina o creen que tienen incontinencia. Muchas sienten ganas de hacer pipí cuando su punto G es estimulado; sólo tienen que relajarse para poder liberar su néctar. En un estudio dirigido por el doctor Cabello, en España, se sugiere que las mujeres que están excitadas pueden eyacular dentro de la vejiga, como lo hacen los hombres. Los ejercicios Kegel son ideales para estimular tu punto G y eyacular. Es una sensación liberadora, en la que sientes que tus más grandes tabúes se desvanecen y te experimentas como un ser totalmente sensual y sexual.

AGRADECE

El sexólogo Theodore van de Velde asegura que la forma en que nos comportamos después del orgasmo indica si el hombre es o no un adulto eróticamente civilizado. Esos momentos después del sexo oral o de coito tienen una importancia semejante a la del cortejo.

En una buena comida, el aperitivo te despierta el hambre, seduciéndote hasta la llegada del plato fuerte, que saboreas como un gran festín, para llegar al postre, que con su delicadeza te deja satisfecho. Una cena sin un buen postre no es una velada perfecta. En el sexo ocurre igual: es necesario darnos ese tiempo para agradecer a nuestro amante. Abrazarnos y despedirnos poco a poco de nuestra sesión dará ese toque final de sutileza y respeto al arte del amor.

Si cuando terminas sales corriendo o te volteas a dormir, las energías que manejamos durante el sexo no lograrán completar su ciclo. No tomes este momento con indiferencia aunque sea sexo casual u ocasional. Una buena plática, un abrazo o un silencio compartido cerrarán tu sesión de una forma respetuosa y amorosa. La educación también se muestra en la cama, y la consideración más.

RELAJACIÓN

La relajación es la clave para excitarte. Por eso es importante comenzar tu sesión de sexo relajando a tu pareja, creándole una atmósfera en la que su mente se tranquilice y olvide los problemas del día. Estos elementos y tu intención calmarán poco a poco su sistema nervioso, reduciendo la ansiedad o la tensión reflejada en sus músculos.

Tips de relajación:
- Tomar un té de damiana que, además de ser afrodisiaco, calma el sistema nervioso.
- Un baño de tina con sal de Epson o un poco de esencia de lavanda te harán desestresarte.
- Música relajante que estimule tu nivel vibracional y tu estado de ánimo. Los CD Brain Sync (www.brainsync.com) contienen música que te pone sensual; si eres fan de la música, crea tus propios *playlists*.
- Usa aceites esenciales para dar un masaje a tu pareja.
- Hazle un poco de piojito o cosquillitas.
- El ejercicio ayuda a la libido, ya que relaja y libera serotonina y endorfinas; baila con tu pareja o hagan una sesión de 15 minutos de la rutinas de yoga y movimientos pélvicos.
- Fantasear acerca del sexo te relaja y logra que tu mente comience a liberar estos químicos.
- Respirar correcta y profundamente también te relajará. Procura darte cinco minutos para hacer los ejercicios de respiración.

La relajación es esencial, ya que logrará poco a poco ir despertando el deseo. Si estás relajado, la excitación será más fácil; estás listo para el juego, la diversión y la creatividad.

Relajarnos después del sexo también es importante para absorber todos los beneficios de la energía que movimos en nuestro cuerpo; debemos relajar los músculos que utilizamos durante el arte del amor para poder regresar a nuestro estado natural y tener un buen descanso.

Aceites

En tus masajes usa aceite de coco, ideal para los momentos eróticos, ya que permite una penetración más placentera; es antiviral, antimicrobiano y protege contra algunas enfermedades transmitidas sexualmente. Se recomienda su uso con condones de piel natural, debido a que sus propiedades disuelven el látex.

Lubricantes

La lubricación es importante para que el acto sexual sea placentero. La vagina comienza a lubricarse una vez comenzada la estimulación. La habilidad para lubricarse depende de muchos factores como los niveles de estrógeno, la dieta, el estrés y diversos factores psicológicos.

Así que si tienes problema en esta área revisa tu dieta para nivelar el estrógeno, haz ejercicios relajantes como el yoga y lleva una dieta balanceada.

Que los lubricantes estén hechos a base de agua por ser más sanos y naturales, ayudarán a que tu sesión sea más placentera, sobre todo en el *foreplay*.

Para el clítoris, usa cremas que contengan metanol y arginina, dos aminoácidos que necesitamos para tener un orgasmo.

Juguetes sexuales

Esporádicamente lograrán darle sazón a tu vida sexual.

Para mujeres:

1. Bolas chinas o *Ben Wa Balls*: las introduces en la vagina y haces los ejercicios de Kegel para fortalecer el músculo vaginal y controlar la penetración y los esfínteres. Son metálicas o de plástico. Usa el movimiento como si cortaras la orina.

2. Gel multiorgásmico: se pone en el clítoris; lo erecta y lo sensibiliza, favorece la irrigación sanguínea, promueve la multiorgasmia. Con sabor a cereza calienta; con sabor a menta o neutro enfría. No es un lubricante.

3. Lubricantes: están hechos a base de agua o silicón. Evitan la fricción entre el pene y la vagina y favorecen que siempre haya humedad. El de base de agua se utiliza para juguetes y penetración en general, mientras que el de silicón es contra agua y no se debe usar con juguetes, pues los corroe.

4. Vibrador multiorgásmico: cuenta con dos partes. La exterior, que es una bala vibradora con diferentes funciones que estimulan el clítoris, mientras que la parte que penetra tiene unas perlas o balines que giran para estimular el punto G, que es la terminación nerviosa del clítoris

5. Balas o cápsulas vibradoras: son de diferentes tamaños y sirven para estimular todas las partes externas y erógenas del cuerpo, como los pezones, el clítoris, el pene, los testículos, el perineo y los glúteos.

Para hombres:

1. Vaginas o anos masturbadores: son juguetes hechos de gel que simulan vaginas o anos, por los cuales introduces el pene y haces el movimiento de masturbación. Puedes usar lubricante que calienta para que se asemeje más a la penetración real.

2. Bombas de vacío: se utilizan para apresurar la erección y dar masaje indirecto a la próstata, bombeando sangre al pene. Es importante que sepas que no hacen más grande el pene... Con lo que naces te quedas. Su uso frecuente puede llegar a romper vasos sanguíneos, por lo que la erección ya no sería firme.
3. Anillos con y sin vibración: se colocan en la base del pene, retardan la eyaculación y prolongan la erección, obstruyendo la vía seminal y sanguínea, por lo que hacen que el pene dure más tiempo erecto y con más firmeza; si tiene vibración, estimulan el cuerpo del pene y los testículos; en la mujer, el clítoris.
4. Bolas anales o vibradores prostáticos: estimulan la próstata y producen un gran orgasmo; asimismo, al estimular la próstata también evitan su crecimiento y el cáncer; ya sea con o sin vibración; el movimiento de sacar y meter es un estímulo *per se* (no olvides poner siempre lubricante de agua a los juguetes).
5. Fundas con o sin extensión y semifundas: están hechas de gel flexible y con textura para colocarlas en el pene y darle un tamaño más largo y ancho; también sirven para retardar la eyaculación, ya que el glande, la parte más sensible del pene, queda cubierto. Ayudan a estimular el punto G por las diferentes texturas que tienen. No sirven como condón.

Tips de cuidado

Es importante lavar los juguetes con agua tibia y jabón neutro antes y después de usarlos, dejándolos secar en una superficie plana sin toallas ni papel; guárdalos en bolsas por separado y quítales las pilas para que el juguete tenga larga vida. También hay productos antibacteriales que agilizan la limpieza.

7. PUNTO G: EL GOZO

El placer es la forma terrenal de conectarte con tu
espíritu y vivir un éxtasis de amor divino.

Hemos vivido creyendo que el placer es un premio, una
recompensa. El placer es parte de la vida y, como la nutrición integral, su balance también es importante. No podemos tener una vida sana y equilibrada si vivimos solamente
en estados de esfuerzo, dedicación, disciplina y responsabilidades, que son las que, en exceso, nos llevan al estrés
y a vivir con el deber si no experimentamos su contrapar-
te, que son la ligereza, la diversión, el fluir con la vida, el
placer. Este último, combinado con presencia y conciencia,
nos ayuda a aprender a recibir, a abrir nuestro corazón, a
conectarnos con nuestros sentidos y a apreciar la belleza;
nos vuelve más sensibles; nos ayuda a desarrollar nuestra
creatividad; nos inspira e intensifica nuestras sensaciones.
El placer nos ayuda a conectarnos con lo luminoso, con
la buena energía, y a elevar nuestro nivel de conciencia. Es
un camino a la iluminación. En los momentos de placer

nos expandimos, nos damos incondicionalmente y estamos abiertos para recibir.

Hace unos meses fui a caminar con mis mejores amigos a las montañas de Amatlán. Fue una experiencia fuera de serie estar presente y conectarme con la naturaleza de formas que nunca lo había hecho antes. Caminamos más de cuatro horas para llegar a la cascada de Quetzalcóatl, la cual aseguran que es una puerta dimensional llena de poder. No sé si sería el cansancio, el calor, la conexión con la naturaleza o esa sensación de entrar al agua helada y sentir la presión de la cascada sobre mis hombros lo que me proporcionó a un momento de placer en el que sentí mi pecho expandirse y mi corazón abrirse al cielo, recibiendo tanta luz que grité un "¡aaah!", viviendo un momento de placer igual de intenso y exquisito que un orgasmo. Fue un momento de *nirvana*, de iluminación.

Ahora, después de varios meses de estudiar tantra, sé que aquél fue un orgasmo creado por las sensaciones de todo mi cuerpo, en el que sentí una paz interior que siempre he anhelado. Las delicias del placer y las sensaciones intensas puedes encontrarlas en lo que decidas conectarte, con presencia y disposición.

El placer que alimenta tu ego, los sentimientos de gula, la lujuria y la avaricia te alejan del amor y de tu esencia; en cambio, si lo experimentas como lo que es: una avenida para conectarte con la paz, la fuente infinita del amor y la luz, se convertirá en una herramienta increíble que dará balance a tu vida.

El placer se convierte en gozo; nos volvemos seres gozosos, amorosos y dichosos, pues a fin de cuentas ésa es nuestra naturaleza. Comenzar a cultivar el gozo en la vida empieza por enamorarnos de nosotros, por cultivar la propia relación y por conectarnos de nuevo con la luz. Enamórate de ti mismo como enamorarías a la persona que te gusta. Suena cursi, pero sí funciona. Anímate, inténtalo y verás una gran diferencia en tu día y en tu persona.

¿ESTÁS LISTO PARA ENAMORARTE DE TI?

Enamorarme de mí fue una idea que me sonaba descabellada hasta que lo intenté. En octubre de 2011 decidí viajar a Bali para asistir a un curso de tantra con Margot Anand, a quien había estudiado antes a través de sus libros y sus DVD. Emocionada por tener suficientes millas, en la aerolínea me comentaron que sólo quedaba un vuelo disponible, una semana antes del curso, así que decidí irme antes, con la idea de vivir mi propia luna de miel y volver a enamorarme de mí. Hice la maleta, en la que incluí lencería sexy y mi ejemplar de *La senda del éxtasis*, de Margot Anand, y me lancé a la aventura.

Mi intención fue clara desde que subí al avión, por lo que anoté en una libreta lo que quería experimentar en este viaje. Recuerdo que al despedirme, mi mamá dijo: "Adiós Karina, ya no te volveré a ver; vas a regresar otra y vas a conocer a un chico". Le sonreí y pensé: "¡Pero cómo son las mamás, que creen que lo saben todo!" Llegar a uno de los destinos turísticos más afrodisiacos y paradisiacos del mundo fue como aparecer repentinamente en un sueño. Bali me enamoró desde que vi el primer atardecer, que me conectó con una energía muy especial la cual había experimentado en mis viajes anteriores a esta isla. Sentí una emoción peculiar porque jamás pensé en regresar, así que, con una inmensa gratitud, comencé mi romance.

Bali es un lugar paradisiaco. Su naturaleza, su cultura y su gente te envuelven en su magia y experimentas una paz que sólo se vive ahí. Los primeros dos días, mi aventura transcurrió en los lugares más turísticos, donde la gente y los guías están acostumbrados a ver muchos lunamieleros, ya que es uno de los lugares de ensueño para los recién casados.

Para mí fue muy interesante estar sola y observar a las parejas viviendo su romance, llenas de ilusiones y con una cara de felicidad que pocas veces ves; pero más interesante fue observar lo que provocó en mí estar rodeada de tanto amor: una dualidad de sentimientos: la ilusión y la nostalgia de mi propia historia y de mi luna de miel, sentimientos que desencadenaron el recuerdo de esas conversaciones internas acerca de mi falta de fe en el amor y pensamientos como: "si supieran que no es real", "que aprovechen porque sólo les va a durar poco el gusto"; esas historias que me protegían del amor.

Estas reflexiones me llevaron a dudar sobre mi capacidad y mi fortaleza para vivir mi propia luna de miel; pero algo me decía que esto era lo mejor para mi aprendizaje. Reservé los hoteles más románticos y los planes muy lunamieleros; empecé con un sexy *room service*, un baño de tina a la luz de las velas y aromaterapia; conocí restaurantes hermosos, llenos de velas, donde una copa de vino y una flor aromática fueron mis compañeras mientras a lo lejos se veía la infinita jungla. Después hice una larga caminata en la playa y al final disfruté de un elíxir, viendo a las familias pasar y a las parejas abrazarse al caer el sol. Estos momentos, en los que se involucra a la comida, fueron un poco incómodos en un principio, ya que no hay nada que disfrute más que compartir una buena comida con la gente que quiero.

El resto del tiempo fue más sencillo: estuve turisteando, escribiendo o en tratamientos de *spa,* que sin duda fueron de lo más sensuales. Los lugares son tan bellos, la decoración tan perfecta y los masajes javaneses tan ricos —para mí los mejores del mundo—, que me relajaron y despertaron mis sentidos con el aroma de los deliciosos aceites esenciales de lavanda, limón y coco, típicos de allá. Rodeada de flores, incienso y música balinesa, que irradia dulzura y erotismo, terminaba mis días sintiéndome estimulada y lista para el romance, lo que me llevó a aprender a transformar esa energía sexual en energía creativa y meditativa, o a disfrutar plenamente el arte de darme placer. Las noches en Bali estuvieron llenas de meditaciones y de ideas que llegaron a mí, las cuales comparto ahora con ustedes en este libro.

Los atardeceres fueron mis momentos favoritos en la que llamo "mi isla mágica". Vi un par de ceremonias en la playa, en las que aprecié el sentido de comunidad que se practica en ese país. Las olas del mar, iluminadas por los últimos rayos del sol, me llenaban de esperanza,

Mientras, las sombras caían en sus maravillosos templos, donde mis compañeros, los changuitos, brincaban a mi alrededor en busca de comida, haciéndome reír. Las danzas balinesas, llenas de color y energía, dieron también ese toque exótico a mis días. Recuerdo ahora estar sentada en Mimpi, al norte de la isla, viendo un atardecer durante el cual observaba el volcán y el mar. Entonces escribí lo siguiente: "Me abastece el alma el último rayo de sol que me llena de amor; el destello tenue irradia mi corazón. Me asombro de estar ante tu magnífica presencia, sintiendo el calor sutil de tu luz que alivia mi ser y lo lleva al silencio".

Ese silencio en el cual encontré respuestas, en el que me reencontré y entendí que la belleza está presente en todo. Con ese atardecer terminé mis vacaciones. Los detalles, la belleza y la presencia con la que vivimos todos los días, es lo que va despertándonos de nuestra eterna siesta; esos momentos en que comenzamos a sentirnos vivos, llenos de asombro, emocionados y enamorados de la vida.

Bali es el lugar idóneo para experimentar esto, ya que ahí son expertos en cuidar cada detalle, procurando que todos tus sentidos estén bien alimentados. Cada rincón tiene elementos románticos, con flores, aromas que te acompañan en tu camino con base en incienso, velas aromáticas o plantas como la lavanda o los hueledenoche. El diseño de la iluminación es perfecta, con luces tenues en diferentes tonos que hacen resaltar los detalles de la decoración, como las esculturas o las pinturas, que se mezclan con la luz de la luna.

Tus oídos están envueltos en dulzura, escuchando el viento, los pájaros, las olas del mar, la música de relajación o el tradicional *gamelan*. En la decoración utilizan colores cálidos, mucho bambú, madera y fibras naturales, donde cuidan la belleza y el confort. Me llamó la atención el tamaño de las tinas, en las que disfruté baños con sales y burbujas y me relajé de los pies a la cabeza. Las regaderas también tienen su toque exótico, ya que algunas están al aire libre, donde caminas sobre piedras, y ves las plantas alrededor; la presión del agua me hizo sentir que estaba debajo de una cascada. Las camas están perfectamente diseñadas y tendidas para que descanses o repases el *Kamasutra* completo. La comida, los aromas, los colores y los sabores están perfectamente combinados en un plato, donde la presentación es una puerta al paraíso.

Bali fue el lugar perfecto para volver a enamorarme de mí y vivir la esencia del erotismo, la sensualidad, la espiritualidad y la conexión conmigo misma.

Te invito a crear este ambiente usando tu creatividad y, sobre todo, lanzándote a la aventura de conocerte y romancearte. Planea tus días, sal de la rutina y crea tu luna de miel donde quiera que estés.

COMUNICACIÓN CORPORAL

Cuando somos bebés, además de la leche materna, el contacto físico de nuestra madre nos hace sentir seguros, en paz ycómodos. El no tener ese contacto ha provocado incluso casos de muertes de bebés.

El tacto es parte de nuestra comunicación como seres humanos; nos ayuda a acceder y a profundizar emociones; es sanador. Nos lleva al presente y nos aleja de la mente, conectando con nuestro corazón y abriéndolo. Conforme vamos creciendo, debido a diferentes creencias o experiencias, nos protegemos y nos alejamos del tacto; nos volvemos más fríos: rechazamos un acercamiento pues nos incomoda ese tipo de expresiones.

Observa la relación que tienes con el tacto: ¿cómo te comunicas? ¿Qué te gusta? ¿Con qué te sientes incómodo? Es importante cuestionarte y ver la raíz de tus sentimientos. En el momento en que crees conciencia, automáticamente serás más amoroso y mejorarás tu vida sexual. Muchos problemas sexuales tienen su raíz en este tipo de creencias y en caparazones que vamos cargando a lo largo de la vida.

El tacto puede llegar a incomodarnos porque abre nuestro corazón; nos lleva a un espacio en el que conectamos con el otro a un nivel íntimo y, por tanto, nos volvemos vulnerables. El tacto es necesario para expresar esos sentimientos a los que solamente podemos llegar con el toque de una mano, con un beso o un abrazo; nos lleva a experimentar emociones más profundas que aquellas que se dan en una simple plática, en la que sólo llegamos a un nivel de la mente (es importante saber que la sanación ocurre a través del corazón). La mente logra crear conciencia del problema o de la situación a nivel emocional, pero es el corazón el que comienza la sanación; por ello es tan importante el sexo, que nos provee de uno de los momentos más sanadores; con él nos desconectamos de la mente, abrimos nuestro corazón y comenzamos la sanación en el cuerpo emocional, para luego llevarlo al cuerpo etéreo y sanar a nivel energético. De seguro tienes pruebas de ello con el muy conocido *make-up sex*.

Estas formas de comunicación van a ampliar aún más la manera de expresarnos con mayor autenticidad, lo que nos ayudará a despertar la sensualidad. A través del cuerpo puedes comunicarte con tu pareja o con la gente que quieres; con un abrazo, una caricia o un beso se expresa el cariño o el amor hacia ellos. Ser cariñoso también es una forma de expresar tu amor incondicional, si bien es importante considerar a la otra persona, respetando sus deseos y percibiendo si se siente cómoda recibiendo este tipo de comunicación.

Muchos problemas de comunicación entre las parejas suceden cuando no están conscientes de los diferentes lenguajes del amor, que para unos es el tacto, para otros las palabras de aprecio, para otros más los regalos o los actos de servicio. Si tu lenguaje es el tacto, pero el de tu pareja son los regalos, no puedes forzarla a que se vuelva cariñosa; pero eso no significa que no te quiera, sino que expresa su amor de otra forma. Respeta la individualidad de cada persona y sus formas de expresar amor. Si necesitas de alguien que se comunique como tú, es importante saberlo y observar de qué forma se comunica contigo; cualquiera que sea ésta, es esencial aprender a expresarte con el tacto para sanar y disfrutar tu vida sexual y sensual.

Sin embargo, tenemos la creencia de que el tacto siempre posee una connotacion sexual, lo que nos ha alejado de él. Adivinas perfectamente cuando alguien te toca o te da un abrazo con la intención de demostrar amor, y cuando lo hace con una intención sexual. Aprende a observar y no confundas la sensualidad con la intimidad y la sexualidad.

La sexualidad implica expresarte de una forma erótica. La intimidad es esa cercanía que puede ser física o emocional. La sensualidad es despertar tus sentidos y estar presente y en contacto con ellos. Teniendo claro esto podemos tener una intimidad y una sensualidad con alguien que no necesariamente sea sexual.

Como parte de tu rutina en la vida, te recomiendo terapias en las que tengas contacto físico. Si eres una persona que no tiene pareja, es indispensable que recibas este tacto para balancear tus hormonas, como la serotonina, que es un antidepresivo, así como para apapacharte, ya que siempre es importante ser tocado. Si tienes problemas de comunicación, puedes sanar por medio del tacto en manos de un experto que te apoye para crear bienestar en tu cuerpo.

A lo largo de mi vida he utilizado diferentes estilos de masajes y terapias, dependiendo de los temas que esté trabajando en el momento, de los niveles de estrés o de las lesiones que tenga en mi cuerpo. Para empezar, estas tres modalidades ayudarán a despertar tu sensualidad y sanarte a la vez:

- *Masaje relajante:* con él puedes conectarte con tu sensualidad, aprender a relajarte, estar presente en tu cuerpo y conocerlo mejor, ya que los movimientos y los diferentes músculos que van tocando y liberando de tensiones, normalmente no son manipulados de esa forma.
- *Reflexología:* a través de puntos en el cuerpo, ayuda a sanar tus órganos internos y tus emociones, a la vez que libera del estrés, provocando bienestar en tu cuerpo.
- *Watsu:* es un masaje en el agua en el que sientes como si estuvieras de nuevo en el vientre de tu madre gracias al movimiento del agua. Tienes que dejarte llevar. En esta experiencia vivirás tanto la sensualidad como la intimidad, ya que experimentas una gran proximidad con tu terapeuta, a la cual normalmente no estás acostumbrado. En el watsu, en un espacio de gran respeto y amor, te ayudan a sanar el sistema emocional, liberándote y haciendo que logres expresar tus miedos o tus alegrías. En lo personal, con el watsu logré sanar como con ninguna otra terapia. El agua transforma las energías y nos carga de oleadas de amor. Me encanta flotar y descubrir el microuniverso que vive en mí.

Estas terapias son ideales para liberar tu cuerpo y conectarte con las emociones. Te llevan a experimentar momentos de intimidad y sensualidad, y son una oportunidad increíble para sanar a través del placer. La presencia a la hora de expresar o comunicar tus sentimientos a través del tacto es importante, ya que es un momento para honrar y apreciar a tu pareja, a tus amigos o la familia.

SEXUALIDAD

Nuestra naturaleza es eminentemente sexual. Nuestro instinto animal nos lleva a buscar al padre o a la madre de nuestros hijos; a esa hembra indicada para dar a luz o a ese hombre con los genes adecuados para procrear. Sensaciones como la territorialidad, los celos o la posesividad están presentes en nuestra naturaleza de proteger lo nuestro; es un impulso animal.

Sin embargo, a través de los siglos, la evolución del ser humano ha sido la de ser un salvaje que ha llegado a convertirse en un ser espiritual al transformar sus energías a niveles más sutiles. En la actualidad, el manejo de nuestra sexualidad es una expresión de nuestro nivel de conciencia: mientras menos presencia y más impulsivos seamos en el sexo, estaremos más en contacto con las energías del primero y el segundo chakras, que son las de poder, dinero y sexo... tu lado salvaje. En cambio, si eres selectivo, estarás presente y viviendo el sexo de una manera holística con cuerpo, mente y espíritu; estarás conectado con tu cuarto, quinto y sexto chakras, que son los centros de la creatividad, del amor universal, de la intuición y de la energía espiritual.

La mayoría de las personas se rige por los centros de energía bajos y por el ser sexual. Es importante experimentarlos; como dice Osho, una vez que entiendas al sexo podrás elevarte a la superconciencia. La lujuria, el sexo vacío, la promiscuidad, la insatisfacción sexual, o tener múltiples parejas vienen de la falta de amor propio, al cual se busca llenar con el sexo.

A lo que Osho se refiere es a experimentar tu sexualidad, tus fantasías; a vivir el sexo con gozo, sin culpas, expresando tu ser sexual en el mundo. Una vez que lo experimentes así, lo vas a convertir en un placer sensual, íntimo y muy erótico, en el cual conectarás todos tus centros de energía, haciendo el amor con conciencia, lo cual te elevará a esos momentos de sanación e iluminación.

Nuestra sexualidad necesita balance, así que disfruta con tu pareja tanto el sexo juguetón y salvaje, como el sexo más sutil, que logrará darle sazón a tu vida sexual y eventualmente te volverá más afín a las energías sutiles; convertirás este acto de amor en una oportunidad para alcanzar momentos de iluminación.

INTIMIDAD

Es amar y compartir tu totalidad con la otra persona.

La palabra "íntimo" viene del latín *intimus,* que significa "lo más interior o interno". Si no sabes quién eres, es difícil lograr intimidad porque tienes que mostrarte con tu pareja tal cual eres, sin pretender esconder nada.

La intimidad implica permitir que la persona te vea, entre en tu ser y se asome a conocer tu alma. Estás invitando a que entren al rincón más profundo de tu casa. Es un encuentro de dos almas que comparten todo el abanico de emociones, la dulzura, el desapego, el amor y la compasión. La intimidad es una forma de expresar todo aquello que somos.

La intimidad en las amistades se ha perdido, ya que no nos conocemos, pues nos quedamos en la superficie de las conversaciones y no logramos enriquecernos como seres humanos, por lo que es difícil compartir algo de lo que carecemos. Compartir sin filtros tus deseos, tus miedos y tus sueños, sin temor a ser juzgado, crea esa cercanía que anhelamos.

La discreción es muy importante para desarrollar la intimidad con otra persona: saber que podemos confiar, conociendo que la relación es de dos. Sin embargo, lograr la discreción se ha vuelto difícil en un mundo donde nos rodea tanto chisme; procura practicar la intimidad en tu vida y deja de mencionar a terceras personas en tus conversaciones.

La intimidad se puede abrir por diferentes avenidas; el sexo es una puerta importante para hacerlo, así como el contacto físico y la comunicación corporal: un masaje, un abrazo largo y profundo o a través del contacto visual. Bien dicen que "los ojos son el espejo del alma". La intimidad es clave para llevar tu relación a otro nivel y convertirla en algo espiritual, ya que es la que conecta las almas. Desarrollando todos nuestros puntos de amor propio, se abrirán más puertas a la intimidad.

SENSUALIDAD

La sensualidad implica vivir la vida usando la capacidad total de tus sentidos con presencia y conciencia.

Una sexualidad sin sensualidad no es nada. Recuerda que, cuando te gusta alguien, de la vista nace el amor. Estás presente sólo cuando miras, te fijas en sus gestos, en su color de pelo, en la forma de su boca, en sus curvas, en su altura; después en su olor, en su aliento. ¿Qué sientes cuando te tocan? ¿Electricidad, calor? ¿Te gusta su voz, su tono? ¿Qué tal su risa, sus besos? ¿Cómo saben? ¿Y tus corazonadas? ¿Qué sientes? ¿Te late o no?

La sensualidad es el proceso que te lleva a querer tener una relación íntima, lo cual te orilla a querer estar sexualmente con una persona. De la sensualidad parte cualquier experiencia en la vida y el deseo de disfrutarla en su totalidad. El placer y el gozo se vuelven más intensos, al igual que el dolor o el sufrimiento; pero esta dualidad está en todos nosotros y es la que nos hace sentir vivos, seres vibrantes.

A lo largo de la vida, debido a diferentes creencias, tabúes o situaciones desagradables, podemos bloquear nuestra experiencia en cualquiera de los sentidos y decidir vivir de una forma blanda, sin intensidad, con comodidad. Observa tus patrones, tus bloqueos y déjalos ir. ¡Libérate! Verás la gran diferencia que habrá en tu vida, pero sobre todo en tu vida sexual y de pareja. La pasión, la motivación, el gozo y el placer intenso vienen cuando eres una persona sensual, que experimenta la vida al máximo a través de los sentidos.

LA SEDUCCIÓN

> La seducción sucede cuando tienes un profundo sentido de tu belleza personal y buscas maneras de expresarlo.
>
> MARGOT ANAND

Durante siglos, el arte de la seducción fue usado para conquistar. En culturas como las de la India se desarrollaba y se enseñaba con libros como el *Kamasutra;* en China, a través del tao, y en libros, como *Enseñanzas sexuales de la tigresa blanca.*

En este nuevo milenio todo tiene que ver con las metas y la gratificación instantánea. Olvidamos tomar el tiempo y disfrutar el arte de la seducción; nos limitamos a ser más directos y no dedicamos atención a la importancia de crear una atmósfera de atracción y de seducción hacia la persona que nos gusta. El sexo se ha convertido en una meta, lo que ha hecho que nos olvidemos de la importancia del camino para llegar a él, el cual puede ser muy divertido, romántico, sensual y erótico. El sexo se ha desvirtuado: ha pasado de ser un acto sagrado, lleno de erotismo y sensualidad, a ser sólo un acto para liberar la energía sexual. Crecemos con carencias de conocimientos sobre el tema; nadie nos enseña a seducir ni a hacer el amor. Lo aprendemos solos y la mayoría de las veces no tenemos la información a nuestro alcance.

El despertar de nuestros sentidos y de nuestra fuerza sexual sucede por medio una simple mirada, de un coqueteo, pero vivimos en una sociedad en la que nuestros sentidos están sobreestimulados por el exceso de comida, de sabores, de ruido, por la televisión, porque las personas requieren cada día sensaciones más fuertes para estimularse o excitarse, como escenas fuertes en películas, sexo violento, pornografía o fantasías distorsionadas como la lujuria.

Descubrir nuestra sensualidad y aplicarla en el sexo nos da la oportunidad de volvernos más conscientes, así como de activar nuestros sentidos de una forma total para que el sexo se convierta en una experiencia sensual y espiritual. Lo anterior te hará un ser más sensible, lo que es una bendición, ya que un simple toque en tu mano o una mirada intensa despertará en ti la pasión. Las cosas más sencillas impactarán tu día a día, llenándolo de magia.

Conviértete en un seductor, usando tu energía creativa. Disfruta cada instante del descubrimiento de la persona que te gusta y te coquetea. El coqueteo es uno de los actos de placer más estimulantes que hay, al que se le ha impuesto una connotacion sexual, cuando en realidad es una forma de expresar el placer de la otra persona en tu vida; es divertido, seduce, despierta esos sentimientos de posibilidad, de magia y alegría en tu vida, que puedes llevarte al resto de tu día. El coqueteo cambia tu energía de tensión, enojo o confusión, causando una relajación y una sonrisa automática.

El sentido del humor, sonreír y sacar una sonrisa a alguien te seduce inmediatamente. Una sonrisa te da confianza y te ayuda a abrir el corazón; es un bálsamo para el alma. En momentos de tensión, sobre todo en la cama, no hay nada como romper el hielo con un buen chiste y unas buenas risas; te relajas y entonces eres más receptivo a compartir momentos de intimidad.

Una caricia, un beso o un poema pueden ser actos muy eróticos. Nadie puede darte sexo porque el sexo viene de tu interior. Es liberador saber que tenemos la llave para abrir y explorar nuestro destino sexual. En muchas relaciones culpamos o ponemos en las manos de nuestra pareja nuestra satisfacción, cuando somos los responsables de nuestra sexualidad y nuestro placer. Las herramientas que te comparto en este libro te ayudarán a descubrir a tu amante interno; una vez que aprendas y te conectes con tu esencia, tu vida sexual será más placentera y excitante.

Así que comienza el arte de la seducción contigo mismo. ¿Qué te seduce en la vida? ¿Qué te prende? ¡Hazlo!

CONÉCTATE CON LOS SENTIDOS

Bali fue el lugar donde redescubrí la energía de la sensualidad en mi vida. Desde que llegué, esta paradisiaca isla se encargó de darme una nutrición integral, activando todos mis sentidos. El olor de las flores, el paisaje, la comida, los colores, cada pequeño detalle fue un despertar para mi cuerpo.

Es increíble que cuando decides estar presente, en el aquí y en el ahora, te conectas realmente con tu cuerpo y tu corazón y experimentas la vida de otra forma a la que estás acostumbrado, dejando de vivir en piloto automático y sintiéndote un ser vibrante.

Ese viaje fue verdaderamente mi nuevo despertar. A través de mi intención de experimentarlo, desarrollando mi capacidad de conectarme con mis sentidos, fui activando cada uno de ellos, y logré sentir grados de placer más profundos.

Recuerdo una mañana en que estaba practicando *snorkel* en el mar, rodeada de estrellas de mar de color azul intenso que jamás había visto; los corales se movían y fluían con las corrientes de agua; los peces de colores jugaban y me rodeaban, llenándome de vida y provocándome una gran sonrisa. El escuchar mi respiración profunda me hizo sentir tan presente, que los colores empezaron a volverse más intensos: vibré y sentí el agua en cada poro de mi cuerpo: mi pecho se expandió y viví una sensación de gratitud tan inmensa, que me invadió un sentimiento muy hermoso, totalmente abrumador que no puedo describir; saqué mi cabeza del agua y me solté a llorar de felicidad. Me sentí totalmente querida y deseada por el mar.

A esto le llamo estar conectada con nuestra madre tierra.

La sensualidad y la conexión con los sentidos es una cualidad que podemos desarrollar sin tener una pareja; podemos vivir intensos momentos de placer, orgásmicos y sensuales, con el simple hecho de estar presentes y tener intención. Este momento que les comparto prueba que es posible. Hace muchos años que no lloraba de felicidad, de sentir tanta pasión y tan intenso placer; llorar por sentirme integrada y viva, un ser vibrante.

La seducción comienza despertando los sentidos. En una de esas tardes mágicas balinesas estábamos reunidos un grupo de amigos en la paradisiaca casa de Margot Anand viendo el mar, tomando agua de jamaica y pastelitos, cuando llegó una amiga con una fruta del lugar llamada durian. Ya había escuchado hablar de ella, ya que es una fruta que contiene la misma cantidad de grasa, proteína y azúcar. Mi chico de Bali comenzó a explicarnos los pormenores de la fruta, entre ellos que representa la masculinidad, que te pone en otra frecuencia y que es muy difícil de abrir; pero una vez que lo haces descubres un néctar divino y afrodisiaco. ¡Y sí que lo es! Nos dijo que es bastante extraña porque su olor no es agradable, pero es deliciosa, muy jugosa, y su sabor recorre la boca y la lengua, permaneciendo en el paladar por largas horas; aseguró que es mejor comerla con las manos, ya que es una fruta muy primitiva, y que lo más divertido es chupar al final los dedos de tus amigos.

Comerla fue todo un placer. Usar las manos se me hace

muy sexy y el jugo, desbordándose de mi boca, comenzó a mandar señales, incrementando la temperatura de mi cuerpo. Al terminar, mis manos estaban llenas de la textura del durian y aproveché para seducir a aquel chico y le dije: "¿Qué pasó con la chupada de dedos?" Sonrió, me miró fijamente, tomó mi mano y chupó el resto de la fruta de cada uno de mis dedos. Sentí que me comía entera; la forma en que movía su lengua logró incendiar mi cuerpo en cuestión de segundos. Al terminar, tomé su mano e imité lo que él había hecho, con la intención de agradecer ese gesto estando realmente presente y de una forma muy sensual. Ese momento de seducción nos llevó a tener una tarde llena de magia y coqueteo.

Éste es un ejemplo del arte de la seducción y del poder de los afrodisiacos, una demostración del juego y del erotismo que podemos vivir con detalles simples. La sensualidad logra despertar tu deseo por la otra persona, el cual va creciendo con esos detalles de todos los días; conforme pasa el tiempo, puedes sorprender a tu pareja dándole nutrición, no sólo a su parte sexual, sino levantando su deseo y sorprendiendo cada uno de sus sentidos.

Algo de lo que más me sorprende de culturas como las de Japón o Bali, es su capacidad para el detalle. En Japón son expertos en envolver regalos o presentar platillos con una delicadeza fuera de serie. En Bali, el arte en el detalle, en sus ofrendas y en la forma en que se arreglan, es una de las más altas formas de reputación. Ahí no importa que tanto dinero tengas, ni que tanto blofees; si quieres impresionar a alguien, sé impecable en los detalles y utiliza tu buen gusto para expresar la belleza. Coloca una pequeña flor aromática en tu cama, inunda tu tina con pétalos de rosa, usa velas con un color y un olor rico en tu recámara; esmérate en cómo presentas tus platillos de cocina; incluso, usa algún aceite esencial o algún aroma para complacer a tu amado; todos esos detalles despiertan nuestra sensualidad.

Te invito a pensar en un detalle que provoque la sonrisa de tu amado o de tu familia. Mis detalles favoritos de seducción son una buena cena, unos besos sabor chocolate y un aceite esencial recorriendo mi cuerpo con un rico masaje.

Ejercicio para despertar tus sentidos

Este ejercicio requiere que abras tu mente y que dejes ir todas esas creencias relacionadas con la culpa que te provoca sentir placer, tocarte y, sobre todo, pensar que el placer solamente te lo pueda dar otra persona y no tú mismo.

La atmósfera que vayas a crear tiene que ser íntima; elige tu color favorito, algún objeto que te inspire, una flor que desprenda un aroma que te haga sentir cómodo. Crea tu lista de música para una hora, con rolas que te relajen y que ayuden a liberar tus emociones; usa velas e incienso. Es tu oportunidad de crear un ritual para que te enamores de ti mismo. Te recomiendo hacerlo en un baño termal, en una tina o en una alberca, ya que el agua es un elemento que va a mover nuestras energías y emociones. Procura hacerlo al atardecer o en la noche.

Una vez que hayas creado tu espacio, lo mejor es hacerlo sin ropa, para que puedas conectarte con tu cuerpo. Entra a tu baño, concéntrate por un momento en tu ritual; a través de él, vas a explorar tus sentidos y a liberar cualquier tipo de bloqueos; a permitir expresarte libremente en cuerpo, mente y espíritu.

La respiración es un elemento importante en este ritual, así que inhala y exhala profundamente por la nariz durante la mayoría del tiempo que dure; en momentos, cuando sientas algún bloqueo o no experimentes placer, respira por la boca. Si tu mente se va a otro lugar, utiliza esta herramienta para volver a conectarte con el ritual.

Poco a poco mueve tus pies, tus manos y tu pelvis en el agua. Comienza a tocar tus piernas, tus brazos, tu *yoni* o tu *vajra;* percibe qué sensaciones experimentas; sumérgete en el agua, haz bucitos. Escucha a tu cuerpo y libérate complaciéndolo con lo que te vaya pidiendo, ya sea tacto, movimiento, respiración, apretones. Este ejercicio no es necesariamente sexual, pero puedes convertirlo en un acto erótico como recompensa al final de la sesión, haciéndote el amor a ti mismo.

Escucha la música, ve los colores, cierra los ojos, percibe los aromas y déjate envolver por la magia del espacio. Tu mente es experta en crear distracciones o cansancio para evadir las emociones; así que, si comienzas a sentirte cansado o incómodo, respira profundamente y continúa con el ritual. Al principio, 30 minutos serán suficientes, pero puedes ir incrementando el tiempo a una hora. Luego coloca tus rodillas en el pecho o ponte en posición fetal y libera cualquier emoción: llora, tristea, grita y después confórtate en tus propios brazos. Tu mismo cuerpo te avisará el momento en que debes salir del baño; acuéstate y medita durante 10 minutos, enfocando tu atención en la respiración, que te ayudará a tranquilizar el sistema nervioso y a relajarte profundamente. Regresa a alguna actividad tranquila; de preferencia duerme.

Te recomiendo anotar en tu diario los sentimientos y las sensaciones que percibiste. Este ejercicio te ayudará a estar más presente y a ir despertando tus sentidos a través de la conciencia.

SONIDO: LA EXPRESIÓN

Más que las palabras, expresar tus emociones a través de los sonidos es una gran terapia y una forma de mover las energías del cuerpo. Sin embargo, esta poderosa forma de comunicación se ha perdido, ya que siguen existiendo tabúes sobre el hecho de expresarte verbalmente en la cama, en un baile o en público.

El sonido es algo natural y una herramienta poderosa de expresión. En el sexo es una guía para que tu pareja entre en sincronía, un apoyo para conocer qué te está gustando, qué sentimientos llegan a tu corazón y también es una manera para liberarte del estrés, de la presión o de los caparazones de tu cuerpo. Cada sonido tiene una frecuencia que resuena en tu cuerpo y en tus centros de energía, expresando a la vez que vas liberando y moviendo bloqueos de energía en tus chakras, lo que te ayudará a alcanzar un placer total a nivel corporal y energético. Expresar tus emociones a través del sonido es una forma increíble de sanar.

Crea un juego en la cama con tu pareja en el que con sonidos expreses lo que sientes; inventa ruidos que representen tus sentimientos de placer: la risa, la dicha. Será muy divertido y dará sazón a tu noche de romance.

EL BAILE

El baile te ayudará a conectar todos los sentidos después de que hayas aplicado cada ejercicio, abriéndoles la puerta para que recorran tu cuerpo y los integres, además de que te hará un ser más creativo y receptivo.

La creatividad es una aventura hacia el misterio; invade nuestro ser e inesperadamente nos conduce a crear cosas que jamás habíamos pensado o creído manifestar. Viene de esa energía divina que desarrollamos a través de la meditación, del yoga y de la energía sexual.

El baile es uno de los instrumentos de seducción más bonitos; es la expresión del cuerpo en su máxima potencia; te inspira, te libera y le da una sensación de libertad y sensualidad. A través de él honramos nuestro cuerpo, expresando la belleza interna, la sensualidad y nuestra verdadera naturaleza.

De chavita me gustaba bailar todo el día porque me sentía feliz y libre; liberaba cualquier cosa que me hacía sentir atrapada. A la fecha, me encanta bailar salsa, pues he aprendido a redescubrirme con los movimientos. Ha sido el mejor instrumento para sentirme de nuevo sensual, sexy y libre, y para aprender a amar y a respetar a mi cuerpo. El baile logra la apertura de tu pelvis y un movimiento de cadera más amplio que será de gran utilidad para lograr que la energía fluya mejor en el segundo chakra e incrementar tu placer sensual.

Por otra parte, bailar para tu pareja ha sido un arte desde las geishas en el Japón, las tigresas blancas en China, o las concubinas del *Kamasutra*. Incluso, el baile expresa la feminidad y la belleza de las mujeres, y en los hombres, el arte del guerrero, donde se demuestra la hombría y la fuerza.

Descubre esta forma de arte innata y baila contigo mismo, con tus amigos o con tu pareja, creando un espacio seguro y conectando tu respiración y tus movimientos. Baila en grupo, y cuando te sientas seguro, crea en tu espacio sagrado tu escenario y muévete al son de alguna melodía seduciendo a tu pareja. Con esto no me refiero a bailar el tubo, aunque debo confesar que también es muy buena terapia.

MANIFESTACIÓN

El mundo externo es un reflejo del mundo interno. Cuando menos esperas, el universo logra captar las señales que mandas, manifestando así tus más ardientes deseos.

En mi viaje a Bali tomé un curso de tantra, el cual estaba enfocado a manifestar la abundancia en la vida a través de la intención. Fue una serie de enseñanzas mágicas en las que tenía que elegir una intención específica; escuchar a mi yo interior, confiar en él y en el universo.

Era importante reconectarme con mi verdadera esencia y volver a tener fe en que en mi vida siempre está pasando lo mejor y que el universo provee. A través de las meditaciones que Margot Anand y Michael Hallock me involucraron, con la energía de grupo, se desataron esas sincronías del destino a las que llamo magia. Me di cuenta de que el poder de nuestra mente es increíble y de cómo el universo nos da señales en las cosas que vemos, escuchamos o pasan a nuestro alrededor; así también observé cómo nuestro cuerpo nos habla si estamos abiertos a él.

Fue una experiencia poderosa que me llevó a manifestar lo que pensaba de manera inmediata. El poder de la manifestación no sólo viene de los pensamientos positivos, sino que también es una expresión del alma, de nuestra verdadera esencia.

La manifestación sucede cuando te enfocas en lo que quieres de corazón, no en lo que quieres a partir de la mente, además de que la confianza en el universo es clave para lograrlo. Cuando mi corazón se sincronizó con mi intención de escuchar a mi yo interior, comenzó a desarrollarse una serie de eventos positivos y mágicos con cosas tan sencillas como el deseo de quedarme más tiempo en Bali y regresar el 2 de noviembre; hablé a la aerolínea para cambiar mi vuelo, pero sólo tenían un lugar para esa fecha en un lapso de 10 días; qué mágico.

Mi creatividad se potencializó al máximo y las meditaciones que desarrollé para este libro fluyeron sin esfuerzo, así como algunos capítulos de esta obra.

La manera en que fluyó la historia con mi chico de Bali fue mágica, ya que tenía exactamente las cualidades físicas y espirituales que había anhelado y pedido durante meses al universo, aunque debo confesar que tuvimos un atorón que pudo haber cambiado el rumbo de esta historia.

Los seres humanos no estamos acostumbrados a tanta magia y a tanta sincronía, ni a que la vida se vuelva fácil.

Por ciertas creencias o por determinada educación que tuvimos, esa sensación de perfección, de sentirme tan completa, me llevó a conectarme con mis miedos; bien dicen que a lo que más temes, sucede; así que mis demonios internos salieron a jugar.

Primero manifesté una intoxicación de estómago un día antes de que mi curso terminara, pero logré sanar en dos días a base de jugos verdes, agua de coco y tomando plata coloidal; un día después, justo cuando salía a mi primera cita con mi chico de Bali, me torcí el tobillo al bajar las escaleras de mi habitación, pues al brincar de la emoción caí mal; sin embargo, me aguanté intenso el dolor de una tendinitis para no cancelar mi cita. Gracias al reiki que me dio mi chico de Bali, de la aplicación de hielo, de tomar bebidas con cúrcuma y manzanilla, árnica y mi polvo MSM, así como de seguir mi vida como si nada hubiera pasado, mi tobillo estuvo mejor en dos días y logré estar en Bali otras dos semanas sin problema alguno, pero sin hacer ejercicio.

Es increíble cómo la vida y la intención, cuando realmente quieres algo, te da fuerzas para sobrellevar cualquier situación, incluyendo dolores tan intensos. Estas reacciones de mi cuerpo me llevaron a la conclusión de que tenía un bloqueo enorme, que tuve que trabajar a base de meditaciones y ejercicios de conciencia durante varios días para dejar ir y abrir espacio para lo maravilloso que me esperaba afuera de mi puerta y en mi nuevo despertar.

En la mayoría de los momentos me conecté con esa magia, teniendo presente mi intención y mi propósito. Primero fluyó una gran seguridad en mí misma y logré sentir mi poder como mujer; también comenzó a surgir una serie de momentos creativos que llevé a este libro y a mis proyectos, así como a la creación de mis cursos y retiros que ahora imparto por todo el mundo; comenzaron a presentarse personas en mi vida con las que ahora colaboro creativamente, con quienes tengo gran amistad o que admiro porque lograron contestar a muchas de mis preguntas.

Mi vida dio un giro inesperado pero deseado durante el tiempo que permanecí en Bali. Fue un despertar profundo que me ha llenado de nuevas posibilidades, de ideas, de certezas y de amor universal. El amor y la experiencia en mi bella "isla mágica" son el resultado de un año de transformaciones. Agradezco la oportunidad que me di de estar abierta al aprendizaje de cada experiencia, de estar presente y de vivir la vida intensamente con cada sentido que me abrió ese espacio para expandir mi capacidad de amar, de relacionarme con los elementos de la tierra y de volver a ver la vida con asombro y gratitud, y con la certeza de que lo mejor está pasando aquí y ahora.

Mi chico de Bali me inspiró para volver a creer en el amor, a la vez que me enseñó lo que es un amor sin condiciones ni expectativas, un amor sin apegos. Se apareció con su mirada transparente, que fue un bálsamo para mi alma, y con esa sonrisa llena de magia, que penetró hasta mi corazón, irradiando luz y sacudiendo el polvo de mi vida. Él me enfrentó conmigo misma, y con su presencia aprendí mucho en esas semanas.

Estando en Bali, fue inevitable pensar en todas esas historias de amor que terminan con un final feliz lleno de romanticismo y con la sentencia de que sus protagonistas fueron "felices para siempre". Fue curioso porque, cuando mi chico me llevó al aeropuerto, me preguntó justamente que, si ésta fuera mi película, ¿cómo terminaría nuestra historia? Lo pensé unos segundos, tomé su mano y le pedí que no se casara conmigo, a lo cual el sonrió, se hincó, tomó mi mano y me dijo con su dulce voz: "Karina, ¿quieres no casarte conmigo?" A lo cual felizmente contesté con una gran sonrisa: "Sí, acepto". Nos abrazamos muy fuerte y por un momento nuestras lágrimas estuvieron a punto de derramarse. Me incorporé rápidamente, ya que no me gustan las despedidas; nos sentamos, respiré profundamente y comencé a pensar y a preguntarme: "¿Esto fue simplemente una bella historia de amor que se queda en Bali? ¿Estoy enamorada? ¿Será la magia de la isla? ¿Es real? ¿Qué va a pasar? ¿Será un adiós para siempre? ¿Lo volveré a ver algún día?" En esos segundos sentí una tristeza profunda cuando, de repente escuché su voz diciendo: "Corte a los créditos, esta historia continuará..."

En el avión pensé en nuestra historia y ahora le digo: "Te amo y sé que el amor será para siempre, aunque no seas mío, aunque no estés cerca, aunque nos amemos sin formas y sin etiquetas".

TRANSFORMACIÓN

Las mariposas son mi símbolo favorito; representan belleza, libertad, elegancia; vuelan y fluyen con el viento y son el vivo ejemplo de la transformación.

Mi vida ha sido como la de una mariposa; de ser un huevo, protegida por mis padres y por mi núcleo familiar, me convertí en una oruga, etapa en la que sufrí cambios constantes, buscando quién era, cambiando de piel y creciendo hasta hacer mi crisálida o capullo; todo ese sistema de caparazones que adquirí para protegerme del mundo y para evadir mi vulnerabilidad y mis sentimientos. Esta etapa en las mariposas es variable, pues no salen de su capullo hasta que las condiciones climáticas sean propicias para subsistir. Al contrario de lo que ocurre con las mariposas, supe que esa etapa nunca llegaría porque el mundo es como es y las relaciones son como son y que la única que podría cambiar era yo. ¿Y cuál sería mi decisión?: ¿permanecer en mi capullo o finalmente volar y convertirme en un ser libre y auténtico? La mariposa, al salir del capullo, logra despegar sus alas con la ayuda del sol; yo logré despegar las mías con la ayuda del universo, de la magia de la vida y con la llegada de esta información y de muchas personas que han cambiado mi vida.

Las mariposas no son temidas ni adoradas, sino apreciadas por su simple belleza, por su sutileza y por su libertad. Ser quien soy en un nivel holístico, vivir en comunión con mis ideas y cómo las expreso en el mundo, me han convertido en una mariposa que no se cansa de volar alto.

El amarme y el aceptarme como nunca antes lo había hecho, cambió mi percepción del mundo; he decidido vivir mi humanidad, lo que me ha llevado a amar con intensidad y sin límites, a elevar mi espíritu abriendo mi corazón y sintiendo intensamente todo el abanico de emociones que existen. El amar universalmente me ha vuelto una mujer más segura de mí misma, de mis valores y de mi integridad. El amor despertó todos mis sentidos, con los cuales he logrado experimentar la vida con más color, más sabor y más entrega.

He aceptado que soy una mujer sexual, que disfruto el sexo, el erotismo y la sensualidad, y que cada día logro expresar más mi sexualidad con plenitud, sin tabúes, sin culpas, disfrutando ese maravilloso acto, la belleza de los sentidos, la intensidad de los orgasmos y la energía divina que despierto a través de él.

La vida me seduce, me prende, me orgasmea y así me siento hoy amada, amando y viviendo llena de gozo.

Espero que este libro te ayude a volar alto y sin límites para expresar tu verdadero yo.

Una estrella fugaz cayó del cielo para darme una flor que colocó
en mi corazón y que guardo con profundo amor.
Una estrella me mandó un halcón que me invita a volar
y a imaginar un cielo azul infinito y eterno.
Una estrella me regaló un destello de sol para encontrar mi destino
y para llenarlo de paz y sentido. Esa estrella vibrante llena de azúcar
y diamantes me conquistó y me hizo el amor eternamente.

ANEXO 1. SEXO SEGURO

Doctor Karim Silhy

IMPORTANCIA DEL SEXO SEGURO

Estudios epidemiológicos realizados en todo el mundo confirman que la frecuencia de las enfermedades de trasmisión sexual (ETS) se ha incrementado considerablemente, de tal forma que hoy representan un problema importante de salud pública. Por ejemplo, se calcula que aproximadamente 5.5 millones de personas se infectan al año tan sólo por el virus del papiloma humano, lo que ha ocasionado enfermedades no sólo en mujeres de todas las edades, sino también en hombres, con complicaciones tan graves como diversos tipos de cáncer, entre ellos el de ano.

Los factores reconocidos en la génesis de las ETS, y los más importantes, son la edad de inicio de las relaciones sexuales y el número de compañeros sexuales. Por lo que respecta a la primera relación sexual, actualmente ocurre a una edad más temprana. Las estadísticas mundiales demuestran que 10 por ciento de las personas de 12 años han tenido por lo menos una relación sexual, y que a los 19 años casi 90 por ciento tienen una vida sexual activa. Esto está íntimamente relacionado con el número de compañeros sexuales; incluso muchos adolescentes piensan que parte del "noviazgo" consiste en tener relaciones sexuales con la pareja en turno, lo que incrementa los riesgos, ya que frecuentemente "cambian" de novio.

La incidencia de ETS en los adolescentes varía de 20 a 48 por ciento en la población sexualmente activa; de 8 a 25 por ciento de los adolescentes sexualmente activos tiene infecciones por clamidia; de 0.4 a 12 por ciento por neisseria; de 15 a 38 por ciento por virus del papiloma humano, y 16 por ciento presentan estudios de Papanicolaou anormales.

Definitivamente, la prevención es lo más importante para evitar estas enfermedades, buscando impedir complicaciones tanto psicológicas como orgánicas a corto y largo plazos (esterilidad). Se tienen que buscar estrategias individuales y colectivas. Es primordial una información adecuada, tanto en el hogar como en los diferentes centros de atención e insistir en la importancia de alargar lo más posible el inicio de las relaciones sexuales, ya que lo más seguro es no tener contacto genital; para los sexualmente activos, son recomendables las relaciones monógamas y reducir el número de compañeros sexuales, así como el uso del condón como un hecho definitivo, y la aplicación de vacunas profilácticas para evitar cáncer cervicouterino.

Las mujeres sexualmente activas deben ser examinadas cada seis meses con la prueba del Papanicolaou, así como con exámenes de detección de enfermedades de trasmisión sexual, promoviendo además algún método anticonceptivo, ya que tan sólo en Estados Unidos ocurren aproximadamente tres millones de embarazos no planeados al año, de los cuales un millón son de adolescentes; 1.5 millones de abortos son inducidos al año, de los cuales 3 000 embarazos diarios se dan en adolescentes; una de cada 10 adolescentes se embaraza entre los 15 y los 19 años de edad; la mitad de los embarazos ocurre los primeros seis meses de la primera relación sexual; la mayoría no se gradúa de secundaria, y estos embarazos se asocian con el incremento de riesgo en complicaciones obstétricas y neonatales.

Los métodos actuales de anticoncepción son el tradicional (ritmo, temperatura, ciclo), el hormonal, el intrauterino (DIU), el vaginal y el de tipo masculino, que es el uso del condón. La elección del método debe ser principalmente para evitar el embarazo y prevenir enfermedades de transmisión sexual. Un buen método debe ser simple, eficaz, reversible y sin riesgos. Los anticonceptivos orales combinados son el método más popular y solicitado; casi nunca están contraindicados en mujeres sanas; son la mejor elección por su gran eficacia y bajo riesgo de complicaciones, además de tener beneficios adicionales como reducir la hemorragia, la anemia, el dolor pélvico y la aparición de quistes de ovario.

La anticoncepción de emergencia es un método eficaz si se ha tenido coito no protegido, y en las farmacias hay varias opciones para su administración. Otros métodos anticonceptivos incluyen el DIU, los inyectables, los implantes y el anillo vaginal. Cada uno debe ser evaluado en forma particular, dependiendo de las características reproductivas. Por ejemplo, el DIU está contraindicado en pacientes de alto riesgo para enfermedades de transmisión sexual o con enfermedad pélvica inflamatoria. El preservativo masculino o condón es usado por 46 millones de parejas en el mundo; su ventaja es que protege contra enfermedades de transmisión sexual y embarazo; su fracaso siempre se asocia a mal uso, por reflujo o pérdida del preservativo en la vagina. Las recomendaciones para garantizar su eficacia es colocarlo antes de todo contacto sexual, desenrollarlo sobre el pene en erección, retirarlo antes de que el pene adquiera su flacidez y siempre controlar la integridad después de su uso. Esto proporciona anticoncepción confiable, además de que es barato, pequeño, desechable, no requiere examen médico ni supervisión y no tiene efectos colaterales, además de que protege de enfermedades venéreas; el método anticonceptivo ideal es la combinación de la píldora oral con el uso de métodos de barrera, como el condón, el cual debe ser promovido en el hombre.

En el adolescente siempre es factible sugerir la abstinencia o la postergación en el inicio de las relaciones sexuales, al considerar que es la manera más eficaz de evitar un embarazo y las enfermedades de trasmisión sexual.

BIBLIOGRAFÍA

PUBLICACIONES

Balch, James F., y Mark Stengler, *Prescription for Natural Cures*, John Wiley & Sons, Nueva Jersey, 2004.

Berg, Karen, *God Wears Lipstick: Kabbalah for Women*, Kabbalh Publishing, Nueva York y Los Ángeles, 2005.

Berg, Yehuda, *The Spiritual Rules of Engagement: How Kabbalah Can Help Your Soul Mate Find You*, Kabbalah Publishing, Nueva York y Los Ángeles, 2008.

Blume, Deborah, *Sex on the Brain: The Biological Differences between Men and Women*, Penguin Books, Nueva York, 1997.

Chia, Mantak, y Douglas Abrams Araba, *The Multi-Orgasmic Man: Sexual Secrets Every Man Should Know*, HarperCollins Publishers, Nueva York, 1996.

Habstritt, Greg, *Think and Grow Rich: Entrepreneur and Small Business Owner Edition*, SimpleWealth, Alberta, 2010.

Harvey, Steve, *Act Like a Lady, Think Like a Man: What Men Really Think About Love, Relationships, Intimacy, and Commitment*, HarperCollins Publishers, Nueva York, 2009.

Kerner, Ian, *He Comes Next: The Thinking Woman's Guide to Pleasuring a Man (ebook)*, HarperCollins Publishers, Nueva York, 2006.

————, *She Comes First: The Thinking Man's Guide to Pleasuring a Woman (epub)*, HarperCollins Publishers, Nueva York, 2004.

Lindberd, Marrena, *The Orgasmic Diet: A Revolutionary Plan to Lift Your Libido and Bring You to Orgasm*, Crown Publishing Group, Nueva York, 2007.

Macleod, Debra, y Don Macleod, *The Tantric Sex Deck: 50 Paths to Sacred Sex and Lasting Love*, Chronicle Books, San Francisco, 2008.

Marcus, Mr., *The Porn Star Guide to Great Sex*, St. Martin's Press, Nueva York, 2010.

Mars, Brigitte A. H. G., *The Sexual Herbal: Prescriptions for Enhancing Love and Passion*, Healing Arts Press, Vermont, 2010.

Northrup, Christiane, *Women's Bodies Women's Wisdom: Creating Physical and Emotional Health and Healing*, Bantam Books, Nueva York, 2010.

Osho, *Emotions: Freedom from Anger, Jelousy and Fear*, Osho Media International, India, 2010.

————, *From Sex to Superconsciousness*, Tao Publishing, India, 2006.

————, *Intimacy: Trusting Oneself and the Other*, Osho International Foundation, Nueva York, 2001.

Reilly, Amy, *Fork Me, Spoon Me: The Sensual Cookbook*, Life of Reilly, EUA, 2005.

Simpère, Francoise, *The Art and Etiquette of Polyamory: A Hands-on Guide to Open Sexual Relationships*, Skyhorse Publishing, Nueva York, 2011.

Vanderhaeghe, Lorna R., y Alvin Pettle, *Sexy Hormones: Unlocking the Secrets to Vitality*, Fitzhenry and Whiteside Limited Publishing, Ontario, 2007.

Vatsyayana, *Kamasutra*, Richard F. Burton y Shivaram Para-shuram Vhide (trads.), The Floating Press, Auckland, Nueva Zelanda, 2010.

PÁGINAS DE INTERNET

Byron Katie: www.thework.com
Chris Griscom: www.chrisgriscom.com
Ian Cuttler: www.iancuttler.com

Tantra
www.skydancingtantra.org
www.margotanand.com
http://www.dakinimoon.com

Watsu
Michael Hallock: www.inspiringrelaxation.com
Lilia Cangemi: www.aquaticdance.com

Yoga
www.yoga.com.mx
www.muktayoga.com.mx
www.yogaworks.com

Juguetes sexuales
www.erotika.mx

Nutrición y cocina
www.integrativenutrition.com
www.naturalgourmetinstitute.com
www.cuk.com.mx
http://lindacheremchef.com

Para contactar a la autora
www.karinavelasco.com
twitter@karinavelasco.com

Del punto A al punto G
de Karina Velasco
se terminó de imprimir en Agosto 2012 en
Drokerz Impresiones de México S.A. de C.V.
Venado Nº 104, Col. Los Olivos
C.P. 13210, México, D. F.